北京工商大学会计系列教材

财务报表分析

第4版

Financial Statement Analysis

任晨煜 程隆云 主编

经济科学出版社
Economic Science Press

图书在版编目（CIP）数据

财务报表分析/任晨煜，程隆云主编．—4版．—北京：经济科学出版社，2016.1
北京工商大学会计系列教材
ISBN 978-7-5141-6535-7

Ⅰ.①财⋯ Ⅱ.①任⋯②程⋯ Ⅲ.①会计报表－会计分析－高等学校－教材 Ⅳ.①F231.5

中国版本图书馆CIP数据核字（2016）第012249号

责任编辑：齐伟娜
责任校对：杨　海
责任印制：李　鹏

财务报表分析
（第4版）
任晨煜　程隆云　主编
经济科学出版社出版、发行　新华书店经销
社址：北京市海淀区阜成路甲28号　邮编：100142
总编部电话：010-88191217　发行部电话：010-88191540
网址：www.esp.com.cn
电子邮件：esp@esp.com.cn
天猫网店：经济科学出版社旗舰店
网址：http://jjkxcbs.tmall.com
北京季蜂印刷有限公司印装
787×1092　16开　17印张　410000字
2016年3月第4版　2016年3月第1次印刷
ISBN 978-7-5141-6535-7　定价：38.00元
（图书出现印装问题，本社负责调换。电话：010-88191502）
（版权所有　翻印必究　举报电话：010-88191586）
电子邮箱：dbts@esp.com.cn

总 序

北京工商大学会计系列教材（以下简称"系列教材"）于1998年推出第1版。结合2001年我国《企业会计制度》的实施，我们于2002年推出了第2版。随着2006年新会计、审计准则体系的颁布，我们于2006年推出了第3版。自2006年修订以来，我国在会计准则、审计准则和内部控制规范建设等方面发生了很多重大变化，高等教育改革对人才培养质量也提出了新的要求，这些法规制度的变化，以及提高人才培养质量的内在要求，都需要我们对系列教材进行相应的修订。

首先，自2007年1月1日企业会计准则和审计准则在上市公司全面实施以来，会计准则、审计准则和内部控制规范建设方面不断取得新进展。在会计准则方面，截至2012年底，财政部共发布了5个企业会计准则解释公告，对企业合并、长期股权投资、金融工具、财务报表列报、分部报告等处理作了较大修改。国际财务报告准则很多项目也作了修改，而根据财政部2010年发布的《中国企业会计准则与国际财务报告准则持续趋同路线图》，中国企业会计准则将保持与国际财务报告准则的持续趋同，持续趋同的时间安排与国际会计准则理事会（IASB）的进度保持同步。在审计准则方面，为了保持与国际审计准则的持续全面趋同，针对国际审计准则的新变化以及我国审计实务需要解决的新问题，中国注册会计师协会启动了对审计准则的全面修订。在内部控制方面，2008年和2010年，财政部等五部委联合发布了《企业内部控制基本规范》及其配套指引，为揭示和防范风险，提供了有力指导。随着2010年《中央企业负责人经营业绩考核暂行办法》的正式实施，经济增加值（EVA）的应用首次有章可循。会计准则、审计准则、内部控制等相关法规制度的变化，是本次系列教材修订的外在驱动因素。

其次，2011年11月，北京工商大学召开本科教学综合改革会议，明确提出，通过深化本科教学综合改革，构建与新世纪高素质创新人才培养相适应的本科教学模式，培养富有创新精神、独立思维与应用能力的专业人才。2012年教育部发布《关于全面提高高等教育质量的若干意见》，要求高校探索拔尖创新人才培养模式，改革教学管理，探索在教师指导下，学生自主选择专业、自主选择课程等自主学习模式。创新教育教学方法，倡导启发式、探究式、讨论式、参与式教学；提出全面实施素质教育，把促进人的全面发展和适应社会需要作为衡量人才培养水平的根本标准。2012年3月，北京工商大学会计学专业被列为学校本科教学综合改革首批试点专业，着手改革课程体系、教学方法和实践环节，以培养能够动态满足社会需求的创新人才。在这一改革中，教材修订是非常重要的基础环节。配合本科教学综合改革，提高人才培养质量，是本次系列教材修订的内在驱动因素。

为了满足上述需求，在保持第3版特色的基础上，本次教材修订的特点主要体现在以下三个方面：

一是紧跟时代步伐，反映最新理论和实践成果。通过紧密结合会计准则、审计准则、内部控制规范的变化，吸收会计领域中新理论、新法规、新方法，更新"国际视野"部分的相关内容以反映会计国际发展趋势，使系列教材既密切联系中国实际，又反映国际发展变化；既立足于当前，又着眼于未来。

二是重视素质教育，注重学生创新和应用能力培养。在阐述现行法律、法规及实务做法的基础上，注意从理论上进行解释，通过完善"综合案例讨论和分析"和"小组讨论"部分，引导学生从根本上认识和理解问题，使系列教材既便于学生对知识和技能的掌握，又重视学生基本素质和能力的培养。

三是坚持需求导向，开发立体式教辅资源。通过配套更加完善的教辅资源，如教学大纲、PPT课件、学习指导书、习题库、辅助阅读资料等，为教师教学和学生学习提供全方位服务，使系列教材既便于教师讲授，又有利于学生独立学习；既有利于学生能力的培养，也兼顾学生参加注册会计师考试的客观需要。

北京工商大学会计系列教材是北京工商大学商学院会计系和财务系教师共同打造的。近5年来，会计系和财务系教师在教学方面取得了丰硕的成果，如2008年和2009年，会计学和财务管理专业分别被评为国家级特色专业建设点；获北京市教育教学成果一等奖2项、二等奖1项；获批国家级精品课程、教材6项，获批北京市精品课程、教材7项。本次修订，我们试图充分反映北京工商大学会计系和财务系教师在教学和科研方面取得的成果，以更好地满足广大教师和学生的需求。尽管如此，还会存在许多不足，恳请大家提出批评和改进意见，以使该套系列教材进一步完善。

北京工商大学会计系列教材编委会
2013年1月

第 4 版前言

财务报表分析是财务报表信息使用者以企业的基本活动为对象,以财务报表及其他相关信息为依据,采用科学的方法,系统分析和评价企业财务状况和经营成果的活动,其目的是了解财务状况和经营成果的形成原因,评价现在和预测未来,以改善经济决策。有人把财务报表比作反映企业商业活动的"透视镜",把财务报表分析比作对透视镜的"校准"。近年来,财务报表分析理论与实务构建了以战略分析为起点,以企业价值分析为综合的新体系。

本书是对《财务报表分析》(第 3 版)(程隆云主编)的修订。本次修订的目的是:在知识体系上体现学科理论与实务的新成果;在形式上体现教学规律,生动而实用。为此,本书知识体系基本继承了第 3 版的逻辑框架,这次修订的主要变动有三个方面:一是对于因会计准则变动引起的报表变动,进行修订;二是更新教材案例;三是增添思考题。本书的逻辑主线是以企业利益相关者为分析主体,以企业基本活动为分析对象,以财务和非财务信息为依据,以决策有用性为目标,以战略分析为起点,以会计分析、财务分析和预测分析为核心,以企业价值分析为综合。按照逻辑主线的安排,本书分为 7 章,第 1 章:财务报表分析概述。总括阐述财务报表分析的主体、对象、目的和资料来源,以及财务报表分析的原则和方法,是对财务报表分析的概括性介绍。第 2 章:财务报表分析基础。着重阐述财务报表分析的前提、假设和特殊问题。包括行业分析、竞争战略分析、会计质量评价,是财务报表分析的基础性工作。第 3 章:财务风险分析。主要介绍了财务风险的分析方法,包括短期偿债能力分析、长期偿债能力分析、破产风险和财务危机预警分析。第 4 章:企业经营活动分析。主要介绍了企业经营活动的内涵及其与报表分析和企业诊断之间的关系,企业资产的构成及其运用效率,收入的构成及其变动分析,成本费用的构成及其变动分析。第 5 章:获利能力分析。阐述了以销售为基础的获利能力分析、以资产为基础的获利能力分析、股东投资报酬分析和收益质量分析。第 6 章:现金流量分析。主要介绍现金流量表的初步分析,现金流量的财务比率,现金流量的结构分析与趋势分析。第 7 章:企业价值分析。主要介绍了杜邦分析法和沃尔评分法两种综合性的分析方法,并在现有财务报表分析基础上,介绍了预计财务报表的编制，以及企业价值判断方法。

本教材的主要特点：(1) 强调财务报表、财务报表分析和报表信息使用者决策之间的联系。财务报表分析是连接统一财务报表和各种实用目的的桥梁，财务报表经过分析才能帮助报表信息使用者改善决策。(2) 强调财务报表分析理论与实务的发展，吸收财务报表分析理论与实务的最新成果。(3) 强调财务报表分析方法的使用条件和结论的局限性，实事求是地阐述它们的作用和使用范围。(4) 强调"分析"与"综合"的结合，所谓"分析"，就是把研究对象分解为各个组成部分、方面、因素，然后分别加以研究，以达到认识其本质的目的；所谓"综合"，就是把研究对象的各个部分、各个方面和各种因素联系起来加以考虑，从总体上把握事物的本质和规律的一种思维方法。财务报表分析强调分析与综合的目的是提高学生的总体把握能力。(5) 强调报表分析是一个分析研究的过程，而非财务指标的计算过程，针对特定企业、特定分析目的的分析要建立一套科学的程序。

《财务报表分析》是会计学、财务管理学专业的一门必修课，是为培养学生专业理论知识和应用能力而设置的一门专业课。通过本课程的学习，可以加深对财务报表的理解，掌握财务报表分析的理论与方法，具备评价企业财务状况与经营成果的能力。本教材的读者对象是会计学、财务管理学专业高年级学生，也可供经济类、工商管理类专业教学使用，以及财务分析人员使用。

参加本书编写工作的有：任晨煜（执笔第1章和第2章）、程隆云（执笔第6章）、曹阳（执笔第4章和第5章）和于上尧（执笔第3章和第7章）。

由于编写时间和作者水平的限制，难免有不当和错误之处，恳请读者批评指正。

编　者

2015年5月

目录 CONTENTS

第1章　财务报表分析概述 / 1

　　第一节　财务报表分析的意义 / 2
　　第二节　财务报表分析的原则与方法 / 19

第2章　财务报表分析基础 / 32

　　第一节　战略分析 / 33
　　第二节　会计分析 / 43

第3章　财务风险分析 / 53

　　第一节　短期偿债能力分析 / 54
　　第二节　长期偿债能力分析 / 70
　　第三节　破产风险与财务危机预警分析 / 95

第4章　企业经营活动分析 / 106

　　第一节　经营活动分析内涵 / 107
　　第二节　资产状况分析 / 109
　　第三节　收入分析 / 127
　　第四节　成本费用分析 / 139

第5章　获利能力分析 / 148

　　第一节　获利能力分析概述 / 149
　　第二节　销售获利能力分析 / 153
　　第三节　资产获利能力分析 / 159
　　第四节　股东投资报酬分析 / 166

第五节　收益质量分析 / 174

第 6 章　现金流量分析 / 186

第一节　现金流量表初步分析 / 188
第二节　现金流量的结构分析与趋势分析 / 198
第三节　现金流量的财务比率 / 204

第 7 章　企业价值分析 / 214

第一节　财务报表综合分析 / 215
第二节　预计财务报表 / 228
第三节　企业价值判断 / 236

附录 / 256
主要参考文献 / 262

第1章

财务报表分析概述

学习提要与目标

本章总括阐述财务报表分析的主体、对象和目的,财务分析资料的来源以及财务报表分析的原则和方法。

通过本章的学习,应能够:
- 理解财务报表分析的主体,以及它们各自分析的侧重点;
- 理解财务报表分析的对象;
- 理解财务报表分析的主要原则;
- 掌握财务报表分析的基本步骤;
- 掌握财务报表分析的基本方法。

第一节 财务报表分析的意义

财务报表分析是报表信息使用者以企业的基本活动为对象,以财务报表及其他相关信息为依据,采用科学的方法,系统分析、评价企业财务状况和经营成果的活动,其目的是了解财务状况和经营成果的形成原因,评价现在和预测未来,以帮助报表使用人改善决策。财务报表分析的内涵,包括以下要点:

(1) 报表使用者。报表使用者即报表分析主体,他们来自于社会的各个方面,包括投资者、经营管理者、债权人、公司员工、顾客、政府机构等,因为各自的分析目的不同,分析的侧重点也有差异。

(2) 财务报表分析的依据。财务报表分析最基本的依据是财务报表,同时还要使用其他相关信息,包括会计、统计、市场等各方面的信息。企业的财务状况和经营成果以量化的形式列示在财务报表上,要了解这个结果的形成过程与原因,仅使用财务报表数据进行分析是不够的,需要结合外部环境、非财务信息等一并分析,可以发现企业基本活动中存在的问题,包括财务与非财务的原因,从而改善决策。

(3) 财务报表分析的方法。财务报表分析有一套科学的方法体系,既包括一般方法和步骤,也包括专门方法,如趋势分析、同业分析、比率分析、财务预警分析等。

(4) 财务报表分析的对象。财务报表分析的对象是企业的基本活动,即投资活动、筹资活动和经营活动。

(5) 财务报表分析的目的。各方报表分析主体关注的问题和要解决的问题不同,就形成了财务报表分析的多重目的,如银行关注是否能够收回贷款,其分析目的是评价企业的偿债能力,并作出是否继续贷款的决策。但共同的目的是了解过去、评价现在和预测未来,以做出正确的决策。

(6) 财务报表分析的学科属性。财务报表分析是在综合了会计、统计、财务、金融、管理等多学科基础上形成的一门综合性经济应用学科。

一、财务报表分析的主体

财务报表分析的主体包括投资者、经营管理者、债权人、公司员工、顾客、政府机构等。不同的分析主体,出于不同的目的使用财务报表,需要不同的信息,对财务报表分析的侧重点也不同。

(一) 投资者

这里的投资人是指公司的权益投资人即普通股股东。公司对权益投资人并不存在偿还的承诺。普通股股东投资于公司的目的是扩大自己的财富。他们的财富表现为所有者权益的价格即股价。影响股价的因素很多,都是他们所关心的,包括获利能力以及风险状况等。

按照公司法的规定，普通股股东是剩余权益的所有者，公司偿付各种负债之后的一切收益都属于普通股股东。正因为如此，公司要由普通股股东或其代理人来管理和控制。与此同时，普通股股东也是公司风险的最后承担者。在正常营业过程中，必须支付债权人的利息和优先股利之后，才能派发普通股股利。一旦公司清算，其资产必须先用于清偿负债及优先股股东的权益，剩余资产才能分配给普通股股东。他们不但要承担公司的一切风险，而且是优先股东和债权人的屏障。

权益投资人的主要决策包括：是否投资于某公司以及是否转让已经持有的股权，考查经营者业绩以决定是否更换主要的管理者，以及决定股利分配政策等。

由于普通股股东的权益是剩余权益，因此他们对财务报表分析的重视程度，会超过其他利益关系人。一般来说，权益投资人进行财务报表分析，是为了在竞争性的投资机会中做出选择。他们进行财务报表分析是为了回答以下几方面的问题：

（1）公司当前和长期的收益水平高低，以及公司收益是否容易受重大变动的影响；

（2）目前的财务状况如何，公司资本结构决定的风险和报酬如何；

（3）与其他竞争者相比，公司处于何种地位。

当然，投资者的投资目的不同，对企业进行财务报表分析的侧重点也不尽相同，不同投资者将根据各自的投资目的来确定分析重点。

（二）债权人

债权人是指借款给企业并得到企业还款承诺的人。借款都是有时间限制的，或者说是"暂时"的融资来源。债权人期望在一定时间里偿还其本金和利息，自然关心企业是否具有偿还债务的能力。

债权人有多种提供资金的方式，贷款的目的也不尽相同。大体上可以分为两大类：一类是提供商业信用的赊销商，另一类是为企业提供融资服务的金融机构。

商业债权人向企业提供商品或服务，为了扩大销售，他们允许企业在一个合理的期限内延期付款。这个时间界限，根据行业惯例确定。大多数行业惯例都是短期的，通常是30~60天。为了尽早收回款项，偶尔也提供现金折扣，不过在我国并不多见。如果延期付款，商业债权人经常得不到延期的利息。商业债权人的利润直接来自销售的毛利，而不是借款的利息，因此他们只关心企业是否有到期支付货款的现金，而不重视企业是否盈利。

提供融资服务的债权人，也叫非商业债权人。他们向企业提供融资服务，并得到企业的承诺，在未来的特定日期偿还借款并支付利息。融资服务的主要形式是贷款，包括短期贷款和长期贷款。企业也可以通过证券市场公开发行债券以获得长期借款，但目前在我国发行公司债受到严格限制，并非经常可以采用。此外，还有融资租赁等筹资方式。

债权人分为短期债权人和长期债权人。短期债权人提供授信期不超过一年的信用，如银行短期贷款、商业信用、短期债券等。长期债权人提供授信期在一年以上的信用，如银行长期贷款、长期债券、融资租赁等。短期债权人主要关心企业当前的财务状况，如流动资产的流动性和周转率。他们希望企业的实物资产能顺利地转换为现金，以便偿还到期债务。长期债权人主要关心长期收益能力和资本结构。企业的长期收益能力是其偿还本金和利息的决定性因素，资本结构可以反映长期债务的风险。

无论短期或长期信用，其共同特点是在特定的时间，企业需要支付特定数额的现金给债权人。偿付的金额和时间，不因企业经营业绩好或不好而改变。但是，一旦企业运营不佳或发生意外，陷入财务危机，债权人的利益就会受到威胁。因此，债权人必须事先审慎分析企业的财务报表，并且对企业进行持续性的关注。

债权人的主要决策是决定是否给企业提供信用，以及是否需要提前收回债权。债权人要在财务报表中寻找借款企业有能力定期支付利息和到期偿还贷款本金的证明。他们进行财务报表分析是为了回答以下几方面的问题：

(1) 公司为什么需要额外筹集资金；
(2) 公司还本付息所需资金的可能来源是什么；
(3) 公司对于以前的短期和长期借款是否按期偿还；
(4) 公司将来在哪些方面还需要借款。

（三）经理人员

经理人员是指为所有者聘用的、对公司资产和负债进行管理的个人组成的团体，有时称之为"管理当局"。经理人员接受委托经营管理企业，在很多情况下经理人员的薪酬与企业的经营管理状况相挂钩，或者经理人员的职业生涯与经营管理业绩相挂钩，所以经理人员需要关心公司的财务状况、盈利能力和持续发展的能力。他们管理公司，随时要根据变化的情况调整公司的经营，而财务分析是他们监控公司运营的有力工具之一。他们可以根据需要随时获取各种会计信息和其他数据，因而能全面、连续地进行财务分析。经理人在许多筹资、投资或经营决策中应用财务报表信息，诸如产权比率、利息保障倍数等财务指标在决定筹集多少长期债务时非常重要。在管理决策中，其他企业的财务报表也同样有用。例如，当决定企业再投资方向时，其他企业的财务报表可以反映目前哪些行业可获得较高的边际利润。

经理人员可以获取外部使用人无法得到的内部信息。但是，他们对于公开财务报表的重视程度并不亚于外部使用人。由于存在解雇和收购威胁，他们不得不站在外部使用人（债权人和权益投资人）的角度看待公司。他们通过财务报表分析，发现有价值的线索，设法改善业绩，使得财务报表能让投资人和债权人满意。他们分析报表的主要目的是改善报表。经理人员的财务分析属于内部分析，他们可以获得财务报告之外的公司内部的各种信息。其他人员的分析属于外部分析。经理人员进行财务报表分析还可以预测企业未来的虚拟财务报表，为进一步的经营计划提供基础。

（四）政府机构

政府机构也是公司财务报表的使用人，包括税务部门、国有资产管理部门、证券管理机构、财政部和社会保障部门等。他们使用财务报表是为了履行自己的监督管理职责。

我国的政府机构既是财务报表编制规范的制定者，也是会计信息的使用者。通过财务报表分析，税务部门可以审查企业纳税申报数据的合理性，国有资产管理部门可以评价政府政策的合理性和国有企业的业绩，证券管理机构可以评价上市公司遵守政府法规和市场秩序的情况；财政部门可以审查企业遵守会计法规和财务报表制定规范的情况，社会保障部门可以评价职工的收入和就业状况。

（五）其他人士

其他进行财务分析的人士还有企业职工和工会、审计师和财务分析师等。职工和工会主要关心职工工资、保险、福利等是否符合劳务合同及政府法规的要求，与社会平均水平的差距，以及工资和福利是否与公司的盈利相适应。审计师通过财务分析可以确定审计的重点。他们通过分析性检测程序，发现异常变动，并对引起变动的项目实施更细致的审计程序。专业的财务分析师，以其专业能力为报表使用人服务。他们通过财务报表分析寻找潜在的投资对象，评估企业的经济价值，给投资者以咨询。专业财务分析师，在习惯上被分为卖方分析师和买方分析师两类。卖方分析师主要是指投资银行的职业股票分析师。由于他们是投资银行的雇员，而投资银行的主要收入来自承销、推销股票或者买卖股票的佣金，因此这些分析师有明显的利益冲突，缺乏足够的独立性和客观性。买方分析师是指投资公司、基金管理公司和对冲基金的证券分析师，以及为投资者和基金公司提供分析报告、但不靠股票交易本身挣钱的独立证券分析师。由于买方分析师的收入最终取决于其分析报告的准确程度，因此有较为充分的激励和动机对上市公司的报表做客观分析。此外，律师可以使用财务分析的方法，作为深入追查财务案件的有效工具。经济学家也使用财务分析方法，作为他们的分析工具，用以研究经济问题。

二、财务报表分析的对象

财务报表分析的对象是企业的基本活动，包括筹资活动、投资活动和经营活动。由于企业的目标是为股东增加财富，为扩大股东财富，企业必须在市场上进行经营活动；经营活动以资产为物质条件，为取得经营所需资产必须进行投资活动；投资活动需要使用资金，为取得投资所需资金必须进行筹资活动。因此，任何企业都必然要从事经营、投资和筹资三项基本活动，其他活动都是为这三项基本活动服务的，或者说是这三项活动的从属部分。

（一）筹资活动

筹资活动是指筹集企业投资和经营所需要的资金，包括发行股票和债券、取得借款，以及利用内部积累资金等。

企业在筹集资金时需要考虑以下问题：需要筹集的资金数额、筹资的来源（所有者还是债权人）、偿还期以及筹资契约的主要条款等。资本市场是企业筹集资金的潜在来源，筹资决策与资本市场的状况有密切关系，要根据市场状况和资金需要进行筹资决策。筹资决策的关键是选择适宜的资本结构。

筹资决策关系到企业的风险和成长能力，决定了企业决策受外部力量牵制的程度。

（二）投资活动

投资活动是指将所筹集到的资金分配于资产项目，包括购置各种长期资产和流动资产。企业在投资时需要考虑以下问题：投资项目有什么技术或经营的创新、需要多少资金、使用资金的时间、资产的地点等。资产代表企业提供产品或服务的能力，目的是将来运用这些能力赚取收益。资产的效益在将来才能实现，而未来效益不能确知，所以投资必然包含风险。因此，投资决策的关键是报酬和风险的衡量。

投资是企业基本活动中最重要的部分。筹资的目的是投资，应根据投资需要来筹资，甚至可以把筹资看成是投资活动的"前置"部分。经营活动是投资所形成的生产经营能力的运用，投资决定了经营活动的规模、类型和具体方式，可以把经营活动看成是投资活动的"延续"部分。因此，投资活动决定了企业持有资产的总量及其构成，影响企业的生产经营能力、组织结构、成长能力和经营风险，并制约筹资和经营活动。

（三）经营活动

经营活动是在必要的筹资和投资前提下，运用资产赚取收益的活动，它至少包括研究与开发、采购、生产、销售和人力资源管理五项活动。

经营活动的关键是使上述五项活动适当组合，使之适合企业的类型和市场定位。企业的类型是指提供产品或服务的具体特征。不同的企业类型需要不同的资产，而企业拥有的资产是投资决策的结果。经营活动要与企业的类型配合。例如，拥有高级写字楼的企业，经营小商品销售业务不是好的选择。企业的市场定位是指选择供应商市场、技术市场、劳动力市场和消费市场。管理当局要确定最具效率和效益的市场定位组合，并且应与其拥有的资产相配合，以使企业取得竞争优势。奔驰公司要想利用现有资源在中国与夏利公司争夺10万元以下的汽车市场，并不具有竞争优势，除非它先进行战略性的投资转移。

经营活动是企业收益的主要来源。收益计量了企业作为一个整体，在与市场进行交换时投入与产出的业绩。投资和筹资的效果，最终也要在经营收益中体现出来。因此，经营活动的分析是财务分析最重要的领域之一。

企业的三项基本活动是相互联系的，在业绩评价时不应把它们割裂开来。例如，利润是经营活动的结果，而经营业绩的评价不能孤立地看利润大小，需要把利润和赚取利润占用的资产联系起来，用资产利润率来评价。

三、财务报表分析的资料

财务报表分析的资料，是指"依据什么"分析。财务报表分析使用的主要资料是对外发布的财务报表，但财务报表不是财务分析唯一的信息来源。公司还以各种形式发布补充信息，分析时经常需要查阅这些补充来源的信息。在进行比较分析时还要使用行业数据，在进行预测分析时还要使用宏观经济信息等。

（一）财务报表分析资料的来源渠道

财务报表分析资料的主要来源渠道包括：

(1) 企业财务报表及报表附注。

(2) 其他企业报告。即除了财务报表及报表附注之外的企业报告。

(3) 同业公会。一般各行业公会定期收集并公布本行业的财务、业务、统计信息。由于它有较强的针对性，在美国，企业都把它作为开展财务报表分析所需资料的重要来源。

(4) 各高等院校和科研、咨询机构。这些单位为了教学、科研、咨询服务等需要，也会定期收集并公布各行业的财务统计信息。

(5) 政府机构和中介机构。这些机构出于宏观管理或规范指导的需要，定期公布有关行业的财务统计信息。如我国的国家统计局、财政部、中国证券监督管理委员会等，通过专门的渠道，发行专门的刊物，公布有关整个宏观经济形势、行业状况的财务指标。

(6) 新闻媒介。各新闻媒介，尤其是财经、商业类的报刊、网站、电台、电视台等，都会及时报道甚至分析有关行业的经济指标，这常常是同业比较分析的依据。

(7) 企业自身的信息研究机构及人员。在西方企业也都普遍设有自己的信息研究机构，并在企业中配置了大量的专职信息研究人员。如美国通用汽车公司的"报表制度"要求各地经销商每十天向公司报送旬报，列举各种汽车的销售量、新接订货、未交订货量以及现有的新旧车存量等。有了这些报告资料之后，"通用"财务部门和它的业务经营部门，就可以根据汽车实际需要量变化，及时进行财务经营分析。

（二）财务报表分析的基本资料

财务报表是对企业财务状况、经营成果和现金流量的结构性描述，一套完整的财务报表至少应当包括"四表一注"，即资产负债表、利润表、现金流量表、所有者权益变动表和附注，并且这些组成部分在列报上具有同等的重要程度，企业不得强调某张报表或某些报表（或附注）而忽视其他报表（或附注）。

财务报表和相关披露是为了告诉报表使用人企业的三项基本活动的状况。财务报表是一组描述企业在市场经济中运行情况的图画，其不同部分反映不同的活动，各个部分又是相互联系的、相互补充的。

1. 资产负债表

资产负债表是反映企业在某一特定日期财务状况的会计报表。它与企业基本活动的关系如表 1-1 所示。

表1-1 资产负债表与企业的基本活动

资产	投资活动结果（经营活动占用的资源）	负债及所有者权益	筹资活动的结果
货币资金	投资剩余（满足经营意外支付）	短期借款	银行信用筹资
交易性金融资产	交易性金融资产投资（获取短期价差收益）	应付账款	商业信用筹资
应收账款	应收账款投资（促进销售）	长期借款	长期负债筹资
存货	存货投资（保证销售或生产连续性）	应付债券	长期负债筹资
可供出售金融资产	金融资产投资（持有时间不确定、收益不固定）	长期应付款	长期负债筹资
持有至到期投资	非衍生金融资产投资（有明确意图和能力持有到期回收固定收益）	实收资本（或股本）	权益筹资
长期股权投资	对外长期投资（控制子公司经营）	其他综合收益	未在当期损益中确认的各项利得和损失
固定资产	对内长期投资（经营的基本条件）	留存利润	内部筹资

该表的左方列示资产。资产是投资活动的结果，也是可供经营活动使用的物质资源，代表未来经营活动收益的潜在来源。公司为了从事经营活动，必须要将获得的现金投资于各类实物资产。但是，资产规模不是企业成败的标志。有的企业需要巨额的资产，如航空航天、石油开采、核能发电等；有的企业只需要有限的资产，如软件开发、会计服务等。能否为股东增加财富的关键是运用这些资产的效率和效益，而不是资产的多少。不同的经营活动需要不同的资产，资产的总量与结构应当适合经营活动的规模和类型，以求资产能发挥最大效用。

该表的右方列示公司的资金来源即负债和所有者权益项目，它们是筹资活动的结果，代表企业的义务。负债是来自债权人的资金，代表企业对债权人的义务，它是债权人的索偿权。所有者权益是股东缴入资本和留存收益之和，代表企业对股东的义务，在持续经营状态下它是所有者要求收益的权力，在进入清算后它是所有者对企业的索偿权。由于债务到期时必须偿还，债务越多则不能偿债的概率越大，因此债务占整个资金来源的比重可以反映企业的偿债能力。

资产负债表的会计等式是"资产＝负债＋所有者权益"，从企业基本活动看是"投资＝筹资"。投资和筹资是平衡的，筹资总是以投资（包括现金）的形式出现，投资额不能超过筹资额。如果投资需求增加，企业就要扩大筹资。通常，首先是加大收益留存的比例，从内部筹资；其次是在合理的负债率内增加借款，用负债筹资；最后是要股东缴入，用股权筹资。

如果投资需求萎缩，找不到可以增加股东财富的机会，就应把钱还给资金的提供者。资产负债表不但要列出期末的资产、负债和所有者权益，还要列出各项目的期初金额,以揭示会计期间的资金来源和资金占用的变化。

2. 利润表

利润表是反映企业在一定会计期间经营成果的会计报表。我国的利润表采用多步式格式,分为营业收入、营业利润、利润总额、净利润和综合收益总额五个步骤,分步反映综合收益的形成过程;该表的最后列示了属于普通股股东的每股收益。利润表和企业基本活动的关系,如表1-2所示。

表1-2　　　　　　　　　利润表与企业的基本活动

项目	企业的基本活动
一、营业收入	经营活动收入
减:营业成本	经营活动费用
营业税金及附加	经营活动费用
销售费用	经营活动费用
管理费用	经营活动费用
财务费用	筹资活动费用(债权人所得)
资产减值损失	非经营活动损失
加:公允价值变动收益	非经营活动利润或损失
投资收益	投资活动收益
其中:对联营企业和合营企业的投资收益	投资活动收益
二、营业利润	全部经营活动利润(已扣债权人利息)
加:营业外收入	非经营活动收益
减:营业外支出	非经营活动损失
其中:非流动资产处置损失	非经营活动损失
三、利润总额	全部活动净利润(未扣除政府所得)
减:所得税费用	全部活动费用(政府所得)
四、净利润	已确认当期损益(所有者所得)
五、其他综合收益的税后净额	未在当期损益中确认的各项利得和损失
六、综合收益总额	净利润与其他综合收益的税后净额合计数
七、每股收益	按每股收益准则规定计量的全部活动净利润

对利润表进行分析时应着重分析其中反映企业经营活动的项目,经营活动损益是正常的、有目的的经营活动的产物,与企业经营管理的水平密切相关,可以反映企业的获利能力。需要注意的是,该表将"财务费用"列为"营业利润"的减项,似乎是经营活动的一部分,但是在现金流量表中将利息支出列为"筹资活动的现金支出",两者在概念上存在不一致。财务分析必须保持概念和逻辑的一致性,因此现行

报表并不适合分析的要求，需要进行调整。依据分析的目的与要求，可以在财务费用之前增加"息前、税前经营利润"一项，以准确表达经营活动的损益。本教材在今后的分析中，把利息支出作为筹资活动的内容。

3. 现金流量表

现金流量表是反映企业一定会计期间内有关现金和现金等价物的流入和流出的会计报表。该表的项目，按经营活动、投资活动和筹资活动三项基本活动分别列示。现金流量表与企业基本活动的关系如表1-3所示。

表1-3　　　　　　　　　现金流量表与企业的基本活动

现金流量表项目	企业的基本活动
经营现金流入	经营活动：会计期间经营活动现金流动量
经营现金流出	
经营现金流量净额	
投资现金流入	投资活动：会计期间投资活动现金流动量
投资现金流出	
投资现金流量净额	
筹资现金流入	筹资活动：会计期间筹资活动现金流动量
筹资现金流出	
筹资现金流量净额	

现金流量表是对资产负债表和利润表的补充说明。它的补充，主要表现在反映现金流量状况方面。对于经营活动业绩，利润表以权责发生制为基础进行反映，而现金流量表以收付实现制为基础进行反映。对于筹资和投资活动，资产负债表反映其在会计期末的"存量"，而现金流量表反映其整个会计期间的"流量"。

4. 所有者权益变动表

所有者权益变动表是对资产负债表中"所有者权益"项目的进一步说明。根据基本准则的规定，所有者权益是指企业资产扣除负债后由所有者享有的剩余权益。所有者权益的来源包括所有者投入的资本（实收资本和资本溢价等资本公积）、其他综合收益、留存收益（包括盈余公积和未分配利润）等。资产负债表只列出了这五个项目的期初和期末金额，而所有者权益变动表是反映构成所有者权益的各组成部分当期的增减变动情况的报表，既包括所有者权益总量的增减变动，也包括所有者权益增减变动的结构性信息，一个具有发展潜力的企业，所有者权益应当不断增长。

5. 财务报表附注

财务报表附注是对在资产负债表、利润表、现金流量表和所有者权益变动表等报表中列示项目的文字描述或明细资料，以及对未能在这些报表中列示项目的说明。附注是财务报表不可或缺的组成部分，相对于报表而言，附注同样具有重要性。附注相关信息应当与资产负债表、利润表、现金流量表和所有者权益变动表等报表中列示的项目相互参照，以有助于使用者联系相关联的信息，并由此从整体上更好地理解财务报表。

增加财务报表附注的目的，是增加财务报表的信息量，改善披露的充分性，抑制企业粉饰报表，减少报表使用人的误解。会计规范制定机构抑制报表粉饰的方法，一是减少会计政策的选择性和会计估计的范围，二是扩大披露的范围。在某种意义上说，报表附注的多少是规范制定机构与粉饰报表行为进行博弈的结果。仔细阅读报表附注有助于发现报表粉饰，以便在分析时进行必要的数据调整，使分析数据建立在更加真实、可靠和可比的基础上。

按照企业会计准则的要求，在财务报表附注中至少应披露以下内容：

（1）企业的基本情况。

企业的基本情况应披露：企业注册地、组织形式和总部地址；企业的业务性质和主要经营活动；母公司以及集团最终母公司的名称；财务报告的批准报出者和财务报告批准报出日，或者以签字人及其签字日期为准；营业期限有限的企业，还应当披露有关其营业期限的信息。

（2）财务报表的编制基础。

财务报表编制所遵循的会计准则是在会计假设基础上建立的，而会计处理的具体程序和方法又建立在会计准则基础之上。会计假设是指面对变化不定的社会经济环境，会计师对某种情况所做出的推断，是进行会计核算的先决条件。在正常的情况下，会计师假设会计报表反映的是一个特定单位的经营活动，企业的经营活动将无限期地继续下去，连续不断的经营活动可以分割成若干较短的时期，企业的基本活动可以通过货币予以综合反映。

会计假设是会计核算最基础的条件，不同的假设导致不同的会计准则，不同的准则导致不同的会计程序和方法，不同的会计程序和方法导致不同含义的报表数据。因此，会计报表数据实际上是在会计假设基础上所做出的估计，只有理解会计假设才能真正理解报表数据的准确含义。

如果企业面临的实际情况不符合这些正常情况下的假设前提，就应在报表附注中加以说明，以免报表使用人对报表数据产生误解。

（3）遵循企业会计准则的声明。

企业应当在附注中明确说明编制的财务报表符合企业会计准则体系的要求，真实、完整地反映了企业的财务状况、经营成果和现金流量等有关信息。

（4）重要会计政策和会计估计的说明。

会计政策，是指企业在会计核算时所采用的原则、基础和会计处理方法。在附注中说明会计政策是非常必要的。企业会计准则中，对同一经济业务有不只一种处理方法，企业可以结合自己的具体情况做出选择。不同的选择，会导致不同的财务报表数据。为了正确理解报表数据，必须知道它所遵循的会计政策。

重要的会计政策，是指如不说明就会引起报表使用人误解的会计政策。具体说来包括：①合并的原则。包括合并范围的确定、母公司和子公司所采用的会计政策是否一致以及不一致时的处理原则等。②外币折算方法。例如外币报表折算采用即期汇率折算，还是即期汇率的近似汇率折算。③收入确认的原则。例如建造合同的收入是按合同完成法确认的，还是按完工百分比法确认的。④存货的计价方法。例如存货是采用先进先出法，还是采用加权平均法或会计准则允许的其他方法。⑤长期股权投资的核算方法。例如是采用成本法，还是采用权益法。⑥借款费用的处理。例如借款费用是采用资本化方法，还采用费用化方法。⑦其他会计政策。例如无形资产的计价和摊销方法、财产损溢的处理方法、研究与开发费用的处理方法等。

会计估计是指企业对其结果不确定的交易或事项以最近可利用的信息为基础所作的判断。许多外行人以为良好的会计数据是具有唯一性的，其实会计并不是一门精密科学，许多数据是估计的。由于某些经济业务本身具有不确定性，以及采用权责发生制编制财务报表需要估计未来交易或事项的影响，进行合理的会计估计是不可避免的。需要进行会计估计的事项主要有：①坏账是否会发生以及坏账的数额；②存货的毁损和过时损失；③固定资产的使用年限和净残值大小；④无形资产的受益期；⑤长期待摊费用的摊销期；⑥收入能否实现以及实现的金额；⑦或有损失和或有收益的发生以及发生的数额。会计估计不是没有根据的主观臆断，而是根据以往的经验和当时的情况，并以一定的信息和资料为依据。合理的会计估计并不会削弱会计数据的可靠性。无视不确定性，回避会计估计将会遗漏许多重要事项，从而伤害会计数据的可靠性和有用性。

（5）会计政策和会计估计变更以及差错更正的说明。

企业应当按照《企业会计准则第28号——会计政策、会计估计变更和差错更正》的规定，披露会计政策和会计估计变更以及差错更正的情况。前期采用的会计政策有时在本期需要修改，主要原因是有关会计规范作了修改，或者企业实际情况的变化已不适用原来的政策。前期做出的会计估计有时本期也需要修改，主要原因是赖以进行估计的基础发生了变化，或者取得了新的信息、积累了更多的经验。会计政策和会计估计的变更，并不意味着以前会计期间的会计政策选择或会计估计是错误的。会计的错误要通过对前期差错，即对前期发生的会计差错的更正处理。会计差错是指确认、计量、记录等方面出现的差错，包括会计政策使用差错、会计估计差错和其他差错（记错账户方向、记错账户、漏记交易或事项等）。会计变更和会计差错更正，涉及各会计期数据的可比性和对本期结存数额的理解，因此需要在报表附注中说明。这种说明，仅限于"重要事项"，也就是足以影响报表使用人的决策的事项。

有关会计变更和差错更正的需要披露的重要事项主要是：①会计政策变更的内容和理由；②会计政策变更的影响数；③会计政策变更的累积影响数不能合理确定的理由；④会计估计变更的内容和理由；⑤重大会计差错的内容；⑥重大前期差错的更正金额。

（6）报表重要项目的说明。

企业应当按照资产负债表、利润表、现金流量表、所有者权益变动表及其项目列示的顺序，对报表重要项目的说明采用文字和数字描述相结合的方式进行披露。报表重要项目的明细金额合计，应当与报表项目金额相衔接。

企业应当在附注中披露费用按照性质分类的利润表补充资料，可将费用分为耗用的原材料、职工薪酬费用、折旧费用、摊销费用等。

（7）或有事项的说明。

或有事项，是指过去交易或事项形成的，其结果须通过未来不确定事项的发生或不发生予以证实。或有事项分为或有负债和或有资产两类。

或有负债，是指可能导致经济利益流出企业的或有事项。它又分为两种情况：一种是可能导致"潜在"的义务，而非现实的义务；另一种是可能导致现实义务，但不是很可能导致经济利益流出，或者该义务金额不能可靠地计量。如果过去的交易或事项导致企业的现实义务，并且很可能流出经济利益、其数额又能可靠计量，则它们应确认为负债并在财务报表中列示。或有负债是不符合会计确认标准的"负债"，但对报表使用人的决策有影响，因此需要在报表附注中披露。

企业在报表附注中应对以下或有负债进行披露：①已贴现商业承兑汇票形成的或有负债；②未决诉讼、仲裁形成的或有负债；③为其他单位提供债务担保形成的或有负债。

或有负债披露的内容包括：①或有负债的形成原因；②经济利益流出不确定性的说明；③预计产生的财务影响以及获得补偿的可能性。

或有资产，是指有可能导致经济流入的或有事项。出于谨慎原则的考虑，一般不需要披露或有资产。但是，如果或有资产"很可能"给企业带来经济利益时，则应说明其形成的原因，如果能预计其产生的财务影响，也应作相应披露。

（8）资产负债表日后事项的说明。

资产负债表日后事项，是指资产负债表日至财务报告批准报出日之间发生的有利或不利的事项。这些事项的大部分是下一个报告年度的事项，应列入下一个年度的财务报告。但是，有两种事项要作特殊处理：一种是资产负债表日后获得新的或进一步的证据，有助于对资产负债表日的有关金额的存在状况做出重新估计的事项。对其应视同资产负债表所属期间的事项一样，做出相应的账务处理，并且列入财务报表。典型的调整事项有：已经证实资产发生减损、销售退回和已确定获得或支付的赔偿等。这些事项需要调整已经编制的财务报表，因此称"调整事项"。另一种是不影响资产负债表日的存在情况，但如不加以说明，将会影响财务报告使用人做出正确的决策。对其应在财务报表附注中说明。这些事项不需要调整已经编制的财务报表，因此称"非调整事项"。典型的非调整事项有：资产负债表日后发生的股票和债券的发行、对一个企业的巨额投资、自然灾害导致的资产损失以及外汇汇率发生较大变动等。对于非调整事项，报表附注中应说明其内容以及估计对财务状况和经营成果的影响，如无法做出估计应说明原因。对于报表分析人来说，非调整事项已经是影响企业价值的事实，只不过没有列入财务报表，必须加以注意。

另外，企业应当在附注中披露在资产负债表日后、财务报告批准报出日前提议或宣布发放的股利总额和每股股利金额（或分配给投资者的利润总额）。

（9）关联方关系及其交易的说明。

关联方关系，是指一方控制、共同控制另一方或对另一方施加重大影响，以及两方或两方以上同受一方控制、共同控制或重大影响。这种企业或个人称为报告企业的"关联方关系"。

按照我国现行会计准则规定，在存在控制关系的情况下，关联方如为企业时，不论它们之间有无交易，都应说明如下事项：①母公司和子公司的经济性质或类型、名称、法定代表人、注册地、注册资本及其变化；②企业的主营业务；③所持股份或权益及其变化。

在企业与关联方发生交易的情况下，企业应说明关联方关系的性质、交易类型及其交易要素。这些要素一般包括：①交易的金额；②未结算项目的金额、条款和条件，及有关提供或取得担保的信息；③未结算应收项目的坏账准备金额；④定价政策。

（10）其他综合收益各项目信息的披露。

修订后的《企业会计准则第30号——财务报表列报》规定，资产负债表中的所有者权益类应当按照实收资本（或股本）、资本公积、其他综合收益、盈余公积、未分配利润等项目分项列示。具体包括：其他综合收益各项目及其所得税影响；其他综合收益各项目原计入其他综合收益、当期转出计入当期损益的金额；其他综合收益各项目的期初和期末余额及其调节情况。

相关资料

修订后的《企业会计准则第30号——财务报表列报》规定，资产负债表中的所有者权益类应当按照实收资本（或股本）、资本公积、其他综合收益、盈余公积、未分配利润等项目分项列示。公司拟根据以上规定，将原计入资本公积项目中的其他综合收益以及外币报表折算差额项目，重分类至其他综合收益项目列示，并对其采用追溯调整法进行调整，具体调整事项如下：

单位：元

其他综合 收益项目	2013年1月1日		2013年12月31日	
	资本公积（+/-）	其他综合收益（+/-）	资本公积（+/-）	其他综合收益（+/-）
权益法下在被投资单位其他综合收益中享有的份额			-26 737 428.78	26 737 428.78
可供出售金融资产公允价值变动损益	-1 537 442 834.54	1 537 442 834.54	-1 189 159 317.47	1 189 159 317.47
小计	-1 537 442 834.54	1 537 442 834.54	-1 215 896 746.25	1 215 896 746.25
	外币报表折算差额（+/-）	其他综合收益（+/-）	外币报表折算差（+/-）	其他综合收益（+/-）
外币财务报表折算差额	14 269 541.81	-14 269 541.81	12 068 867.00	-12 068 867.00
小计	14 269 541.81	-14 269 541.81	12 068 867.00	-12 068 867.00
合计	-1 523 173 292.73	1 523 173 292.73	-1 203 827 879.25	1 203 827 879.25

依据雅戈尔2014年年报资料，请同学们讨论一下，雅戈尔对2013年年报哪些项目进行了其他综合收益项目的追溯调整。

资料来源：雅戈尔2014年年报

(三) 其他报表分析资料

1. 其他企业报告

其他企业报告是指除了财务报表之外的企业报告。企业报告是一个比财务报表要广泛的概念，它不仅包括财务报表，还包括其他传输信息的手段。其他企业报告是财务报表分析所需信息的一部分，如公司公告、招股说明书、新闻发布稿、管理当局的预测或计划等，分析人员应当给予足够重视。

2. 审计报告

审计报告与财务报表的可信性有密切关系，财务分析人员必须注意注册会计师出具的有关审计报告。财务报表的编制者往往与报表的使用人存在利益冲突，并由此产生粉饰业绩、歪曲报表数据的倾向，因此需要一个与任何一方均无利害关系的第三者对财务报表进行审计。按照我国现行规定，上市公司、国有企业、国有控股或占主导地位的企业的年度财务报表要经过注册会计师审计，对财务报表的合法性、公允性和一贯性发表意见。进行任何目的的财务报表分析，都应事先查阅审计报告，了解注册会计师对公司财务报表的审计意见。报表分析人员无法自己证实公司财务报告的可靠性，他们必须依赖审计人员的意见。

注册会计师根据审计结果和被审计单位对有关问题的处理情况出具的审计报告有以下四种基本类型：

（1）无保留意见的审计报告。

无保留意见是指注册会计师对被审计单位的财务报表，依据《独立审计准则》的要求进行检查后，确认被审计单位采用的会计处理方法遵循了会计准则及有关规定；财务报表反映的内容符合被审计单位的实际情况；财务报表内容完整，表达清楚，无重大遗漏；报表的分类和编制方法符合规定要求，因而对被审计单位的财务报表无保留地表示满意。注册会计师出具无保留意见的审计报告应符合以下情形：①会计报表符合企业会计准则和相关会计制度的规定，在所有重大方面公允反映了被审计单位的财务状况、经营成果和现金流量；②注册会计师在审计过程中没有受到限制；③不存在应当调整或披露而被审计单位未予调整或披露的重要事项。

无保留意见的审计报告是财务报表分析人可以信赖该单位的财务报表，也是其最希望看到的审计报告，它可以使分析人直接使用报表数据开始自己的分析工作。

（2）保留意见的审计报告。

保留意见的审计报告，是指注册会计师认为被审计单位报表总体上恰当，但对某些事项有保留意见而发表的审计报告。

这些事项包括：①会计政策的选用、会计估计的做出或会计报表的披露不符合会计准则或相关会计制度的规定，被审计单位拒绝调整；②审计范围受到重要的局部限制，无法获取充分、适当的审计证据。

保留意见不妨碍财务报表的总体使用价值，但是某个重要局部的数据不具有可信性。有时，这种困难可以通过数据调整来克服。例如注册会计师写到，"如会计报表附注十一所述，A公司2013年10月购入的运输工具没有计提折旧，如果按照A公司固定资产折旧政策，应当计提折旧费用154.50万元。相应地，A公司2013年12月

31日的累计折旧应当增加154.50万元，固定资产账面净值减少154.50万元，2013年度净利润减少154.50万元。"此时，报表分析人应调整固定资产和利润的有关数据，然后进行分析。有时，报表分析人无法进行必要的调整，只能将其视为不可靠的数据，限制自己的分析范围。例如，注册会计师写到，"A公司2013年12月31日的应收账款余额820.15万元，占资产总额的2.5%，由于A公司未能提供债务人地址，我们无法实施函证，且无法实施其他审计程序，以获取充分、适当的审计证据。"

(3) 否定意见的审计报告。

否定意见的审计报告，是与无保留意见报告相反的审计报告。注册会计师出具否定意见的审计报告是出于两种原因：一是会计处理方法的选用严重违反了企业会计准则及国家其他有关财务会计的规定，而且被审计单位拒绝调整。另一种是会计报表严重歪曲了被审计单位的财务状况、经营成果和现金流量，被审计单位拒绝调整。

出具否定意见的审计报告，意味着注册会计师认为被审计单位的财务报表不具有使用价值。这种财务报表不能作为财务分析的依据。

(4) 无法表示意见的审计报告。

无法表示意见，是指注册会计师对被审计单位的会计报表不能发表意见，包括肯定、否定或保留的审计意见。无法表示意见，不是注册会计师不愿意表示意见，而是由于某些限制而未对某些重要事项取得证据，没有办法完成取证工作，使得注册会计师无法判断问题的归属，无法对财务报表整体反映发表审计意见。在注册会计师出具无法表示意见的审计报告时，他会使用"无法发表审计意见"等措辞，并说明无法表示意见的理由，例如"缺乏可以依赖的相关控制制度，无法采用适当的审计程序以证实收入的完整性"等。

注册会计师无法表示意见的财务报表，其可靠性是未经鉴证的，不能作为正式分析的依据。但必须强调的是审计的有用性依赖于它的独立性和能力性。审计的独立性是人们信赖他们的首要因素，但是被审计客户是审计人员服务费用的支付主体，与审计的独立性存在重大矛盾。审计的能力性，是他们被信赖的第二位因素，但是谁也不能保证每一个审计人员都是胜任的。因此，分析人员应当关注可能出现的欺诈、疏忽和不遵守审计准则的行为，始终对审计意见保持一定的谨慎。

除上述四种基本类型的审计报告外，注册会计师还可以出具带强调事项段的审计报告。即如果审计过程中存在可能导致对持续经营能力产生重大疑虑的事项以及可能对财务报表产生重大影响的不确定事项（持续经营问题除外），但不影响已发表的审计意见，注册会计师会考虑在审计报告的意见段之后增加强调事项段对此予以强调。如注册会计师写道："此外，我们提醒会计报表使用人关注，如会计报表附注四十所述，A公司2013年度发生亏损8 350万元，2013年12月31日的流动负债高于资产总额3 410万元。A公司已在会计报表附注×中充分披露了拟采取的改善措施，但其持续经营能力仍然存在重大不确定性。"报表分析人员应充分考虑这些事项的影响，认真、谨慎地进行分析。

四、财务报表分析的知识体系

财务报表分析的知识体系是指财务报表分析知识的范围,以及各部分知识的联系。目前,各种教材内容和结构的差异,反映了人们对于财务知识体系的不同看法。

(一)"会计分析—财务分析"体系

这种知识体系由总论、会计分析和财务分析三部分组成。总论部分主要讨论财务分析的目的、资料、方法等问题;会计分析部分主要讨论会计信息的内涵与质量,为财务分析打下基础;财务分析部分主要讨论偿债能力分析、获利能力分析、经营效率分析和企业价值分析等。

(二)"经营分析—筹资分析—投资分析"体系

这种知识体系由总论、经营分析、筹资分析、投资分析和企业价值评估五部分组成。该体系的特点是把企业基本活动分为经营、投资和筹资三项,并以此为线索展开经营分析、筹资分析和投资分析,最后,通过企业价值评估进行综合。

(三)"分析方法—分析应用"体系

这种知识体系由总论、财务分析方法和财务分析应用三部分构成。总论部分主要讨论分析的理论基础,如分析的目的与环境,不包括分析的方法;分析方法部分主要包括分析的具体程序与分析方法,内容有经营环境分析、基础资料分析、财务比率分析和前景分析等;分析应用部分主要包括证券分析、信贷分析、经营分析、并购分析等。该体系的主要特点是将分析方法和分析应用分成两个部分阐述,扩展了传统分析方法和应用的范围。

以上三个体系的共同部分是财务分析,不同之处在于对具体分析内容的划分。

(四)本教材的知识体系

本教材保留了三个体系中共同的部分,即"财务分析",借鉴了第三个体系中的"分析方法",以"战略分析—会计分析—财务分析—前景分析与价值评估"作为本教材的知识体系。理由如下:

第一,战略分析的目的是确定企业选择的竞争战略,分析战略能否使企业保持竞争优势与持续的盈利能力,确认企业的主要利润动因、经营风险和潜在的盈利能力,预测企业的经营前景。绝大部分报表分析人员得不到企业内部信息,只能从公开的财务报表数据中提取管理者的内部信息,战略分析帮助分析人员在预测公司未来业绩时,作出合理假设。

第二,会计分析的目的是评价会计报表反映企业基本活动的符合程度。企业对外披露的财务信息与企业的原始财务信息是有区别的,是运用会计的确认、计量、记录和报告手段处理的结果。财务报表分析人员进行会计分析的目的是消除财务分析过程中的"噪音"干扰,评价企业会计信息质量。

第三,财务分析的目的是评价企业的营运能力、获利能力和财务风险,主要应用指标分析、基本影响因素分析、综合分析与评价的方法。

第四,前景分析与价值评估的目的是预测企业的未来,评估企业价值,以供投资人、管理者决策之用。

财务报表分析的知识体系可以用图1-1表示。

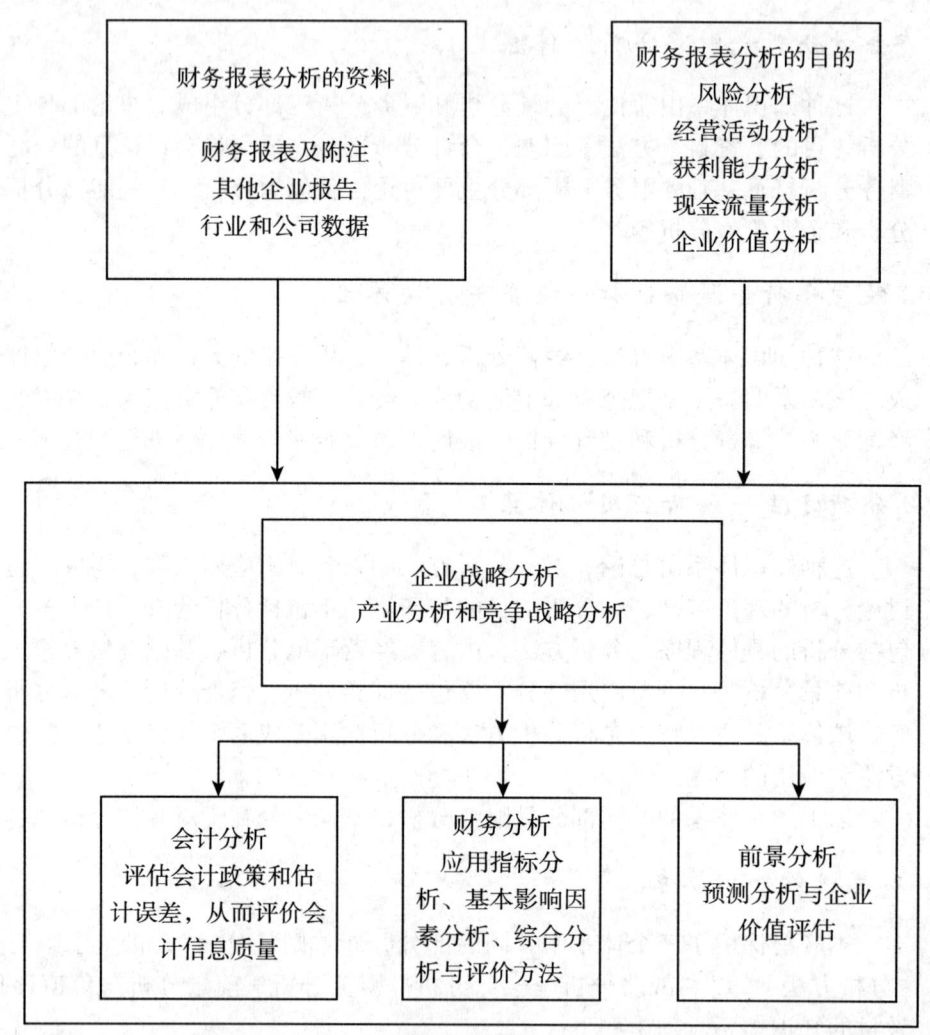

图1-1 财务报表分析的知识体系

本书的逻辑主线是以企业利益相关者为分析主体,以企业基本活动为分析对象,以财务和非财务信息为依据,以决策有用性为目标,以战略分析为起点,以会计分析、财务分析和预测分析为核心,以企业价值评估为综合。按照逻辑主线的安排,本书各章的主要内容如下:

第1章,财务报表分析概述。总括阐述财务报表分析的主体、对象、目的和资料来源,以及财务报表分析的原则和方法。是对财务报表分析的概括性介绍。

第2章,财务报表分析基础。在对财务报表进行分析前,对企业所处行业的分析、对企业竞争对手的分析、对企业发展战略、经营战略以及重大筹资投资战略的分析是财务报表分析的前提。对企业会计质量的评价是财务分析的基础。

第3章，财务风险分析。主要介绍财务风险的分析方法，包括短期偿债能力分析、长期偿债能力分析、破产风险和财务危机预警分析。短期偿债能力是指公司以流动资产支付流动负债的能力，一般又称为支付能力。它可以用流动资产和流动负债的比例关系、资产的流动性、企业现金流入与债务的关系来评价。长期偿债能力是指公司偿还债务本金和支付债务利息的能力，一般又称财务能力，它可以用资本结构、公司的收益水平来评价。财务危机预警分析是指运用企业财务报表和相关经营资料，预先告知发生财务危机（或财务失败）可能性的分析性活动，财务危机预警分析将财务报表分析的重心从对历史结果的分析转向对未来的预测。

第4章，企业经营活动分析。主要介绍企业经营活动的内涵以及其与报表分析和企业诊断之间的关系，企业资产的构成及其运用效率，收入的构成及其变动分析，成本费用的构成及其变动分析。企业经营活动分析的目的是掌握企业生产经营的规律性；了解企业的生产管理现状和存在问题；弄清企业的优势和弱点，做到知己知彼，为企业在市场上开展竞争和制定发展战略服务。

第5章，获利能力分析。获利能力是指通过销售赚取利润的能力。它主要取决于利润与销售收入的比例关系。其中包含了对主营业务获利能力的分析、资产获利能力的分析、股东投资报酬分析。

第6章，现金流量分析。主要介绍现金流量表的初步分析，现金流量的财务比率，现金流量的结构分析与趋势分析。

第7章，企业价值分析。主要介绍了杜邦分析法、沃尔评分法两种综合性的分析方法，并在现有财务报表分析基础之上，介绍了预计财务报表的编制，以及对企业价值的判断。

> **小组讨论** 不同的财务报表分析主体有各自不同的分析目的，请大家扮演不同的分析主体，如投资者、债权人和管理者等，试说明各自的分析目的，以及如何获取分析所需资料。

第二节 财务报表分析的原则与方法

一、财务报表分析的原则

为了保证财务报表分析的质量，充分发挥其重要作用，财务报表分析应按以下要求进行。

（一）目的明确原则

目的明确原则是指开展财务报表分析以前必须明确分析的具体目的。不同的财务分析主体，进行财务报表分析的目的不完全相同，甚至同一主体在不同时期进行分析的目的也不一样。长期投资者最关心投资的收益，分析时应采用相应的方法着重揭示企业的获利能力；短期投资者最关心股票、债券的变现能力，分析时应着重揭示企业的短期营运能力；债权人最关心企业的还款保障，分析时应着重揭示企业短期和长期的偿债能力及资金结构等。分析的目的不同，其方法选择也不一样，只有根据财务报表分析的具体目的选择适当的分析方法，才能收到预期效果。

分析人员必须对分析的目的有明确的认识。

（二）全面分析原则

全面分析原则是指分析人员要全面系统地研究分析对象，坚持一分为二，反对片面地分析。报表分析人员要同时注意财务问题与非财务问题、有利因素与不利因素、主观因素与客观因素、经济问题与技术问题、外部问题与内部问题等。

（三）多元立体分析原则

多元立体分析原则是指进行财务报表分析时，应从多项财务指标的变化中掌握企业基本活动的规律。影响企业财务指标变化的因素很多，有微观的与宏观的，有内部的与外部的，有主观的与客观的，在复杂、多变的因素中很难根据某项财务指标的变化全面评价企业的财务情况，因此，分析时应从多项财务指标的变化中掌握企业基本活动的规律性，根据多项财务指标的变化，全面评价企业的财务状况和经营成果。为此，分析人员应该做到：（1）在进行绝对指标比较分析的同时，进行相对指标比较分析；（2）在进行横向比较分析的同时，进行纵向比较分析；（3）在与目标标准进行比较分析的同时，与公认标准进行比较分析。只有这样，才能得出正确的结论。

（四）定性分析与定量分析结合原则

定性分析与定量分析结合原则是指定性的判断与定量的计算同样重要，都要给予充分的注意。任何事物都是质与量的统一，财务报表分析也要求定性分析与定量分析相结合。现代企业面临复杂而多变的外部环境，这些外部环境有时很难定量，但其都对企业的产业发展、投资目标实现以及企业的销售情况等有重要影响。因此，在定量分析的同时，需要做出定性的判断，在定性判断的基础上，再进一步进行定量分析和判断。

（五）动态分析原则

动态分析原则是指应当发展地看问题，反对静止地看问题。

两个企业的收益率一致，并不表明它们的收益能力一样。动态分析原则要求对事物进行"活着的观察"，在运动中看局部和全局的关系，寻找过去和未来的联系。

分析人要注意过去、现在和将来的关系。财务报表本身是"过去"经济业务的综合反映，人们的决策是关于未来的。未来不会是历史的简单重复，但却是历史的延续。过去可以告诉未来许多有用的东西。

二、财务报表分析的基本步骤

财务报表分析的步骤因分析主体的目的不同而有所差异，但基本步骤有相似之处。具体包括以下几个环节。

（一）确定分析目的

报表分析人员必须事先确定分析目的，分析目的是由报表分析主体决定的。前面已经讨论了不同分析主体的分析目的，这里不再赘述。

（二）设计分析程序

在明确分析目的的基础上，分析人员需要设计分析程序。其工作内容包括：根据分析目的确定分析要回答的主要问题是什么；为回答主要问题需要采用的主要财务分析指标；采用的分析方法和模型；如何搜集分析资料等。

（三）搜集整理有关分析资料

搜集分析资料是根据分析目的和确定的分析范围收集所需要的资料，财务报表分析需要利用大量的信息，充分、可靠、及时的数据资料成为报表分析的前提条件。搜集资料的中心任务是为报表分析提供必要的信息基础和比较依据。报表分析的信息资料主要来自于企业内、外两个渠道，报表分析资料的收集究竟在多大范围和时空内才能充分地满足财务分析的要求，这不仅取决于分析者本身识别、收集和处理信息的能力，而且也取决于质量信息支持的程度。

财务分析必须依据正确和真实的分析资料，才能得出正确的分析结论，为此在分析前应该对所收集的资料进行整理、核对，对于不正确的资料和没有可比性的资料要进行剔除或调整，对于需要核实的资料，要作进一步的核实。

（四）企业战略分析

战略分析包括行业分析和企业竞争战略分析，行业分析的目的是分析行业的盈利水平和盈利潜力，影响行业盈利能力的因素主要是行业的周期性特征和竞争程度；企业战略分析的目的是确定企业选择的竞争战略，分析该战略能否使企业保持竞争优势与持续的盈利能力。战略分析是财务报表分析的真正切入点，通过战略分析，可以深入了解企业的经济环境和获取持续盈利能力的可能性。

（五）会计分析

外部报表分析人员不能得到企业内部信息，只能获取公开信息。公司对外披露的财务信息与企业的原始财务信息是有区别的，是运用会计的确认、计量、记录和报告手段处理的结果。财务报表分析人员进行会计分析的目的是消除财务分析过程中的

"噪音"干扰,评价企业会计信息质量。会计分析主要包括了解企业的经济业务、确认公司主要会计政策、分析公司会计政策的选择和会计估计的选择、评价公司会计战略与经营战略的符合度等。

(六) 财务分析

财务分析包括指标分析、基本影响因素分析、综合分析与评价。指标分析能较准确地反映企业某一方面财务状况和经营成果;基本因素分析能够揭示问题的成因;综合分析是将定量分析、定性分析结合起来得出财务分析结论的过程。

(七) 预测分析与价值评估

依据财务分析的结果预测企业未来的财务状况和经营成果,评估企业价值,以供投资人、管理者决策之用。

(八) 得出分析结论,提交分析报告

无论是内部报表分析人员,还是外部报表分析人员,都需要将分析结果归纳整理,形成分析结论,如企业是否具有投资价值,应否为企业提供贷款,企业财务状况与经营成果的形成原因等。分析结论应该以分析报告的形式提交,分析报告应该包括数据的选取、分析的过程和分析的结论。

三、财务报表分析的方法

(一) 比较分析法

比较分析法是指通过相关经济指标的对比分析确定指标间差异或趋势的方法。比较分析法最主要的特点是比较指标间的差异,包括差异方向、差异性质与差异大小。比较分析法是财务报表分析方法中最基本、最主要的方法。

根据比较标准选择的不同,形成以下类型的比较分析方法。

1. 按分析的要求与目的划分

(1) 实际指标与本企业以前多期历史指标相比较。这种分析可以把握企业前后不同历史时期有关指标的变动情况,了解企业财务活动的发展趋势和管理水平的提高情况。在实际工作中,最典型的形式是本期实际与上期实际或历史最好水平的比较。

(2) 实际指标与计划或预算指标比较。这种分析主要揭示实际与计划或预算之间的差异,掌握该项指标的计划或预算的完成情况。

(3) 本企业指标与国内外行业先进企业指标或同行业平均水平相比较。这种分析能够找出本企业与国内外先进企业、行业平均水平的差距,明确本企业财务管理水平或财务效益在行业中的地位,推动本企业努力赶超先进水平。

2. 按指标数据形式划分

(1) 绝对指标的比较。即利用两个或两个以上的总量指标进行对比,以揭示这些绝对指标之间的数量差异。如上年企业的净利润100万元,今年实现的净利润110

万元，则今年与上年的利润差异是+10万元。

（2）相对数指标的比较。即利用两个或两个以上的相对数指标进行对比，以揭示这些相对数指标之间的数量差异。如上年企业的销售利润15%，今年的销售利润率14%，则今年与上年的利润率差异是-1%。

（3）平均数指标的比较。即利用两个或两个以上的平均数指标进行对比，以揭示这些平均数指标之间的数量差异。

3. 比较财务报表分析

在财务分析中最常用的比较分析法是借助于比较财务报表。比较财务报表是将最近两三期或数期的报表并列在一起编制而成的报表。为了便于分析者进行分析，易于掌握变化动向，比较财务报表除列示各期报表金额外，通常还列示增减金额及增减百分比。

4. 运用比较分析法应注意的有关问题

需要特别指出的是，在运用比较分析法进行分析对比时，必须注意对比指标之间的可比性。如果对本来就不可比的指标进行分析比较，肯定会得出错误的结论。

（1）所谓指标的可比性是指所对比的同类指标之间在指标内容、计算方法、计价标准、时间长度等方面完全一致。如果在不同企业之间进行的指标，还必须注意企业行业归类、财务规模的一致性。具体说来：①实际财务指标与标准指标的计算口径必须保持一致。所谓计算口径一致，是指实际财务指标所包含的内容、范围要与标准指标保持一致，否则，二者不具可比性。②实际财务指标与标准指标的时间宽容度必须保持一致。所谓时间宽容度一致，是指实际财务指标的计算期限要与标准指标保持一致，如果实际指标是年度指标，那么，标准指标也应是年度指标。否则，二者不可比。③实际财务指标与标准指标的计算方法必须保持一致。这里说的计算方法不仅是指计算指标的程序，而且还包括影响指标的各项因素。否则，二者不可比。④绝对数指标比较与相对数指标比较必须同时进行。因为绝对数指标与企业生产经营规模的大小有直接关系，采用绝对数指标对比虽然能反映出财务指标的表面差异，但不能深入揭示其财务现象的内部矛盾，而采用相对数指标对比则能做到这一点。

（2）在实际财务报表分析中，还应注意以下几个问题：①价格水平的不同会导致数据的差异。财务数据大都是用货币计量的，这就必然受价格水平的影响。由于不同地区的价格水平存在差异，各企业业务关系在区域上又不尽相同，必然导致不同企业价格水平的差异，从而使之缺乏可比性。而价格水平的波动，尤其削弱了不同时期的数据间可比性。②不同会计处理、计价方法会导致数据的不可比。比如，固定资产折旧方法的不同，必然导致企业资产价值、成本费用大小和利润高低的不同，使相关指标不可比；再如，存货计价有加权平均法、先进先出法等多种方法可供选择，两个企业或同一企业不同时期，即使实际情况完全相同，只因采用不同计价方法，将对期末存货、企业利润等产生重大影响。

（二）比率分析法

比率分析法是利用两个指标的某种关联关系，通过计算比率来考察、计量和评价财务活动状况的分析方法。比率分析法将相关联的不同项目、指标之间的相除比较，以说明项目之间的关系,并解释和评价由此所反映的某方面的情况。

采用比率分析法进行分析时,需要根据分析的内容和要求,计算出有关的比率,然后进行分析。财务比率分析通常需建立在一套比率指标体系基础上。由于各种比率的计算方法各不相同,通过计算出来的各种比率进行分析,其分析的目的以及所起的作用也各不相同。大体上可以将财务比率分为以下三类。

1. 相关比率——财务指标分析

相关比率是以两个相互联系的财务指标的数额相除后得出的,据以对企业财务状况进行分析的一种方法。财务分析中常用的相关比率包括:人均销售额、流动资产周转率、资产利润率等。通过相关比率分析,可以使财务报表分析更为全面、深刻。将这些相关比率的实际数与目标数、与上期或历史数、与同行业平均数进行对比,能够充分揭示企业财务状况的发展变化情况。

2. 构成比率——结构分析

构成比率是指某项财务分析指标的各构成部分数值占总体数值的百分比。其计算公式为:

$$构成比率 = 指标某部分的数值(部分)/指标总数值(总体) \times 100\%$$

这样计算出来的比率,也就是通常所说的比重。在财务报表分析中常用的构成比率包括:市场占有率,某类商品销售额占企业总销售额等的销售构成比率,流动资产、固定资产、无形资产占总资产的比率形成的企业资产构成比率,长期负债与流动负债分别占全部债务的比率,财务费用、销售费用和管理费用分别占费用总额的比率,营业利润、营业外收支净额占利润总额的比率。

分别将这些比率与目标数、与上期或历史数、与同行业平均数进行对比,可以充分揭示企业财务业绩构成和结构的发展变化情况。

3. 动态比率——趋势分析

动态比率分析就是运用动态比率对企业某些同类经济现象各个时期的变化加以对比分析,以掌握其发展规律和发展趋势,也称为趋势分析或水平分析。企业的经济现象是复杂的,受多方面因素变化的影响,只从某一时期或某一时点上很难看清它的发展规律和趋势,而必须把若干数据按时期或时点的先后整理为数列,并计算出它的发展速度、增长速度、平均发展速度和平均增长速度等情况,才能探索它的发展潜力和发展趋势。

在财务分析中使用动态比率分析,是将连续数年的财务报表中的某重要项目进行比较,计算该项目前后期的增减方向和幅度,以说明企业财务状况或经营成果的变动趋势。其中,计算定基发展速度或环比发展速度以进行趋势分析最为常见。

$$定基发展速度 = 分析期某指标数据/固定基期某指标数据$$
$$环比发展速度 = 分析期某指标数据/前期某指标数据$$

在财务报表分析中,通常应对销售收入、总资产进行趋势分析以衡量企业规模发展状态,对净利润进行趋势分析以衡量企业长期获利能力。进行趋势分析时主要应注意剔除偶发性特殊项目的影响,尤其是定基发展速度的基期选择必须具有代表性,否则将影响分析结果的准确性。

(三) 因素分析法

因素分析法是通过分析影响财务指标的各项因素,并计算其对指标的影响程度,用以说明本期实际与计划或基期相比,财务指标发生变动或差异的主要原因的一种分析方法。因素分析法适用于多种因素构成的综合性指标的分析,如成本、利润、资产周转率等方面的指标。

企业的财务活动是十分复杂的,比如企业利润的多少受到商品销售额、费用、税金等因素的影响和制约,就是说,任何一项综合性财务指标,都是由许多因素组合而成的,因素之间的组合和排列又有多种形式,这些因素的不同变动方向、不同变动程度对综合指标的变动发生着重要的影响。因此,要想在错综复杂、相互作用的诸多因素中,分别测算出各个因素对综合性财务指标变动的影响程度,就必须运用抽象法。即在假定其他因素不变,而只有其中某一因素变动的情况下,来测定这一因素的影响程度。

进行因素分析最常用的方法有两种,即连环代替法和差额计算法。

1. 连环替代法

连环替代法是把经济指标分解为各个可以计量的因素,根据因素之间的相互依存关系,顺次地测定这些因素对财务指标的影响方向和影响程度的方法。

连环替代法的一般计算程序如下:

第一步,根据综合财务指标形成的过程,找出该项财务指标受哪些因素变动的影响,找出财务指标与各影响因素的内在关系,建立分析计算公式,如:

$$Y = a \times b \times c$$

其中:y 表示综合财务指标;a、b、c 表示构成 Y 综合财务指标的各项具体因素。

第二步,按构成综合财务指标的因素之间的关系列出基准值的算式和比较值的算式:

$$基准值 \quad Y_0 = a_0 \times b_0 \times c_0 \tag{1}$$

$$比较值 \quad Y_1 = a_1 \times b_1 \times c_1 \tag{2}$$

差异值 $\Delta Y = Y_1 - Y_0$,ΔY 即为分析对象。

第三步,按构成综合财务指标的各因素的排列顺序,逐一用构成比较值的各因素代替基准值的各因素,并计算出每次替代的结果。

替代排列在第一位置的 a,用 a_1 替换 a_0:

$$Y_2 = a_1 \times b_0 \times c_0 \tag{3}$$

替换排列在第二位置的 b,用 b_1 替换 b_0:

$$Y_3 = a_1 \times b_1 \times c_0 \tag{4}$$

替换排列在第三位置的 c,用 c_1 替换 c_0:

即 Y_1 值 $\quad Y_1 = a_1 \times b_1 \times c_1$

以上各式中,Y_2、Y_3、Y_1 分别表示 a、b、c 三个因素变动影响形成的结果值。

第四步，将替换各因素后产生的各结果值顺序比较，计算出各因素变动对综合财务指标的影响程度。

式（3）–式（1），即：$Y_2 - Y_0 = \Delta a$

式（4）–式（3），即：$Y_3 - Y_2 = \Delta b$

式（2）–式（4），即：$Y_1 - Y_3 = \Delta c$

Δa、Δb、Δc 分别反映 a、b、c 三个因素变动对综合指标 y 的影响程度。

第五步，将各因素变动影响程度之和相加，检验是否等于总差异。各个因素的影响数额的代数和应等于财务指标的实际数与基数（计划数）之间的总差异值。

即：$\Delta a + \Delta b + \Delta c = \Delta Y$

根据上面的步骤，可以看出连环替代分析法有以下几个特点：

（1）计算条件的假定性。应用连环替代法测定某一因素变化的影响程度时，是以假定其他因素不变为条件的。因此，计算结果只能说明是在某种假定条件下的结果。这一特点是由分析本身的性质所决定的。分析的任务在于确定事物内部各种因素的影响程度，以便更深刻地认识事物运动的过程及其规律性。而为了研究某一因素的影响，必须排除其他因素的变动影响，这种科学的抽象分析方法在研究复杂的经济活动时是必不可少的。

（2）因素替换的顺序性。应用因素分析法时，要正确规定各个因素的替换顺序，以保证分析计算结果的可比性。如果改变替换顺序，在计算每一个因素影响程度时，所依据的其他因素的条件不同，计算结果也会发生变化，分析的结论也会有所不同。

确定因素的替换顺序必须根据分析的目的，使分析结果有助于加强管理，正确区分经济责任，并根据各因素的依据关系和重要程度确定替换的先后顺序。根据因素之间的相互依存关系，一般的替换顺序是：基本因素在前，从属因素在后；数量因素在前，质量因素在后；实物量指标在前，货币指标在后。也就是在分析的因素中，如果既有基本的因素，又有从属的因素，一般先替换基本因素，然后再替换从属因素；如果既有数量指标又有质量指标，一般先替换数量指标，再替换质量指标；如果影响因素中既有实物量指标，又有价值量指标，一般先替换实物量指标，再替换价值量指标。

可以看出，连环替代法实际上是比较法的发展和补充，是以指标的对比分析为基础的。

（3）计算程序的连环性。应用因素分析法计算各因素变动影响程度时，是按规定的因素替换顺序，逐次以一个因素的实际数替换基数，而且每次替换都是在前一次因素替换的基础上进行。这样每次比较的基础是不固定的，这就形成了计算程序的连环性。

正是由于连环替代法有这些特点，使其既有优点，也有它本身存在的问题。连环替代法的优点是通过这一方法计算所得的各因素变动影响程度的合计数与财务指标变动的总差异一致。这样用这些数据来论证分析的结论，较有说服力。连环替代法的问题是：若改变因素的排列和替换顺序将会得出不同的计算结果，只要改变各因素的排列顺序和替换顺序，虽然求出的各因素影响程度的合计数仍与财务指标变动的总差异相符合，但各个因素的影响可能完全不同。在有的情况下，甚至会发生影响方向上的改变（"正"号影响变为"负"号影响），从而影响到分析结论的正确性。

例 1-1 某工业企业甲产品的材料消耗情况如表 1-4 所示。

表 1-4

项目	上年	本年	差异
产品产量（台）	1 000	1 100	+100
单位产品消耗			
消耗量（公斤）	20	18	-2
材料单价（元）	4	5	+1
材料消耗总额（元）	80 000	99 000	+19 000

试用连环替代法分析。

（1）分析对象为材料消耗总额，它受产品产量、单位产品材料消耗量和材料单价三个因素的影响。根据这三个因素与材料消耗总额之间的数量关系，可列下式：

材料消耗总额 = 产品产量 × 单位产品材料消耗量 × 材料单价

根据公式计算总差异数为：

材料消耗总差异数 = 1 100 × 18 × 5 - 1 000 × 20 × 4 = 19 000（元）

（2）进行连环替代，计算各因素对材料消耗总额变化的影响程度和方向：

$\qquad$ 1 000 × 20 × 4 = 80 000（元）　　①上年材料消耗总额

第一次替代：1 100 × 20 × 4 = 88 000（元）　　②

第二次替代：1 100 × 18 × 4 = 79 200（元）　　③

第三次替代：1 100 × 18 × 5 = 99 000（元）　　④

利用上述计算结果，测定产品产量、单位产品材料消耗量和材料单价变动对材料消耗总差异的影响。

产量变动对材料消耗额的影响数 = ② - ① = 88 000 - 80 000 = +8 000（元）

单耗变动对材料消耗额的影响数 = ③ - ② = 79 200 - 88 000 = -8 800（元）

单价变动对材料消耗额的影响数 = ④ - ③ = 99 000 - 9 200 = +19 800（元）

$$\begin{matrix} 材料消耗 \\ 总差异数 \end{matrix} = \begin{matrix} 产量变动对材料 \\ 消耗额的影响数 \end{matrix} + \begin{matrix} 单耗变动对材料消耗 \\ 定额的影响数 \end{matrix} + \begin{matrix} 单价变动对材料消耗 \\ 额的影响数 \end{matrix}$$

$\qquad$ = 8 000 + (-8 800) + 19 800 = 19 000（元）

2. 差额计算法

差额计算法是上述连环替代法的一种简化形式。它是利用各个因素的比较期与基期数之间的差异，依次按顺序替换，直接计算出各个因素变动对综合指标变动的影响程度的一种分析方法。

从连环替代法中已知：
$\Delta Y = Y_1 - Y_0$
$Y_2 - Y_0 = \Delta a$
$Y_3 - Y_2 = \Delta b$
$Y_1 - Y_3 = \Delta c$

其中，Δa 表示 a 因素变动对综合指标差异影响的程度数值，Δb、Δc 以此类推，

所以，有：$\Delta a = a_1 \times b_0 \times c_0 - a_0 \times b_0 \times c_0$
$= (a_1 - a_0) \times b_0 \times c_0$

同理：$\Delta b = (b_1 - b_0) \times a_1 \times c_0$
$\Delta c = (c_1 - c_0) \times a_1 \times b_1$

仍按上例资料，改用差额计算法测算各因素变动对综合财务指标变动的影响。

产量变动对材料消耗额的影响数 = (1 100 - 1 000) × 2014 = + 8 000 (元)
单耗变动对材料消耗额的影响数 = 1 100 × (18 - 20) × 4 = - 8 800 (元)
单价变动对材料消耗额的影响数 = 1 100 × 18 × (5 - 4) = + 19 800 (元)

材料消耗总差异数 = 产量变动对材料消耗额的影响数 + 单耗变动对材料消耗定额的影响数 + 单价变动对材料消耗额的影响数
= 8 000 + (- 8 800) + 19 800 = 19 000 (元)

计算结果表明，两种方法计算结果相同。

(四) 平衡分析法

平衡分析法是对经济活动中具有某种平衡关系的经济指标进行分析的一种方法。该种分析法能够查明这些指标间的关系是否表现为平衡关系，或者按照指标间平衡关系测定各项因素对分析对象的影响程度。例如，在分析企业销售额变动原因时，可以利用"本期销售额（进价）= 期初商品存货额 + 本期购进额 - 期末商品存货额"中各指标的实际值与计划值进行对比，分析查明实际销售额脱离计划的具体原因，如表 1-5 所示（表中数据均按进价计算）。

表 1-5　　　　　　　　　　　　　　　　　　　　　　　　　　　　　　单位：万元

指标	计划数	实际数	差异数
期初商品存货	58	61	+3
本期购进量	440	435	-5
期末商品存货	65	69	+4
本期商品销售量	433	427	-6

由上述分析可见，本期商品销售未能完成计划的原因是购进低于计划、期末存货超计划所致。

平衡分析法有着广泛的用途，例如，上例通过对商品的购进、销售、储存之间平衡关系的分析，可以了解商品流转各个环节之间是否协调，商品经营情况是否合理；又如，企业的资产与权益之间具有一定的平衡关系，也就是说，资金来源和资金使用的有关项目之间，存在着一定的对应关系，我们可以利用资产负债表来对企业的资金来源和资金使用进行对比分析，以便了解企业对资金的利用是否合理，资金的来源结构是否恰当。所以，正确运用平衡分析法，对搞好企业财务报表分析具有特殊的意义。

（五）综合分析

1. 杜邦分析法

企业的各项财务活动、各项财务指标是相互联系的，并且相互影响，这便要求财务分析人员将企业财务活动看作一个大系统，对系统内相互依存、相互作用的各种因素进行综合分析。杜邦分析法就是利用各个主要财务比率指标之间的内在联系，综合分析企业财务状况和经营成果的方法。

2. 沃尔评分法

沃尔评分法的先驱者之一是亚历山大·沃尔。他在20世纪初出版的《信用晴雨表研究》和《财务报表比率分析》中提出了信用能力指数的概念，把若干个财务比率用线性关系结合起来，以此评价企业的信用水平。他选择了7种财务比率，分别给定了其在总评价中的比重，总和为100分，然后确定标准比率，并与实际比率相比较，评出每项指标的得分，最后求出总评分。沃尔评分法是一种综合评价企业信用能力的方法。

这两种方法在本书第7章具体介绍。

> **小组讨论** 使用连环替代法时，如果变换替代顺序，计算结果会产生差异，试说明产生差异的原因。

本章小结

本章从总体上介绍了财务报表分析的主体、目的、对象、资料、原则和方法。目的是构建财务报表分析的知识体系，并对该体系进行概括性归纳总结。本章主要内容如下：

1. 财务报表分析是报表使用者以企业的基本活动为对象，以财务报表及其他相关信息为依据，采用科学的方法，系统分析和评价企业财务状况和经营成果的活动，其目的是了解财务状况和经营成果的形成原因，评价现在和预测未来，以帮助报表使用者改善决策。

2. 财务报表分析的主体包括：投资者、经营管理者、债权人、公司职工、顾客、政府机构等。不同的财务分析主体，由于对分析的目的不同，他们对财务报表分析的侧重点也不同。

3. 财务报表分析的对象是企业的基本活动，包括筹资活动、投资活动和经营活动。

4. 企业财务报表分析需要利用大量的情报信息。充分、可靠、及时的数据资料成为报表分析的前提条件。

5. 为保证财务报表分析的质量，充分发挥其重要作用，财务报表分析应按全面分析原则、目的明确原则以及多元立体分析等原则，全面评价企业的财务状况和经营成果；强调定性与定量方法的综合运用；强调动态分析原则运用。

6. 财务报表分析可以运用多种分析方法进行。主要包括比较分析法、比率分析法、因素分析法和综合分析法。每种方法有各自的适用范围，它们在报表分析中发挥着重要的作用。

■**关键词汇**

财务报表分析（financial statements analysis）
会计政策（accounting policy）
会计估计（accounting estimates）
或有负债（contingent liabilities）
关联方关系（relationship of related party）
比较分析法（comparison analysis）
比率分析法（ratio analysis）
平衡分析法（equilibrium analysis）
连环替代法（chain substitution）

思考题

1. 比较投资者、经理人员以及债权人运用财务报表分析的目的。
2. 财务报表分析资料的主要来源渠道有哪些？
3. 简述资产负债表、利润表和现金流量表与企业基本活动的关系。

案例分析及讨论

C 公司 2013 年与 2014 年的比较利润表如下表所示。

C 公司 2013 年与 2014 年的比较利润表　　　　单位：元

项　目	2014 年度	2013 年度	差异额	百分比
1. 营业收入	15 903 215 969.08	15 166 875 602.26		
2. 营业成本	9 647 110 086.03	8 102 648 971.53		
营业税金及附加	1 261 935 908.11	1 534 496 249.66		
销售费用	1 761 660 554.31	1 660 511 441.57		
管理费用	772 178 403.73	758 758 437.36		
财务费用	639 901 091.08	730 817 323.23		
资产减值损失	1 177 140 286.71	446 400 955.76		
加：投资收益	3 148 454 193.01	653 644 243.54		
3. 营业利润	3 791 743 832.12	2 586 886 466.69		
加：营业外收入	149 843 535.68	75 876 725.9		
减：营业外支出	42 280 970.13	533 535 590.35		
4. 利润总额	3 899 306 397.67	2 129 227 602.29		

续表

项 目	2014 年度	2013 年度	差异额	百分比
减：所得税费用	684 487 674.51	770 265 208.93		
5. 净利润	3 214 818 723.16	1 358 962 393.36		
6. 其他综合收益的税后净额	576 245 324.60	-319 345 413.48		
7. 综合收益总额	3 791 064 047.76	1 042 611 464.07		

讨论：使用比较利润表分析该公司 2014 年营业利润增长率、净利润增长率，并说明可能的变化原因。

本章推荐阅读资料

1. [美] 克里舍·G·佩普等：《运用财务报表进行企业分析与估价》，孔宁宁等译，中信出版社 2004 年版。
2. 王化成等：《财务报表分析》，中国人民大学出版社 2014 年版。

第 2 章

财务报表分析基础

学习提要与目标

本章主要介绍财务报表分析的基础。在对财务报表进行分析前,对企业的战略分析非常重要,它包括对企业所处行业的分析、对企业竞争战略的分析、对企业发展战略、经营战略以及重大筹资投资战略的分析。会计分析的目的是理解公司会计信息处理的原则与方法,了解会计政策的灵活性,评价公司会计处理反映经济业务的真实程度,尽可能消除报表分析的"噪音",为提高财务分析的可靠性奠定基础。

通过本章的学习,应能够:
- 了解企业的行业特征;
- 了解企业的竞争战略;
- 了解企业的发展战略;
- 掌握企业战略、企业主要活动和财务报表的关系;
- 理解会计分析的过程、原理及局限性。

第一节 战略分析

企业的价值取决于企业运用资本获取超出资本成本收益的能力。资本成本由资本市场决定，但其盈利能力却取决于自身的战略选择，具体包括：企业的行业选择；企业的竞争战略选择；企业的发展战略的选择和制定。对企业的战略分析就是对行业选择、竞争战略选择和企业战略选择的分析过程，战略分析是财务报表分析的基础。一般来讲，组织战略包括公司层战略、业务层战略和职能层战略（见图 2-1）。处于组织顶层的管理者通常要对公司层战略负责，处于中层的管理者通常要对业务层战略负责，处于较低层的管理者通常要对职能层战略负责。

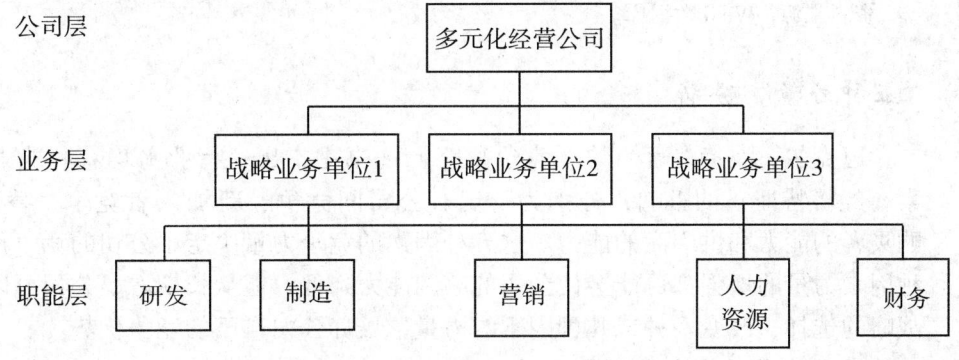

图 2-1 组织战略的层次

财务报表概括了企业经营活动的经济结果，报表数据与企业所从事的行业、主要经营业务、主营产品或劳务密切相关。在对财务报表进行分析前，需要了解企业所处行业特点和发展现状及企业在行业中的位置。企业的发展战略、经营战略以及重大筹资投资战略是财务分析的前提，战略分析的主要目的是寻找企业收益的驱动因素，防范风险，预测企业的经营前景。

一、行业分析

对企业进行财务报表分析，首先需要了解企业处于哪个行业，不同行业的盈利能力有很大不同。表 2-1 列示了纺织服装、生物科技、餐饮、家电、石油化工、煤炭和建筑行业 2014 年的销售毛利率、销售净利率、净资产收益率、资产收益率的行业平均值。从表中可以发现，企业处于不同行业，其盈利能力的差别还是非常大的，表中的生物科技行业的销售毛利率、销售净利率指标是七个行业最高的，而石油化工行业则最低，这两个指标是反映产品盈利能力的指标，说明生物科技行业的产品盈利能力较其他行业高。反映股东投资报酬的净资产收益率指标则是家电行业数值最高，而反映总体资产盈利能力的资产收益率指标是生物科技行业最高，石油化工行业最低。是什么原因造成了不同行业的盈利能力水平差别如此之大？

表 2-1　　　　　　　　　2014 年各行业盈利能力指标

指标 行业	销售毛利率	销售净利率	净资产收益率	资产收益率
纺织服装	21.42	6.50	9.97	5.19
生物科技	54.30	19.73	12.24	8.47
餐饮	40.37	9.65	10.12	4.95
家电	25.37	6.84	20.64	7.56
石油化工	6.82	0.72	2.70	0.81
煤炭	25.00	7.03	6.20	3.35
建筑	12.12	2.95	13.02	2.46

资料来源：Wind 数据库。

（一）"五种力量"分析

迈克尔·波特在著名的《竞争战略》一书中指出：行业平均获利能力受五种因素（经济特征）的影响，分别为：现有公司间竞争、新加入者竞争、替代品竞争、购买者的能力和供应商的能力。这五种因素的竞争力量决定了公司的竞争程度，每一种因素力量的增强都可能会使公司的获利能力降低，但从长期看，公司可以通过竞争战略的选择，改变一种或几种因素的力量，培养公司自己的竞争优势。

1. 现有公司间竞争

现有公司间竞争是行业内部企业的直接对抗，不同行业的竞争程度是不同的，一些行业由于竞争者数量众多、市场有限（行业增长速度缓慢）、行业剩余生产能力较多或者行业退出成本昂贵，竞争非常激烈，任何一家公司的产品都很难保持较高的价格水平，比如纺织、食品等行业，这使得任何一家公司改变竞争战略都会有很多的竞争对手迅速跟进。同时还有一些行业由于竞争者数量有限或者市场空间巨大（行业增长速度很快）、行业剩余生产能力较少（需求比较旺盛）、产品独特性很强、转换成本很高等特点使竞争并不很激烈，企业通常有很高的利润率，企业间竞争往往是在技术、品牌等方面展开，比如生物科技行业等。因此，行业平均利润水平受现有公司间竞争程度的影响很大。

2. 新加入者竞争

一个行业有超额利润存在就会吸引新的加入者，他们的进入意味着行业生产能力供给的增加，并与原有的公司争夺市场份额和市场资源，行业准入门槛的高低直接影响新加入者对原有企业的竞争。行业准入门槛有产业自身的需求，如存在巨大规模经济、该行业产品各具特色、资金需求大、转换成本高、技术水平、人力资源水平要求比较高，会给新进入者造成较大障碍，反之进入该行业就比较容易。行业准入门槛还有外部影响因素，如政府政策（比如政府颁发的医药生产许可证、电信运营许可证等）、法律制度、先行优势、与经销商的关系等。行业准入门槛越高，新企业加入就越困难，行业的竞争程度就会受限制；行业准入门槛越低，新企业加入就越容易，行业的竞争程度就会越激烈。因此，新加入者的难易程度是影响行业平均利润水平的另一主要因素。

3. 替代品竞争

迈克尔·波特认为，"替代品的存在限制了一个产品的潜在回报，因为替代品产业为该产业产品能够索取的价格设定了上限"。替代品的威胁取决于相互竞争的产品的价格、功能和转换成本，一个行业的替代品越多，如饮料行业，客户转换成越低，行业盈利水平就会较低；而替代品较少的行业盈利水平较高。对于替代品较多的行业，企业一般十分注意与客户沟通，建立品牌效应，以降低客户转换产品的意愿，通俗地讲就是培养企业、品牌的忠实顾客，或提高顾客的忠实度。

4. 购买者的能力

购买者通过讨价还价或者要求提供更多、更好的服务与企业沟通，进而影响该行业的实际利润。影响购买者能力的因素有两个：价格敏感性和相对讨价还价的能力。

产品的特性一般会影响价格敏感性，如果该企业的产品性能、特色与竞争对手的产品都非常类似，如大多数的大众餐馆，客户很容易接受价格低廉的产品；如果某个企业的产品非常独特，客户的价格敏感性相对较弱，则客户转换产品的可能性较小。价格敏感性还取决于产品相对成本的高低，如果一个产品的价格相对于购买者的收入而言比较低，购买者对价格的敏感程度相对较低，其花费较多的时间去寻找价格更低的替代品的意愿也较低；反之，购买者就会愿意花费较多的时间去寻找更经济的商品，价格敏感度也更高。

讨价还价的能力主要取决于买卖双方的力量，下列一些因素可以增强购买者的讨价还价能力：行业中企业数量众多、购买者能够收购大部分产品（如大分销商）、产品标准化程度高或者替代品多、转换成本低等。

5. 供应商的能力

供应商通过讨价还价或者要求减少服务项目、降低服务质量等方式与企业沟通，进而影响该行业的实际利润。与分析购买者的讨价还价能力相同，下列一些因素可以增强供应商的讨价还价能力：行业中企业数量很少（如电信行业）、购买者人数众多、客户可选择的替代品很少或很难取得（如电、煤气）等。

（二）产业链分析

产业链是产业经济学中的一个概念，是各个产业部门之间基于一定的技术经济关联，并依据特定的逻辑关系和时空布局关系客观形成的链条式关联关系形态。产业链是一个包含价值链、企业链、供需链和空间链四个维度的概念，这四个维度在相互对接的均衡过程中形成了产业链。这种"对接机制"是产业链形成的内模式，作为一种客观规律，它像一只"无形之手"调控着产业链的形成。产业链的本质是用于描述一个具有某种内在联系的企业群结构，它是一个相对宏观的概念，存在两维属性：结构属性和价值属性。产业链中大量存在着上下游关系和相互价值的交换，上游环节向下游环节输送产品或服务，下游环节向上游环节反馈信息。

以服装行业为例：纺织服装行业的整体产业链由三条基本产业链连接而成，它们分别是天然纤维产业链、化学纤维产业链和纺织产业链。天然纤维产业链和化学纤维产业链是纺织产业链存在的基础和前提，同时天然纤维产业链和化学纤维产业链又存在着竞争和互补的关系。纺织服装行业位于整个产业链的下游，天然纤维产业链的上游是农业种植业和畜牧养殖业，纺织服装需要的原材料的价格、供应量及品种和品质与它的上游农业种植业及畜牧养殖业密切相关，原材料价格会影响产品成本，原材料的种类会影响产品的种类。化学纤维产业链的上游是石油及石油化工行业，上游行业的产品成本和种类作为下游纺织服装行业的原材料提供者也同样会影响下游纺织服装行业的产品成本及种类。纺织服装的产业链如图2-2所示。

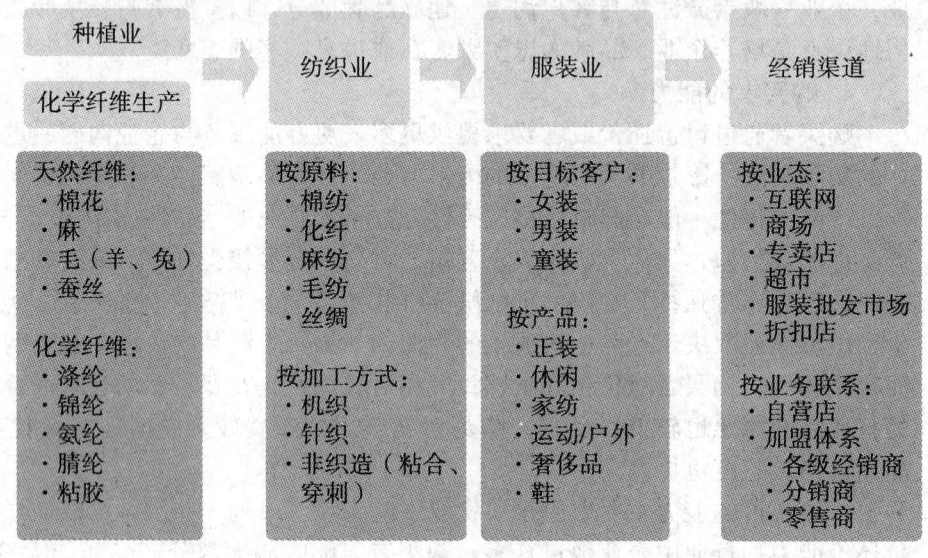

图 2-2　纺织服装产业链

资料来源：Wind 数据库。

价值链是一系列价值创造活动的集合，行业价值链反映了从材料供应、生产、分销和服务的活动集合，价值链分析的核心就是要在整个价值创造的链条基础上研判各种经营、管理行为。企业管理人员、分析人员采用价值链分析识别公司在行业中的战略定位，分析其在价值链的哪一环节上是其专长，即使某些大的集团公司从事整个产业的活动，但它也有经营活动重心，一个企业经营活动的重心也往往是公司的核心能力之所在。

研究公司的价值链能够更好地识别公司的优势与劣势，公司根据相对竞争优势分析自身的价值增长点，进而决定是实行向上、向下一体化战略，还是只参与价值链上某一个或几个环节的竞争。

（三）业务层竞争战略分析

企业的盈利水平除了受行业因素影响外，也受企业经营战略选择的影响。企业若希望在一个较长的时间内保持盈利水平，需要执行并保持执行经营战略，形成核心竞争力，以适当的方式构造其价值链。迈克尔·波特提出了三种基本竞争战略：成本领先和产品差异化战略和聚焦战略。

1. 成本领先战略

成本领先战略是针对大规模市场的低成本竞争战略，要求实施该战略的公司在设计、生产、销售等方面的能力比竞争对手强。获得成本领先的公司在成本定价中往往具有优势，若其接受竞争对手的价格就可以获得丰厚的回报，它也可以主动采用低于竞争对手的价格，迫使竞争对手接受较低的收益，比如零售业巨头沃尔玛在全球推行统一采购、统一管理等措施，成功实施了成本领先战略。像沃尔玛这样成功实施成本领先的公司往往非常重视成本控制，拥有比供应商更高的讨价还价的能力，目前已有竞争对手成本相对比较高，或者成本壁垒使新进入者的竞争力减弱，因而可以拥有相对较高的盈利水平。

2. 产品差异化战略

产品差异化战略是针对大规模市场的生产推出特质产品和服务的竞争战略，要求实施该战略的公司在产品质量、特殊性能、售后服务等方面为客户提供特殊价值的能力比竞争对手高。由于客户为了特殊价值的产品或服务往往会丧失对价格的敏感性，因而差异化使企业可以获得高于平均利润的收益。除此以外，产品的特殊性使得即使在利润率较高的情况下新进入者也很难进入，企业原有的竞争对手也相对较少，企业产品具有较高的市场占有率，因而公司较供应商和消费者拥有较强的讨价还价能力，从而使成功实施差异化战略的公司具有较高的收益水平，比如迪斯尼公司、耐克公司等。

3. 聚焦战略

聚焦战略是针对狭窄的利基市场寻求成本优势（成本聚焦）或者差异化优势（差异化聚焦）。利基市场又称小众市场，这种市场是被在市场中处于绝对优势的企业忽略的某些细分市场。聚焦战略是指企业选定一个很小的产品或服务领域，集中力量进入并成为领先者，从当地生产到全国市场再到全球，同时建立各种壁垒，逐渐形成持久的竞争优势的战略。

相关资料

2008年，由于用工成本增加、原材料价格上涨，以及自然灾害、金融危机对国际市场需求和实体经济造成的负面影响等，使服装行业面临严峻挑战。同时由于出口环境不断恶化，使得国内市场竞争进一步加剧，产业资源争夺也更为激烈，服装业已进入产业、品牌、商务、文化、社会以及资源价值、商业规则和社会责任的系统复合运营竞争时代。

报告期内，雅戈尔服装纺织业务在复杂多变的环境下继续呈现出较强的竞争发展、抵御风险和业绩成长的能力，雅戈尔独特的产业链协同效应以及营销渠道优势进一步彰显，公司以新一轮市场调整为契机，进一步扩大国内中高档男装市场份额，提升品牌形象。2008年，雅戈尔纺织服装业务实现营业收入71.51亿元，同比增长53.29%，其中服装国内销售实现收入21.71亿元，同比增长14.91%，外销实现收入36.85亿元，同比增长241.64%，主要来自于公司收购新马集团带来的业务增长。纺织服装业务实现净利润6.94亿元，同比增长9.61%。净利润增幅小于营业收入增幅主要是新马集团全部为出口业务，毛利率较低。

(1) 自主开发，不断创新，提升雅戈尔品牌价值。

报告期内，雅戈尔以新产品、新工艺、新产业为带动，积极开发内销功能性产品，不断改善产品结构，提升品牌形象，在公司独有的国家级新产品 DP 衬衫广受市场好评的基础上，公司新近推出的 TNDP 和 VNDP 免熨衬衫又列入 2008 年宁波市重点新产品计划，并申报了各类实用专利三项，为进一步实现 DP 技术的产业规模化奠定基础。新产品新工艺使公司服装内销毛利率一直保持在较高水平，2008 年，雅戈尔服装国内销售毛利率由 2007 年的 57.93% 提高至 65.58%。根据中华全国商业信息中心统计显示，2008 年公司主导产品雅戈尔衬衫、西服平均市场占有率分别为 13.30% 和 15.40%，已分别连续十四年和九年位列第一。

(2) 渠道整合效果显现，平效不断提升，自有终端优势进一步发挥。

2008 年，受宏观经济环境的影响，一些中小服装品牌，特别是一些代理商为主的品牌出现明显萎缩。雅戈尔趁此机遇，集中优势资源，精耕细作，在沿海发达地区及中西部的省级城市，集中力量增设自营专卖店，进驻大型商场，进一步完善以信息化和物流配送系统为基础的遍布全国的营销网络。2008 年，雅戈尔新开自营专卖店 77 家，新进商场 111 家，新增特许加盟商 60 家，关闭卖场总数 46 个，2008 年实际新增卖场 202 个，使卖场总数达到 1 808 家。在卖场数量增加的同时，卖场的平效也不断提高，2008 年，公司卖场平效达到 1.41 万元/平方米，同比增长 16.53%。

(3) 产业链抱团联动，增强公司的竞争能力和抗风险能力。

2008 年，在全球经济不景气的影响之下，雅戈尔服装产业迎来了一个上下游产业的全面联合时代，将产业资源牢牢地掌握在自己手中，以维持各产业企业的持久健康发展，成为了行业创新的亮点。雅戈尔正是通过各产业链的相互支持、优势互补，加强了上下游企业之间的沟通，进一步挖掘了发展潜力。产业链协同发展，不仅适应了雅戈尔整个服装板块产品结构调整的需求，更扩大了雅戈尔在国内外市场的份额。

(4) 资源互补，新马整合初见成效。

收购新马后，公司根据既定目标，积极稳妥地推进生产基地的转移，关闭了在香港的工厂，结束了多年的 OPA 生产模式，缩减深圳基地产能，转移到宁波和重庆，大幅降低了生产成本。同时，雅戈尔借助产业链的资源优势和新马公司在美国完整的销售、服务资源，重新整合客户和市场，不但为雅戈尔西服和针织工厂带来数量稳定的业务订单，也为新马美国公司带来销售增长。

资料来源：雅戈尔 2008 年年报

为了应对国际金融危机给服装行业和企业自身造成的负面影响，雅戈尔做了哪些行业整合和竞争战略的调整？

二、公司战略分析

越来越多的企业迈开了多元化经营的步伐。上述的行业分析、"五种力量"分析以及业务层的竞争战略分析是针对单一经营的公司或重点关注多元化经营企业的某一块经营业务，而对于多元化经营企业来讲，如何通过多元化的资源配置实现企业整体价值的最大化则成为企业决策层最为重要的任务和目标。

公司战略决定了公司所开展的、应当开展的或希望开展的业务以及开展这些业务所要做的工作，它建立在组织使命、目标和组织业务单元将要发挥的作用的基础之上。公司战略主要有三种：增长战略、稳定性战略和更新战略。当一个组织想要通过现有业务或新业务扩大它所提供的产品数量和所服务的市场范围来谋求发展时，就要用到增长战略。增长战略的结果可能是组织增加了销售收入和雇员人数、提高了市场占有率或其他数量指标。组织如何增长？集中化、纵向一体化、横向一体化和多元化（相关多元化或非相关多元化）。当一个组织在某个特定阶段采取对现有业务不进行重大变革的战略，提供同样的产品和服务给同样的客户、不扩大市场份额，那么可以认定公司现阶段采取了稳定性战略。行业处于剧变时期，外部力量急剧变化，未来不确定性因素增加；行业遭遇低增长或零增长时；规模较小的企业适用于采取稳定性战略。当组织陷入业绩下滑的境地时，则要考虑采取更新战略，压缩现有板块的业务或开拓新的业务板块。更新战略有两种类型：紧缩战略或扭转战略。试着分析你熟悉的公司，它们都分别采取了怎样的公司战略？

公司战略分析涉及考察公司能否通过同时从事多种经营创造价值。周密制定的公司战略可以通过在一家公司中经营集中业务来降低成本或增加收入，这种成本节约或收入增加来自于公司利用各种业务间协同效应的专有资源。

相关资料

李嘉诚的产业棋局：七大核心业务 多元化搭配

企业扩张初期多表现为单一产业的市场份额增长。一般而言，单一产业的发展有两个缺点，一是对行业冲击比较敏感，缺乏缓冲机制；二是产业生命周期的局限易使企业陷入成长瓶颈。多元化是企业应对行业风险与成长瓶颈的常见选择。倾集团之力维持有巨大盈利潜力的产业，待经济上扬周期再以丰厚回报反哺集团，是李嘉诚实业运营的惯用手法。这种实业运营策略在"长和系"的3G和地产开发业务方面体现得尤为明显：通过拆分和处置盈利概念逐渐耗尽的夕阳产业取得充裕的现金流，并以之捕捉和培育具有丰厚盈利前景的新兴产业，以此解决企业扩张过程中的资金链断裂问题和盈利下降问题，从而成功完成新旧产业布局的交替。

1950年夏，李嘉诚在香港筲箕湾创立长江塑胶厂积极从事塑胶产品生产，并依赖塑胶花挖得人生第一桶金。李嘉诚的行业直觉非常敏锐，他很快意识到塑胶花制造的准入门槛很低，不宜长期经营。自1958年起，他开始进军地产业，积聚资金，储存土地。1979年9月25日，李嘉诚通过旗下长江实业收购和记黄埔公司22.4%的股权，大举进军船坞港口行业。1981年，又通过和记黄埔收购屈臣氏集团，涉足零售行业。1986年12月，以32亿港元收购赫斯基能源52%的股权，其产业触角延伸到能源行业。同年，李嘉诚设立和记通讯有限公司，统辖电话、传讯和电视业务。至此，加上支撑集团运营所必需的财务及投资业务，"长和系"的七项核心业务：港口及相关服务、地产及酒店、零售、基建、能源、财务及投资、电讯，初具规模。而后，"长和系"旗下各项产业虽有重组、增减，但由这七项核心业务构建的基本框架一直存续至今。"长和系"内部有明确分工，核心企业为长江控股与和记黄埔，长江控股负责集团资本调配，主要业务一直由和记黄埔运营。

对于企业成长而言，在复杂的市场中识别盈利良好的产业至关重要。1997 年以来，和记黄埔七项核心业务的息税前盈余（EBIT）大体呈现增长趋势，显示和黄在产业组合构建上颇为成功。但不同产业运营周期有所不同，向集团贡献的盈利也有差异。集团发展不仅要看重各项产业的盈利状况，还要重视充裕的现金保有量，避免紧张的财务状况出现。和记黄埔的港口、地产及酒店、零售、基建业务稳步上升，可以向集团中短期资金匮乏的其他事业提供稳定的资金支持。反观能源、财务及投资和电讯业务对于集团盈利的贡献则不那么稳定，比如能源业务在 2007 年和 2008 年对集团 EBIT 的贡献达到 100 亿港元以上，2009 年则迅速回落至 30 亿港元。这种受全球经济景气影响显著的业务在经济上扬时可以为集团贡献其他业务无法企及的盈利，在低潮时则需要集团其他业务的资金支持，而港口、地产及酒店、零售、基建业务产生的稳定现金流入可以履行这一职责。这种张弛有度的业务搭配，既可以使集团各项业务的现金流互补，缓解外部的融资约束，又可以使集团保有当前需要巨额资金支持、未来盈利前景巨大的业务，从而可以耐心等待这类业务在经济上扬时反哺集团。

资料来源：《新财富》2012 年 8 月。

对公司战略进行分析，需要关注年报中的董事会报告。董事会报告中首先讨论和分析公司报告期内经营情况，除此以外，董事会报告还要对公司未来发展提出展望。以雅戈尔为例，经过多年的发展和战略调整，雅戈尔形成了现有以三大行业板块为基础的多元化经营格局，其中品牌服装的设计、加工和销售是传统主业，房地产行业和投资经过多年的培育和调整也成为企业利润和资金贡献的两大支柱。

请同学们阅读雅戈尔 2013 年、2014 年上市公司年报，尤其关注年报中董事会报告部分，分析雅戈尔近两年的战略规划和部署。

相关资料

雅戈尔——积极参与创投、布局大健康养老产业

根据 2014 年业绩预增公告，雅戈尔 2014 年净利润同比增长 120%～150%，即 30 亿～34 亿元，测算 EPS 为 1.34～1.53 元。净利润大幅增长的原因：一是变更宁波银行会计核算方法，直接增加净利润 6.4 亿元；二是出售中信证券、工大首创等股票，直接带来 14.6 亿元的净利润。我们认为剔除宁波银行会计准则变更和出售中信证券、工大首创股权，估计常规性的服装业务利润规模近 7 亿元，地产业务约 2 亿元，低于正常年份的主要原因在于公司从谨慎性原则出发，对东海府、紫玉花园两个地产项目计提存货跌价准备 9.9 亿元。

2015年公司拟推出女装业务，继续进行渠道整合，完善O2O闭环。2015年春季公司推出女装业务，2月在上海南京东路开设旗舰店，推出全新女装品牌，反响热烈；2015年公司计划继续整合渠道，关闭形象不好的店铺，开设旗舰体验店（除销售服装外，还会布局健康医疗产业的相关产品）；公司的O2O战略也在稳步推进中，微信活动采用"雅戈尔找你去代言＋全国海选"新模式营销，完善会员体系。预计2015年公司服装主业收入保持个位数增长，净利润增速达到两位数，服装主业净利润可达7.7亿元。

地产主业规模有所下降，未来有望转型养老地产。地产板块2014年净利润贡献约2亿元左右。考虑到后续推盘的速度，预计地产主业未来2~3年净利润贡献在五六亿元左右。另外，宁波市鄞州区土地储备中心对公司纺织城地块进行收购储备，土地及地上建筑物收购补偿费为11.6亿元，3月20日，公司收到第一期土地收购款5亿元。预计2015年公司地产业务贡献11亿元利润（含纺织城地块）。

积极参与创投基金，产业投资收获颇丰。公司当前所持金融资产市值约65亿元，加上所持宁波银行10.93%的股权对应的市值约63.4亿元。产业投资方面，公司积极参与创投基金，储备项目，通过新三板和注册制进行变现。公司持有深圳中欧创业基金15%的股权、中信夹层（上海）投资中心1.96%的股权和绵阳科技城产业投资基金2.22%的股权，储备项目后续有望通过新三板和IPO变现。控股的汉麻产业（30.08%股权）筹划重大资产重组事项，股权有望升值。按照停牌前一日的收盘价计算，该部分股权的市值为6.7亿元。

参股医疗信息化龙头创业软件。3月27日公司参股15.71%的创业软件首发申请过会，创业软件专注于医疗卫生行业信息化建设业务。根据招股书，创业软件2014年净利润4 758.38万元，拥有150家三级甲等医院客户，又累计为全国188家县级及以上的卫生局提供了服务。若按照公司100亿元市值估算，雅戈尔所持股权对应约15.7亿元市值。

斥资10亿元成立健康产业基金，布局大健康养老产业。产业基金主要针对大健康产业处于成长期、扩张期、成熟期，具有良好的行业发展前景和极具并购价值的企业进行股权投资，并关注优秀上市公司的定增机会，以及医疗健康产业国有大中型混合所有制改制（如公立医院）重组的投资机会。目前采用基金的框架，预计未来会扩大资金筹措规模，未来发展前景广阔。按照当前一级市场定价规则，按照10倍PE进行收购，对应收购标的约1亿元左右净利润，粗略按照二级市场医疗服务子行业估值测算，对应市值50亿元以上。（中国银河证券公司公司研发报告2015.3）

资料来源：Wind数据库；雅戈尔2008年年报

 请同学们结合公司年报和相关资料分析，雅戈尔为实现未来战略发展布局，具体都进行了哪些投资、并购重组活动？

三、财务报表与战略分析

我们可以采用图2-3反映企业战略、企业主要活动和财务报表的关系。

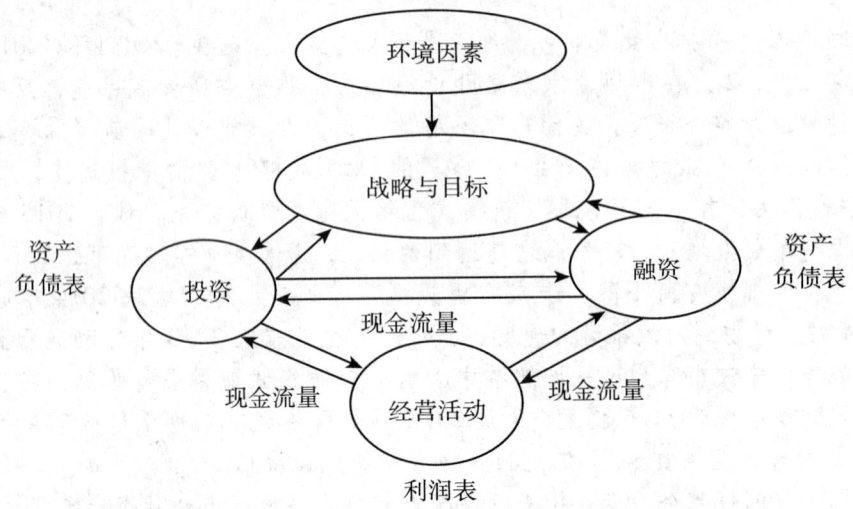

图 2-3 企业战略、企业主要活动和财务报表的关系

资产负债表反映了一定时期企业资源（资产）以及对这些资源的索求权（负债和所有者权益），其中资产部分是公司投资决策的结果，反映企业的经营战略；负债和所有者权益部分是公司融资决策的结果，反映了企业的财务战略，因此，资产负债表描述了企业经营战略和财务战略之间的平衡关系。它向报表的使用者说明了公司将哪些资源确认为资产，确认的金额为多少，公司的资产构成是什么状态，未来一段时间内公司需要提供的偿还责任形式如何，金额多少，公司所有者剩余索取权的大小，股东价值的高低，公司资产、负债的质量如何，偿债风险的高低，等等。

利润表反映了公司一定期间的获利水平，是公司战略执行的经济结果，其中收入反映公司提供的产品和服务，成本、费用反映了公司为取得收入付出的代价，报表使用者可以通过研究公司的战略和过去收益趋势，判断公司市场价值，预测未来的收益水平、持续状态，分析会计政策对战略的支持程度，评估收益质量，研究公司收益的"管理"程度等。

现金流量表反映公司一定时期从事经营活动、投资活动、筹资活动获得的净现金流量，报告了企业活动对于现金状况的影响。现金流量是企业战略和经营活动、投资活动、筹资活动相互联系的纽带，使企业的业务持续有效地进行，反映了公司资金来源的主要渠道。在很多情况下，盈利的公司也会处于"现金荒"的情况，企业生存发展的基础就是必须能够创造足够的现金。

当报表分析人员对所要分析的公司的行业、战略进行必要的了解，分析和理解了公司的财务报表，就可以对公司的盈利水平和风险控制水平进行初步判断，在此基础上可以采用具体分析方法（后面章节进行介绍）深入分析。

小组讨论　下表是五个不同行业公司的简易资产负债表和利润表的同型表，表中各个项目的数据都是根据营业收入作为100%的百分数表示的（即各个项目数据都是相应的财务报表数据除以该年度营业收入得出的）。

其中：a 公司主营业务为生产剃须刀等家用小型电器；b 公司主营业务为生产和销售计算机硬件产品；c 公司主营业务是为企业提供代为记账等临时办公服务；d 公司主营业务为连锁百货；e 公司主营业务为连锁快餐。

简易资产负债表和利润表的同型表

公司	a	b	c	d	e
	百分比	百分比	百分比	百分比	百分比
资产负债表					
现金和有价证券	8.7	0.9	11.8	3.1	25.8
应收账款	18.5	20.2	3.4	5.4	3.7
存货	16.7	19.8	1.7	0.7	24.5
固定资产原值	26.5	53.1	123.4	90.4	266.7
累计折旧	(12.1)	(18.4)	(15.8)	(44.8)	(97.2)
固定资产净值	14.4	34.7	71.6	45.6	169.5
其他资产	13.8	8.2	21.2	145.6	47.3
资产总计	72.1%	83.8%	109.7%	200.4%	270.8%
流动负债	27.6	16.0	11.0	20.0	29.2
长期负债	9.5	37.3	34.5	98.8	94.3
股东权益	35.0	30.5	64.2	81.6	147.3
负债和股东权益合计	72.1%	83.8%	109.7%	200.4%	270.8%
利润表					
营业收入	100.0%	100.0%	100.0%	100.0%	100.0%
营业成本	64.6	71.4	55.6	57.6	55.4
其他各种费用	28.7	22.4	35.8	27.7	33.5
费用总计	93.3	93.8	91.0	85.3	88.9
净利润	6.7%	6.2%	9%	14.7%	11.1%

要求：请同学们分析各公司的财务报表项目之间反映了哪些行业经济特征？

资料来源：[美] 克莱德·P·斯蒂克尼：《财务报告与报表分析：战略的观点》，中信出版社 2004 年版。

第二节 会 计 分 析

外部报表分析人员不能得到企业内部信息，只能从公开的财务数据中提取信息。

然而，公司披露的财务信息与企业的原始财务信息是有区别的，是经过加工处理的。会计分析的目的是理解公司会计信息处理的原则与方法，了解会计政策的灵活性，评价公司会计处理反映经济业务的真实程度，尽可能消除报表分析的"噪音"，为提高财务分析的可靠性奠定基础。

一、影响会计信息质量的因素

公司的管理者受托对企业经营活动进行管理，根据企业会计准则报告公司的财务状况与经营成果，公司的所有者和准则的制定者都给了管理者相当的空间，管理者对外提供的财务信息既包括了企业经营战略等内部管理信息，也包括了管理者主观判断的影响，甚至还可能包括管理者有意操纵的信息。影响会计信息质量的因素主要有：

（一）管理人员的判断能力

经济活动十分复杂和多变，一些经济业务发生时，企业会计准则很可能没有对其进行规范，管理者也很可能对其没有足够的认识，比如新型销售方式的推出、金融衍生工具的创新等，管理者只能根据主观判断进行业务处理，主观判断必然受到判断者的知识背景、工作经验、业务的复杂程度、环境因素的影响，出现判断错误。另外，针对一些经济业务，会计准则给了管理者斟酌处理空间，不同的管理者对准则的理解或者对经济业务本质的认识存在偏差，导致管理者错用会计准则，歪曲会计数据，影响会计信息质量。

（二）管理人员动机

在两权分离的现代企业制度下，投资人很难通过其他途径获得企业内部信息，报表利润是其衡量管理者业绩的最主要的工具，因此，管理者就有动机操纵利润。很多学者通过规范研究和实证研究的方法讨论了管理者的操纵动机，主要有：管理者为了追求更高的报酬、保留公司的控制权、避税的需要、躲避监管、对利益相关者的维护或者出于影响资本市场信息的目的等。管理者通过对财务报告的系统性影响，实现其预期目标。歪曲的财务信息降低了财务报告的使用价值，报表分析人员在进行财务分析之前，首先要判断报表信息的准确性，只有对客观、真实的报表进行分析所得信息才是有意义的。

（三）企业会计准则制定质量

企业会计准则制定的质量是会计信息质量的基石。企业会计准则是否完善？对存在争议的会计问题或新的经济业务领域，企业会计准则的规定是否公允及客观？有关规定是否过于模糊？被操纵的空间有多大？等等，这些准则制定的质量问题都会直接影响企业信息的质量。

（四）企业会计准则执行质量

企业会计准则的制定和执行是两个相互影响的环节，它们的目的都是在于提高会计信息质量。企业在执行企业会计准则时是否利用准则操纵财务报告？企业会计准则在对企业使用的会计方法加以限制的同时，又允许其在众多方法中进行一些选择，这些选择常常被看成是一种用来操纵报表数字，以达到管理当局预期目标的通行证。因此，应关注企业会计准则的执行质量。

（五）信息披露制度

制度建设有助于解决信息质量问题。肖特指出："当竞争性价格不能为完全分散化和需要协调的经济活动增添足够信息时，社会及经济制度就成了为经济系统增添信息含量的信息装置。"因此，各国都有强制信息披露制度，强制信息披露制度向财务报告分析师等信息需求者传递了一些基本的制度信息，降低了信息的不对称性，是分析师分析的基础数据之一。信息披露制度的完善与否直接决定了分析人员是否可以获得及时、完备、准确的信息，直接决定会计信息质量。

现实经济生活中由于利益的驱动，企业除按照强制规定披露信息外，也自愿披露企业的部分信息，一般认为业绩越好的企业越主动自愿披露更多的信息。研究表明，自愿信息披露有五大动机：资本市场交易动机、控制权竞争动机、股票报酬动机、诉讼成本动机和管理能力信号动机。自愿信息披露能够使分析师获得更为丰富的信息资料，但信息质量的约束较低，管理当局可能通过延迟披露、虚假披露、选择披露、模糊披露等手段，使信息真假难辨，分析师需要一定的职业判断和职业谨慎。

（六）审计质量

财务报告分析人员通常比较依赖审计，但是审计失败和部分审计师利用准则的"灰色地带"接受企业管理当局的某些操纵行为也是存在的，甚至极少数审计师也可能蓄意造假，财务分析人员也需要对这些行为保持警惕。

（七）其他

除了上述影响企业信息质量的因素以外，还有一些因素也会对其产生影响，比如企业内部控制制度的严谨程度、管理者和财务人员的职业素质、信息披露的市场环境，等等，对影响会计信息质量因素的分析是很重要的，它可以帮助财务报告分析人员识别报表欺诈行为，帮助财务报告使用者做出比较正确的判断。

二、会计分析步骤

财务报告分析人员在进行财务分析之前进行会计分析，主要是为了消除财务分析过程中的"噪音"干扰。评价企业会计信息质量，可以通过以下基本步骤进行：

（一）了解企业的经济业务

了解企业的经济业务及经济业务特征，可以较好地了解这种业务类型适合于采用何种会计处理方法，企业是否采用了最为恰当的方法。譬如，企业的正常坏账比率是多少？企业计提的坏账准备与正常的坏账比率是否存在矛盾？应计折旧资产的有效使用期限是多长？采用的折旧方法是否与事实情况相匹配？等等。

（二）确认公司主要会计政策

公司战略的执行、风险的规避都要通过特定的经济行为去实现，这些经济行为会通过特定会计政策反映在企业的财务报告当中，因此，报表分析人员首先要对反映公司所在行业特征的会计政策和反映企业风险管理的会计政策进行确认和评估，判断企业这些基本会计政策的有效性、公司如何管理这些政策。比如产品研发是高科技企业成功的保障，存货管理是零售业生存的根本，报表分析人员对这些因素展开分析：哪些指标或会计事项能够描述这些因素的内涵？决定这些指标或会计事项的会计政策是什么？会计政策中是否包含会计估计和主观判断？这些估计和判断对是否客观、准确？对企业经营效果的影响如何？等等。

（三）分析公司会计政策的灵活性

企业会计准则的颁布和执行是为了增强财务信息的一致性、可信度，减少对财务数据的操纵，使其更客观、准确。但经济业务是复杂多变的，企业会计准则的一致性越强，管理者按照事物的本质，在会计政策决策中反映真实业务的灵活性越差，反而可能会丧失会计信息的真实性，因此，各国会计准则在制定过程中对需要涉及重大判断的业务，给管理人员留有较多的空间。一般而言，企业采用的会计政策可能是保守的、自由的或中立的，它会影响企业当期和未来的收益水平。企业对一贯会计政策的背离可能是会计操纵，财务分析人员一般会对会计政策偏离行业标准的企业加以注意，也会对会计政策与过去期间不同的企业加以注意。企业会计政策的灵活性主要体现在。

1. 会计政策的选择

并不是所有会计政策的选择都具有灵活性，每个国家的情况也相差甚远，但各国会计准则对下列会计政策的选择都赋予一定的灵活性：折旧政策（如加速折旧法或年限平均法的选择）、存货会计政策（如先进先出法、加权平均法的选择）、商誉摊销政策（如对摊销方法、期限的选择）、准备计提政策（如需要计提何种准备，计提比例的选择），等等。如果会计政策选择的灵活性很小，会计数据可能不会为理解公司经营的经济意义提供更多的信息；相反，如果管理层在选择会计政策和估计时具有相当大的灵活性，则会计数据有可能提供较多的信息，这主要取决于管理层如何实施这种灵活性。

当管理当局能自由地选择可接受的会计政策时，一般有两种倾向：一种是倾向乐观，另一种是倾向保守。通常认为具有保守倾向的管理者所做的决策是低风险的，减少了高估收益和追溯变动的可能性，但是过度的保守和稳健从长远看却降低了会计信息的相关性和可信性。

一般而言，企业会计政策一旦选定就不会轻易地改变，公司会计政策在两种情况下会发生改变：一是强制变更，即国家相关法律法规或是会计准则、会计制度等要求会计政策变更；二是自愿变更，如果会计政策的变更可以使会计信息变得更相关、更可靠，管理层可以自主变更会计政策。会计政策变更会对净收益的计算产生影响，前一种变更所带来的影响是所有企业需要面临的，更多情况下，报表分析人员应该对后一种变更给以足够的谨慎，分析会计政策变更内容、理由的合理性，变更数据影响大小，因为这样的变更可能隐藏着管理层出于特定目的操纵收益的企图。

分析人员在发现企业会计政策变更时（主要是自愿变更），需要注意分析管理层运用会计政策的动机。大多情况下会计政策的运用是和某些决策密切相关的，比如决定计提充分的准备可能是为了进行资产再投资，也可能是为了保持和提高企业某时期的获利能力；管理当局可以通过调整会计政策影响收入和费用的确认，从而影响收益水平；管理当局还可以通过调整诸如广告费、营销费、修理费、维护费、研发费等这些可以自行决定的费用发生时间来达到操纵报表收益水平的目的。分析人员需要甄别管理当局的意图，做出恰当评价。

2. 会计估计的选择

经营活动中存在大量的不确定因素，执行公认会计准则时，需要管理层做出会计估计，比如：坏账损失的估计、存货跌价损失的估计、固定资产折旧期限的估计、固定资产净残值的估计、无形资产摊销期限的估计，等等。若会计估计、会计估计变更是依据最近可利用的、客观的信息为基础进行的，并不会削弱会计信息的可靠性。但若管理层滥用会计估计，或者管理层不时变更这些估计，公司以前披露的收益信息就会存在误报。报表分析人员在评估会计估计变更时，需要判断是否存在随意变更会计估计的情况，管理层对会计估计变更的说明是否合理，会计估计变更的影响数额能否确定，会计估计变更对损益和其他项目的影响有多大等。

3. 会计披露方式、时间的选择

由于管理层掌握着充分的信息，以及他们对经济业务、法律法规的熟悉与了解，管理层对会计事项披露方式、时间的选择具有较强的灵活性。报表分析人员需要对信息披露的方式、语言表述方式、信息披露的时间等加以甄别，掌握公司信息披露的"个性"。比如：诺基亚公司习惯单独披露研发费用，爱立信和摩托罗拉却将之包含在管理费用中，然后在报表附注中说明；再如一些公司为了控制盈余而调整销售或采购时间，另一些公司为了消除不良影响（或者获取宣传效益）而提早/推延重大信息发布，等等。

4. 财务报表编制的国际差异

由于各国文化背景、制度构成、管理模式等不同，各国会计准则的差异很大，虽然国际会计准则委员会在国家间大力推行采用统一的会计准则——国际会计准则，并已取得很大成效，但要在全球范围内统一仍然是遥遥无期，这种状况给跨国公司的信息披露带来很大困难，也使跨国公司财务报表编制、合并会计信息具有很大灵活性。报表分析人员对跨国公司的财务报告进行分析，首先关注是否可以获得可比的财务数据，其次关注各国政治、经济、文化、制度等对财务信息的影响。

（四）评价公司会计战略的符合度

管理层在选择会计政策时，具有相当的灵活性，报表分析人员可以从以下角度判断管理层运用这种灵活性的目的是实施公司经营战略影响公司经营状况，还是操纵公司利润，隐瞒公司真实业绩：

(1) 公司的会计政策是否反映行业特征。如果发现公司会计政策不能反映行业特征，则需要判断是否由于企业采用了与众不同的战略，还是其会计政策存在问题。

(2) 为了实现企业战略目标，公司是否做出了重大的生产经营安排。如果存在这样的行为，表明管理层愿意通过努力、花费代价去实现战略目标，降低了公司通过不正当手段实现目标的可能。

(3) 公司的会计政策和估计是否一贯符合实际。公司会计政策的持续性如何？之前是否存在会计欺诈等不良记录？是否自愿披露因政策出现问题而改变会计政策和估计，改变的原因是什么？理由充分吗？

(4) 公司管理层是否具有运用灵活性进行收益管理的强烈动机。赋予公司管理层会计政策灵活性需要付出成本，并不表明管理层都会滥用手中权力，只有在其自身、利害关系人或公司面临危机、巨大诱惑时，其盈余管理的动机才会增强，操纵收益的几率也会上升。

（五）评价公司会计信息披露质量

会计信息披露质量是衡量会计信息质量的重要尺度之一，在评价会计信息披露质量时，报表分析人员可以注意：

(1) 利用已披露的会计信息是否足够评价公司经营战略和经济效果。如判断公司表明的行业状况、竞争压力、未来的筹划是否有会计数据支持，管理层对当前的经营业绩是否给予充分的说明，还是其为了某些目的自我吹嘘。

(2) 公司是否对主要的会计政策、会计假设、会计估计给予充分的解释，特别是发生变更时。有经验的报表分析人员发现公司对重大会计政策变更可能会作为报表信息、报表附注信息披露，也可能作为重大会计事件单独披露。

(3) 公司是否自愿披露一些重大信息，帮助报表分析人员更加深入地了解企业。一些法律、法规、公认会计准则没有强制要求披露的经济事项，对企业外部人士了解企业状况有重大帮助，企业是否主动披露，并且是否主动披露坏消息，阐明糟糕业绩产生的根源，制订解决方案，这也是企业信息披露制度是否完善的一个指标。

(4) 公司与投资者的关系。公司之前的财务报告是否遭到投资人的强烈质疑，公众投资者或者报表分析人员是否很难接近管理层，管理层是否从不与公众投资者接触，这些显示了公司是否主动保护投资者的知情权。

(5) 识别潜在危险信号。在对公司整体会计信息质量评价的基础上，报表分析人员需要仔细观察，识别是否存在潜在危险信号。Krishna G. Palepu 和他的合作者 Paul M. Healy 与 Victor L. Bernard 总结了众多研究人员和报表分析人员的研究与经验，发现一些常见的潜在危险信号有：①原因不明的会计政策、会计估计的变化；②在业绩糟糕的情况下，出现能够提高利润的原因不明交易或者经常签订企业合并协议，从而业绩大幅度改善；③公司增长迅速（特别是公司已经取得了巨大的市场份额并且增长速度大大快于行业增长速度情况），但与销售增长相比，应收账款或者存货有异常增长；④公司的业绩利润非常好，以至于令人难以相信，特别是净利润与经营活动产生的现金流量之间的缺口持续增加；⑤公司财务报告的收益与应税收益缺口加大；⑥管理当局的一些异常决策，如未预料到的大额资产冲销、年末的大额调整等；

⑦被出具附保留意见的审计报告或无缘无故更换会计师事务所或注册会计师，等等。

出现上述信号暗示管理层可能利用手中信息"粉饰"会计报表，显示管理层对会计信息处理的态度，报表分析人员对于出现上述信号应持有相当的职业谨慎。

（六）消除歪曲会计信息的影响

报表分析人员经过上述分析，初步对公司会计信息质量建立了基本判断，若公司的会计信息客观真实反映了企业的经营特征，分析人员就可以以此为基础展开进一步的财务分析；若公司的会计信息存在重大舞弊，严重歪曲了客观实际，进一步报表分析的意义就已丧失；若公司对外报告的会计信息部分失实，分析人员应当尝试重新计算失实数据，尽可能消除歪曲会计信息的影响。

分析人员消除歪曲会计信息可以借助的工具：一是现金流量表，现金流量表是基于收付实现制核算企业业绩，当分析人员不能确定利润表的收益，现金流量表信息可以为必要的调整提供基础。二是会计报表附注，会计报表附注业提供了大量会计信息，比如一些会计政策说明等。三是审计报告、企业重大事项公告等其他辅助报告。

三、会计分析的局限性

会计分析是来判断财务信息真实性，评估企业会计信息对公司基本经营情况的反映程度，并尽可能消除会计歪曲，是企业财务报表分析的基础。但会计分析并不能发现所有歪曲的会计信息，也不能将发现的歪曲的会计信息的影响全部消除掉，这是由主客观两方面的原因决定的。客观方面，由于报表分析人员和企业的管理层掌握的信息不对等，管理层掌握较多的内部信息，对会计政策、会计估计、信息披露等具有相当的控制力，报表分析人员处于被动地位，不可能也无力发现所有会计歪曲。主观方面，报表分析人员的分析能力受到自身知识水平、专业阅历等的约束，不能够区分所有的特殊会计问题和会计歪曲。

小组讨论　　　　　　　**会计政策变更**

根据雅戈尔2014年年报附注披露，企业会计政策变更内容如下：

（1）将本公司对被投资单位不具有共同控制或重大影响，并且在活跃市场中没有报价、公允价值不能可靠计量的投资从长期股权投资中分类至可供出售金融资产核算，并进行了追溯调整，调整增加可供出售金融资产4 612 644 601.09元，调整减少长期股权投资4 612 644 601.09元。

（2）将本公司对于被投资单位除净损益、其他综合收益和利润分配以外所有者权益的其他变动，调整长期股权投资的账面价值并计入所有者权益，并进行了追溯调整，调整增加资本公积36 097 847.09元，调整减少年

初未分配利润 36 097 847.09 元。(依据:《企业会计准则第 2 号——长期股权投资》)

上述追溯调整对上期财务报表的主要影响如下:

2013 年 12 月 31 日	会计政策变更前余额	会计政策变更调整余额	会计政策变更后余额
可供出售金额资产	6 516 692 802.14	4 612 644 601.09	11 129 337 403.23
长期股权投资	6 476 377 249.85	-4 612 644 601.09	1 863 732 648.76
未分配利润	8 919 440 517.07	-36 097 847.09	8 883 342 669.98
其他综合收益		1 203 827 879.25	1 203 827 879.25
资本公积	1 549 896 420.84	-1 179 798 899.16	370 097 521.68
外币报表折算差额	-12 068 867.00	12 068 867.00	
递延收益		69 574 691.00	69 574 691.00
其他非流动负债	69 574 691.00	-69 574 691.00	

本章小结

本章主要介绍财务报表分析的前提和基础。在对财务报表进行分析前,对企业所处行业的分析,对企业竞争战略的分析,对企业发展战略、经营战略以及重大筹资投资战略的分析是财务报表分析的前提。对企业会计质量的评价是财务分析的基础。

1. 对企业进行财务报表分析,首先需要了解企业处于哪个行业,不同行业的盈利能力有很大不同。运用迈克尔·波特的"五种力量"分析和产业链分析,可以发现不同行业的盈利能力水平差别的原因。

2. 迈克尔·波特指出:行业平均获益能力受五种因素(经济特征)的影响,分别为现有公司间竞争、新加入者竞争、替代品竞争、购买者的能力和供应商的能力。

3. 企业的盈利水平除了受行业因素的影响外,也受企业经营战略选择的影响。企业业务层的竞争战略包括成本领先、产品差异化战略和聚焦战略。

4. 对于多元化经营企业来讲,如何通过多元化的资源配置实现企业整体价值的最大化是企业决策层最为重要的任务和目标。公司战略分析涉及考察公司能否通过同时从事多种经营创造价值。与独立经营同样的业务并在市场中彼此交易相比,周密制定的公司战略可以通过在一家公司中经营集中业务来降低成本或增加收入。

5. 由于判断错误和管理操纵的原因会计信息质量受到影响,通过会计分析,可以消除财务分析过程中的"噪音"干扰,评价企业会计信息质量。会计分析的基本步骤包括:了解企业经济业务;确认公司主要会计政策;分析公司会计政策的灵活性;评价企业会计战略符合度;评价公司会计信息披露质量;消除歪曲会计信息的影响。当然会计分析并不能完全解决会计信息质量问题。

■ 关键词汇

"五种力量"分析（Five Forces Mode）
成本领先战略（cost leadership strategy）
产品差异化战略（product differentiation strategy）
聚焦战略（focus strategy）
价值链（value chain）
产业链（industrial chain）
企业战略（enterprise strategy）

思考题

1. 为什么不同行业的盈利水平差距很大？
2. 谈谈两种企业经营战略的区别。
3. 谈谈影响会计信息质量的各因素是如何对会计信息的质量产生影响的。

案例分析与讨论

从 2008 年开始，随着金融危机的来临，中国家纺行业进入寒冬期，虽然经历了 2010～2012 年的回春过程，紧接着 2013 年开始的更猛烈的一波寒潮来临，使得很多先天不足的企业，经历了又一波剧烈震荡，其中不乏我们耳熟能详的一些企业破产。2014 年，中国经济发展迎来新常态，中国家用纺织品行业也面临着新情况，发展增速放缓和市场供大于求的事实已经在影响着整个行业，我国家纺行业在新的大环境下面临新的挑战。

中国家纺行业从无到有的发展过程是在 90 年代开始的。1990 年之前，中国关于家用纺织品的概念还停留在床单、枕巾、被套、枕套、棉花被的阶段，还没有行业概念。从 90 年开始的第一波国内家纺业的快速成长以及外资家纺企业的进入，开创了中国家纺行业的开端，形成了中国家纺企业现在的 4 大家族、8 大金刚、18 罗汉的行业大格局。但是，中国家纺企业从形成行业到现在，一直存在着中国企业普遍存在的弊病：管理粗放，自给自足性质严重，对内依存度高于对外依存度，从早期港资的冬冬宝、台湾三和集团的退出，我们也可以看到大而全的企业结构带来的管理成本过高、附属产业拖垮主业的消亡过程。中国家纺企业大多数企业是靠内循环来完成整个产品形成，每个家纺企业都拥有很多附属部门，带来的是运营成本的居高不下，成本截流效果不明显，企业只有不断扩大经营规模和销售产值才能保证正常运转，这样的企业结构一旦遇到市场震荡或经济大震荡，其抗风险能力是非常低的，沉重的成本压力就成为压倒企业的最后一根稻草。同时，家纺行业融资手段单一，融资困难，行业整体抗风险能力不强。

从表面看，中国家纺行业面临的最大挑战是资金问题，是原材料成本不受控问题，是人力成本快速增高问题，是库存压力问题，是利润摊薄和市场竞争无序问题，是多渠道竞争对传统商业模式形成冲击问题，是国民消费趋于理性和政府大力打击腐败，影响集团购买问题。但所有上述表面问题从根源看又与家纺行业本身的特点密切相关，上下游产业链没有有效衔接，没有形成产业合力。家纺行业作为产业链的下游，若不抱团取暖，形成合力，后续的压力会不断加大，竞争形势会不断影响行业的成长，行业内的企业也会不断淘汰，洗牌。

资料来源：www.texnet.com.cn 中国纺织网，2015 - 05 - 19。

要求：收集家纺行业发展现状的资料，试着分析影响该行业盈利水平的原因。

本章推荐阅读资料

1. ［美］克里舍·G·佩普等：《运用财务报表进行企业分析与估价》，孔宁宁等译，中信出版社2004年版。
2. 王化成等：《财务报表分析》，中国人民大学出版社2014年版。

第3章 财务风险分析

学习提要与目标

本章主要介绍了财务风险的分析方法，包括短期偿债能力分析、长期偿债能力分析、破产风险和财务危机预警分析。

通过本章的学习，应能够：
- 掌握短期偿债能力的含义和衡量指标；
- 理解影响短期偿债能力的各项因素；
- 掌握流动比率分析的基本原理和方法；
- 掌握长期偿债能力的含义和衡量指标；
- 理解影响长期偿债能力的各种因素；
- 掌握长期偿债能力分析的基本原理和方法；
- 理解财务危机预警原理。

站在各方利益相关者角度，财务风险分析着重分析公司的两种风险，即信用风险和破产风险。信用风险是指公司按期偿还债务本金和利息的可能性，通常用清偿到期债务的现金保障程度衡量，破产风险是指企业不能偿还到期债务，申请破产及清算的可能性。因债务有短期债务和长期债务之分，信用风险分析可以分为短期偿债能力分析和长期偿债能力分析，破产风险分析主要采用财务预警模型分析。

第一节 短期偿债能力分析

一、短期偿债能力的衡量

（一）短期偿债能力的概念

短期偿债能力是指企业以流动资产偿还流动负债的能力，它反映企业偿付日常到期债务的能力。对债权人来说，企业要具有充分的偿还能力才能保证其债权的安全，按期取得利息，到期取回本金；对投资者来说，如果企业的短期偿债能力发生问题，就会牵制企业经营的管理人员耗费大量精力去筹集资金，以应付还债，还会增加企业筹资的难度，或加大筹资的成本，影响企业的盈利能力。一个企业的短期偿债能力强弱，一方面要看流动资产的多少和质量如何，另一方面要看流动负债的多少和质量如何。

流动资产的质量是指其"流动性"和"变现能力"。流动性，是指流动资产转换为现金所需要的时间。资产转换为现金需要的时间越短，则资产流动性越强，越能很快地转换为可以偿债的现金。变现能力是指资产能否很容易地、不受损失地转换为现金。如果流动资产的预计出售价格与实际出售价格的差额很小，则认为变现能力越强。金融资产容易变现，存货则差一些。对于某些不易变现的资产，可以通过拍卖等方式实现变现，但要蒙受很大损失。

短期偿债能力的评价有三种办法：（1）评价流动负债和流动资产的数量关系。如果流动资产大于流动债务，资产转换所得现金超过流动负债，则认为偿债能力强。流动资产和流动负债的关系，有两个评价指标，一个是营运资金即流动资产与流动负债之间的差额；另一个是流动比率即流动资产与流动负债的比值。（2）评价资产的流动性。只有不断流动的资产才能产生现金，只有取得现金才能偿债，因此资产流动性可以反映偿债能力（因此偿债能力分析有时也叫"流动性"分析）。资产的流动性有两个评价指标：一个是流动资产周转天数，另一个是流动资产周转率。（3）比较一年内产生的债务和产生的现金。债务最终要用现金来偿还，因此可以一年内产生的现金流入和同期需要偿还的债务的关系评价偿债能力。

流动负债也有"质量"问题。一般来说，企业的所有债务都是要偿还的，但是并非所有债务都需要在到期时立即偿还，债务偿还的强制程度和紧迫性被视为负债的质量，债务偿还的强制程度越高，紧迫性越强，负债的质量越高；反之，则越低。例如，与企业有长期合作关系的供应商的负债，在公司财务困难时比较容易推迟或重新进行协商。供应商对本公司有业务上的依赖,他们要权衡保持业务与强行索债的得失,其债务质量可能不高。有些债务则是到期必须偿还的,例如应付税款,政府的收款权力很大,甚至可以给拖欠税款的公司以致命的惩罚,属于质量高的债务。大部分债务在这两个极端之间。

企业流动资产的数量和质量超过流动负债的数量和质量的程度,就是企业的短期偿债能力。

短期偿债能力是企业的任何利益关系人都应重视的问题。

对企业管理者来说,短期偿债能力的强弱意味着企业承受财务风险的能力大小。短期偿债能力弱,企业获得商业信用的可能性降低,将使企业无法利用供货商给予的折扣好处,丧失有利可图的机会;特别是企业缺乏短期偿债能力时,为了还债,可能会强行出售资产,这种行为会大大降低企业的盈利能力;当企业不能偿还到期债务时,企业将面临债务诉讼,当资不抵债时,企业将破产清算。

对投资者来说,短期偿债能力的强弱意味着企业盈利能力的高低和投资机会的多少。企业短期偿债能力下降通常表明企业盈利水平降低和投资机会减少,这意味着资本投资的流失。因为,一般情况下,企业投资机会多、盈利水平高时,现金流入量也多;反之,则少。现金流入量多,资产的流动性就强,企业的短期偿债能力就强。

对企业的债权人来说,企业短期偿债能力的强弱意味着本金与利息能否按期收回。企业短期偿债能力下降时,将导致债权人本金与利息收回的延迟;当企业丧失偿债能力时,将导致债权人无法收回本金与利息。

对企业的供应商和消费者来说,企业短期偿债能力的强弱意味着企业履行合同能力的强弱。当企业短期偿债能力下降时,企业将无力履行合同,供应商和消费者的利益将受到损害。

总之,短期偿债能力是十分重要的。当一个企业丧失短期偿债能力时,它的持续经营能力将受到质疑。此时,其他的报表分析指标就显得不那么重要了。

(二)营运资金

1. 营运资金及其计量

营运资金是指流动资产总额减流动负债总额后的剩余部分,也称净营运资金,其计算公式如下:

$$营运资金 = 流动资产 - 流动负债$$

营运资金是偿还流动负债的"缓冲垫",营运资金越多,则偿债越有保障。营运资金是用于计量企业短期偿债能力的绝对值指标。企业能否偿还短期债务,要看有多少债务,以及有多少可以变现偿债的流动资产。当流动资产大于流动负债时,营运资金为正,说明营运资金出现溢余。此时,与营运资金对应的流动资产是以一定数额的长期负债或所有者权益作为资金来源的。营运资金数额越大,说明不能偿债的风险越小。反之,当流动资产小于流动负债时,营运资金为负,说明营运资金出现短缺。此时,企业部分长期资产以流动负债作为资金来源,企业不能偿债的风险很大。

例 3 - 1 ABC 公司 2013 年年末的流动资产是 63 874.4 万元,流动负债是

48 126.76 万元，依上式计算营运资金：

营运资金(2013 年年末) = 63 874.4 − 48 126.76 = 15 747.64（万元）

ABC 公司的营运资金为 15 747.64 万元，它是流动资产偿债后的剩余，成为偿还流动负债的"缓冲垫"。即使有 15 747.64 万元的流动资产不能变现，仍然可以偿还债务。营运资金越多，流动负债越有偿还保障。

2. 营运资金的合理性

营运资金的合理性是指营运资金的数量以多少为宜。短期债权人希望营运资金越多越好，这样就可以减少风险。因为营运资金的短缺，会迫使企业为了维持正常的经营和信用，在不适合的时机和按不利的利率进行不利的借款，从而影响利息和股利的支付能力。但是过多地持有营运资金，也不是什么好事。高营运资金，意味着流动资产多而流动负债少。流动资产与长期资产相比，流动性强、风险小，但获利性差，过多的流动资产不利于企业提高盈利能力。除短期借款以外的流动负债通常不需要支付利息，流动负债过少说明企业利用无息负债扩大经营规模的能力较差。因此，企业应保持适当的营运资金规模。

没有一个统一的标准用来衡量营运资金保持多少是合理的。不同行业的营运资金规模有很大差别。一般来说，零售商的营运资金较多，因为他们除了流动资产外没有什么可以偿债的资产；而信誉好的餐饮企业营运资金很少，有时甚至是一个负数，因为其稳定的收入可以偿还同样稳定的流动负债。制造业一般有正的营运资金，但其数额差别很大。由于营运资金与经营规模有联系，所以同一行业不同企业之间的营运资金也缺乏可比性。营运资金是一个绝对数，不便于不同企业间的比较，因此在实务中很少直接使用营运资金作为偿债能力的指标。

例 3−2 A 公司和 B 公司的营运资金相同，但偿债能力显然不同。

	A 公司	B 公司
流动资产	400 万元	4 000 万元
流动负债	200 万元	3 800 万元
营运资金	200 万元	200 万元

上例中，A 公司和 B 公司的营运资金均为 200 万元，但由于两家公司的规模不同，在其他条件完全一致的情况下，如果对于规模较小的 A 公司而言，有 200 万元的营运资金作为日常经营活动中资金需求的缓冲恰好足够的话，那么对于规模更大的 B 公司，200 万元的营运资金可能无法满足其日常需求。因此，营运资金的合理性主要通过相对指标，如流动资产与流动负债的相对比较即流动比率来评价。

（三）流动比率

1. 流动比率的计算

流动比率是流动资产与流动负债的比值，是衡量企业短期偿债能力的核心比率。流动比率的内涵是每 1 元流动负债有多少元流动资产作保障。其计算公式如下：

$$流动比率 = 流动资产 \div 流动负债$$

通常认为，流动比率越高，企业的偿债能力越强，短期债权人利益的安全程度也越高。这是因为较高的流动比率可以保障在流动负债到期日能够有较多的流动资产可供变现偿债。这个比率还表明当企业遇到突发性现金流出,如发生意外损失时的支付能力。

例3-3 ABC公司2012年流动资产为19 133.58万元,流动负债为11 299.98万元;2013年流动资产为63 874.4万元,流动负债为48 126.76万元。计算流动比率:

2012年年末流动比率 = 19 133.58 ÷ 11 299.98 = 1.69

2013年年末流动比率 = 63 874.4 ÷ 48 126.76 = 1.33

计算结果表明,该企业2012年每1元流动负债有1.69元的流动资产作保障,2013年下降到1.33元。从债权人角度看,这当然不是好的趋势,因其债务的保障程度降低了。但是,1.33的流动比率是否就说明短期债务没有保障了呢?是否就意味着,不应借款给这个企业了呢?流动比率为100会更有保障,但坚持一个非常高的流动比率标准,且不谈对于公司来说是否合理,起码债权人也可能会完全找不到放款的对象,也就失去了赚钱的机会。因此,问题的关键在于短期负债的合理保障程度是多少。

2. 流动比率的合理性

这一问题显然难以给出确定的答案,有的教材认为,生产企业合理的最低流动比率是2。其理由是变现能力最差的存货金额,通常占流动资产总额的一半左右,剩下的流动性大的流动资产至少要等于流动负债,企业的短期偿债能力才会有保证。

这种说法,已经被实际情况的发展逐步否定。流动比率的合理性标准是个复杂问题,不应把复杂问题简单化。首先,不同国家的金融环境不同,使得企业采用不同的营运资金政策,导致不同的流动比率。例如美国平均在1.4左右,日本平均在1.2左右。其次,同一国家不同行业的平均流动比率有明显区别,例如,我国照明行业的流动比率显著地高于其他行业。再有,随着宏观微观经济环境的变化,流动比率在不同年份之间也会有所不同。随着新的经营方式的使用,企业维持正常运转所需要的流动资产比例逐渐减少,从长期来看,流动比率的合理数值也有不断下降的趋势。传统观点认为,流动比率的合理数值应该在2左右,但从表3-1中可以看到,达到或超过2的企业已经是个别现象。因此,流动比率的合理性,必须通过历史比较和类似企业比较来评价。表3-1列示了2009~2011年我国不同行业的流动比率中位数。

表3-1　　　　　　　　　　我国不同行业的流动比率中位数

行业	2009年	2010年	2011年
零售业	0.87	0.92	1.03
普通钢铁	0.79	0.89	0.90
石油加工	1.06	0.91	1.04
白色家电	1.40	1.52	1.83
照明	2.33	2.18	3.97

续表

行业	2009 年	2010 年	2011 年
化学制药	1.43	1.60	1.93
白酒	1.72	1.87	1.73
房地产开发	1.89	1.83	1.78

资料来源：王化成、支晓强、王建英：《财务报表分析》，中国人民大学出版社 2014 年版。

3. 流动比率的构成分析

如果两个企业的流动比率都等于 2，你是否认为它们的短期偿债能力相同呢？回答应当是否定的。因为构成流动比率的流动资产和流动负债质量不同，有些流动资产不能变现偿债，有些流动负债不一定在到期时立即偿还。必须对流动资产和流动负债的质量进行评价，才能把握流动比率数值的真正含义。为了使流动比率能反映短期偿债能力，有时要进行必要的修正。

（1）流动资产。

流动资产是主要为交易目的而持有的可以在 1 年或超过 1 年的一个营业周期内变现、出售或耗用的资产，其主要项目有：

① 货币资金。由于货币资金本身可用于偿债，其变现时间等于零，并且通常不存在变现损失问题，因此货币资金是偿债能力最强的资产。但是，具有特殊用途的货币资金不能作为可偿债资产，比如专门用于固定资产投资的货币资金，银行限制性条款中规定的最低存款余额等。它们不能随时用于偿债，应予扣除。

② 交易性金融资产。交易性金融资产是指为交易目的所持有的债券投资、股票投资、基金投资等交易性金融资产，按公允价值计量，其流动性和变现性仅次于货币资金。当企业需要货币资金时，可以立即出售该项资产，收回货币资金。

③ 应收票据。按我国现行会计准则规定，应收票据按面值计价。在资产负债表上，应收票据项目反映了企业未到期也未向银行贴现的应收票据面值。未到期的应收票据转换为现金，要支付贴现息，会产生变现损失。

④ 应收账款。在计算营运资金时，要对应收账款的数额进行某些调整：第一，某些应收账款可能收不回来而成为坏账，只有扣除了坏账准备后的应收账款净额才能纳入计算营运资金的范围。第二，不能在短期内变现的项目应予扣除，例如收款期长于 1 年的应收款项。第三，对营业周期较短的企业来说，账龄超过 1 年的应收账款，不能收回的可能性较大，不能视为可偿债资产。第四，关联公司的应收账款可能是一种融资安排，其收回可能没有保障，可以考虑扣除。

⑤ 存货。在资产负债表日，存货应该按照成本与可变现净值孰低计量，存货成本高于可变现净值的，应计提存货跌价准备，扣除跌价准备后的存货，才属于可偿债资产。存货计价方法对期末价值也有影响，应该予以关注。分析时，还应关注报表附注披露的与存货有关的信息：如各类存货期初和期末账面价值的差额；存货跌价准备的计提方法；用于担保的存货账面价值等。

⑥ 预付账款。预付账款是指企业按照购货合同规定预付给供应单位的款项。预

付账款是一种已经支付、但尚未失去效用的成本。这些预付款项将在1年或超过1年的一个营业周期内转变成企业的某种经济利益。虽然预付账款通常不能收回现金，但是可以在短期内节省现金支出，因此多数人认为可以将其列入可偿债资产。

（2）流动负债。

流动负债主要是为交易目的持有的在1年或超过1年的一个营业周期内偿还的债务，其主要项目有：短期借款、交易性金融负债、应付票据、应付账款、预收款项、应付职工薪酬、应交税金、应付利息、应付股利、其他应付款、1年内到期的非流动负债等。在进行分析时，必须要认识到，账务报表中有关的流动负债分类并不总是正确的。最终支付可能性很高的短期债务，不一定都纳入了财务报表中流动负债一栏之内。

在分析时应注意以下问题：

① 对于在资产负债表日起1年内到期的负债，企业预计能够自主地将清偿义务展期至资产负债表日后1年以上的，应当归为非流动负债；不能自主地将清偿义务展期的，即使在资产负债表日后、财务报告批准报出日期签订了重新安排清偿计划协议，该项负债仍应归为流动负债。

② 与担保有关的或有负债，没有被列入报表。但是，如果它的数额较大，并且很有可能发生，就应将其列入需要偿还的债务。

③ 经营租赁合同中的未来付款承诺，没有被列入报表。但是如果金额比较大，并且是不可撤销的合同，就应将未来最低租赁付款额纳入需要偿还的债务，资料见报表附注。

④ 建造或购买长期资产合同中的阶段性付款等，也是一种承诺，应当列入需要偿还的债务。

⑤ 流动负债的计价。由于流动负债数据都来自于账面资料，当低估流动负债的账面价值时，就会高估营运资金。反之，如果高估流动负债的账面价值，就会低估营运资金。

4. 流动比率的局限性

流动比率虽然易于理解、计算简单、数据易于获取，但其评价企业资产流动性和短期偿债能力的作用是非常有限的。因为，指标本身存在一定的局限性。

（1）流动比率是一个静态指标。作为反映资产流动性的指标，流动比率只是说明了在资产负债表日偿还流动负债的保障程度，即在某一时点用于偿还流动负债的可用资源。然而，流动资产是不断周转的，它的存量是不断变化的；流动负债被不断偿还，又不断有新的负债产生。流动比率不能描述这种"继起性"，不能反映一年中有多少流动负债需要偿还，以及获得多少可供偿债的现金。因此，流动负债对偿债能力的反映是不完善的，需要用现金流量指标来补充。流动比率既然是一个静态指标，就存在被人为操纵的可能性，如：某企业一年内的流动资产平均余额为1 000万元，流动负债平均余额为500万元，此时计算该公司的流动比率为2.00，在资产负债表日之前，公司临时性地将其中的400万元流动负债以流动资产偿还后，公司的流动资产变为600万元，流动负债变为100万元，此时公司的流动比率变为6.00。但要注意，流动比率从2.00变为6.00前后，公司的短期偿债能力几乎没有发生任何变化。考虑到流动资产质量，其偿债能力甚至有可能下降。

（2）流动资产中包含了流动性较差的应收账款、存货、预付账款等，它们能否足额、迅速转换为现金，是有疑问的。因此，要对这些资产的流动性进行必要的评价，包括存货周转率、应收账款周转率等，以补充流动比率对偿债能力衡量的不足。

在实际工作中，一些与现金流量有关的评价指标也非常有用，我们将在第6章现金流量分析中介绍。

二、流动比率的分析

流动比率是短期偿债能力分析的核心指标。它揭示了流动负债被偿付的可能性，反映在最坏情况下，如出现严重亏损或企业处于清算时，抵御资产价值缩水的安全程度。

流动比率的分析主要采用趋势分析和同业分析等方法。

（一）流动比率的趋势分析

流动比率的趋势分析是指对企业历史各期流动比率实际值所进行的比较分析。外部分析人员通过分析历史各期的变动，对企业短期偿债能力的变动趋势做出判断；内部分析人员通过趋势分析，有利于发现问题，吸取历史的经验和教训，改善企业的偿债能力。

采用趋势分析有两个优点，一是比较基础可靠。趋势分析以企业历史指标为依据，历史指标是企业曾经达到的水平，通过比较，可以观察企业偿债能力的变动趋势。二是具有较强的可比性，便于找出问题。其缺点也比较明显，一方面，历史指标只能代表过去的实际水平，不能代表合理水平。因此，趋势分析主要通过比较，揭示差异，分析原因，推断趋势。另一方面，经营环境变动后，也会减弱历史比较的可比性。

例3-4 下面以ABC公司连续4年的资料为例，对该企业的流动比率进行趋势分析，见表3-2。

表3-2　　　　　　　　　　流动比率趋势分析　　　　　　　　　　单位：万元

年度	2010	2011	2012	2013
流动资产	13 965.0	16 925.0	19 133.6	63 874.4
流动负债	4 484.9	7 853.0	11 300.0	48 126.8
流动比率	3.11	2.16	1.69	1.33

从表3-2可以看出，该公司连续4年的流动比率呈逐年降低的态势，说明企业的短期偿债能力逐年降低，而且降低的速度还很快。是什么原因导致了这种变化呢？除了各年流动负债的提高速度快于流动资产的提高速度，致使流动比率逐年降低外，

还可能存在引起流动比率变动的深层原因，应分析流动资产的质量和流动负债的构成。

可以运用财务报表，分析流动资产大幅提高主要是货币资金带来的，还是应收账款、存货等项目上升带来的？各报表项目上升的原因是什么？流动资产的大幅上升为什么没有带来流动比率的提高，反而使流动比率下降呢？要解决这个问题，必须分析流动负债的变动，并比较流动资产与流动负债的增长速度。

通过表3-2可以看出，该企业2013年流动负债总额比上年提高36 826.8万元，增幅高达325.90%，这显然不是一个正常的现象。基于这一异常现象，分析人员应进一步分析流动负债大幅提高的主要原因是什么，是企业为周转所需流动资金举借债务，还是其他原因所致。

上例资料显示，该企业流动资产的大幅提高并未带来流动比率的提高，反而使其下降，其原因是流动负债的增长速度快于流动资产的增长速度。

（二）流动比率的同业分析

同业分析是指将企业指标的实际值与同行业的平均标准值所进行的比较分析。对企业短期偿债能力强弱的判断必须要结合所在行业的平均标准。行业标准代表的是行业平均水平，如果本企业的某一指标好于行业标准，则说明企业在这一方面是处于行业平均水平之上。比如，某企业流动比率为1.8，该企业所处的行业标准为1.5，则说明该企业的短期偿债能力处于行业水平之上。

同业比较分析有两个重要的前提：一是如何确定同类企业；二是如何确定行业标准。同类企业的确认没有一个公认的标准，一般情况下可以按以下两个标准来判断：一是看最终产品是否相同，生产同类产品或同系列产品的企业即可认定为同类企业。比如：以钢材为最终产品的钢铁企业，以计算机为最终产品的计算机生产企业。这些企业之所以认定为同类企业，是因为生产同类产品的企业具有相同的生产经营特点。不仅在生产设备、加工工艺等方面具有较大的可比性，而且在资产构成、资本结构、成本构成和价格水平等方面也可相互参照。二是看生产结构是否相同，这里的生产结构主要是指企业原材料、生产技术、生产方式，当企业采用相同的原材料、相同的生产技术和相同的生产方式时，即使最终产品不同，也可以认为是同类企业。如制药企业、食品加工企业等。

行业标准是以一定时期、一定范围的同类企业为样本，采用一定的方法对相关数据进行测算而得出的平均值。行业标准的确认方法主要使用统计分析法，即以大量历史统计数据为样本，测算各类指标平均值作为评价标准。这种方法假设大多数企业都正常经营，样本数据能反映各行业的经济运行状态。企业如何获取行业标准值呢？通常可以采用两种方法，一是根据国有资产管理委员会颁布的企业效绩评价标准，目前国有资产管理委员会已建立了企业绩效评价标准，并且不定期公布；二是根据上市公司的公开信息，进行统计分析，也可以直接利用专业分析机构按行业对上市公司主要财务指标的统计分析结果。

例3-5 下面以ABC公司连续4年的资料为例，结合综合类企业流动比率平均值，对该企业的流动比率进行同业分析（见表3-3）。

表 3-3　　　　　　　　　　流动比率同业分析　　　　　　　　单位：万元

项目	2010	2011	2012	2013
行业平均值	2.33	2.25	2	1.67
企业实际值	3.11	2.16	1.69	1.33

从表 3-3 可以看出，该企业第一年的流动比率始终高于行业标准值，说明最初企业的短期偿债能力高于行业平均水平；而后 3 年的流动比率则低于行业平均值，说明企业的短期偿债能力明显降低。那么，是不是流动比率高就好，而低就不好呢？流动比率快速下降的真正原因是什么？我们将在流动比率的影响因素分析中深入探讨。

（三）流动比率的影响因素分析

计算出来的流动比率，只有和同行业平均流动比率、本企业历史流动比率进行比较，才能知道这个比率是高还是低。然而，这种比较通常并不能说明流动比率为什么这么高或低。要找出过高或过低的原因，还必须分析流动资产和流动负债所包括的内容以及经营上的因素。一般情况下，流动资产的流动性和流动负债的流动性是影响流动比率的主要因素。

1. 流动资产的流动性分析

影响流动资产流动性的因素主要是营业周期的长短，以及流动资产的构成。营业周期是指从取得存货开始到销售存货并收回现金为止的这段时间。营业周期的长短取决于存货周转天数和应收账款周转天数。营业周期的计算公式如下：

$$营业周期 = 存货周转天数 + 应收账款周转天数$$

一般情况下，营业周期短，说明资金周转速度快，维持企业正常经营所需要的流动比率较低；营业周期长，说明资金周转速度慢，企业正常经营所需要的流动比率较高。这就是营业周期与流动比率的关系。营业周期的长短取决于存货周转天数和应收账款周转天数，换句话说，决定流动比率是高还是低的主要因素是存货周转天数和应收账款周转天数。

（1）存货周转分析。

在流动资产中，存货所占的比重较大。存货的流动性将直接影响企业的短期偿债能力。这里我们要讨论存货的变现能力和流动比率的关系。存货的变现能力一般用存货的周转速度指标来反映，即存货周转率或存货周转天数。

存货周转率是衡量和评价企业购入存货、投入生产、销售收回等各环节管理状况的综合性指标。它是营业成本除以存货平均余额而得到的比率，或叫存货周转次数。用时间表示的存货周转率就是存货周转天数。计算公式为：

$$存货周转率（次数） = 营业成本 \div 存货平均余额$$
$$存货周转天数 = 360 \div 存货周转率$$
$$= 360 \div （营业成本 \div 存货平均余额）$$
$$= （存货平均余额 \times 360） \div 营业成本$$

公式中的"营业成本"数据来自利润表,"存货平均余额"数据来自资产负债表中的"期初存货"与"期末存货"的平均数。

例3-6 ABC公司2013年营业成本为17 398.57万元,年初存货为3 289.01万元,年末存货为6 199.45万元。该公司存货周转率为:

存货周转率 = 17 398.57 ÷ [(3 289.01 + 6 199.45) ÷ 2] = 3.67(次)

存货周转天数 = 360 ÷ 3.67 = 98.09(天)

一般来讲,在销售规模一定的情况下,存货周转速度越快,存货的占用水平越低,流动性越强,存货转换为现金或应收账款的速度越快,可以增强企业的变现能力。存货周转速度越慢,则有相反的结果。

存货周转率(存货周转天数)指标的好坏反映存货管理水平,它不仅影响企业的短期偿债能力,也是整个企业管理的一个重要内容。企业管理者和有条件的外部报表使用者,除了分析批量因素、季节性生产的变化等情况外,还应对存货的结构以及影响存货周转速度的重要项目进行分析,如计算原材料周转率、在产品周转率等。计算公式如下:

原材料周转率 = 耗用原材料成本 ÷ 原材料存货平均余额

在产品周转率 = 制造成本 ÷ 在产品存货平均余额

存货周转分析的目的是从不同的角度和环节找出存货管理中的问题,使存货管理在保证生产经营连续性的同时,尽可能少占用经营资金,提高资金的使用效率,增强企业短期偿债能力,促进企业管理水平的提高。

(2)应收账款周转分析。

应收账款和存货一样,在流动资产中有着举足轻重的地位。及时收回应收账款,不仅增强了企业的短期偿债能力,也反映出企业管理应收账款方面的效率。

反映应收账款周转速度的指标是应收账款周转率,也就是年度内应收账款转为现金的平均次数,它说明应收账款流动的程度。用时间表示的周转次数是应收账款周转天数,也叫平均应收账款回收期,它表示企业从取得应收账款的权利到收回款项,转换为现金所需要的时间。其计算公式为:

应收账款周转率 = 营业收入 ÷ 应收账款平均余额

应收账款周转天数 = 360 ÷ 应收账款周转率

= (应收账款平均余额 × 360) ÷ 营业收入

公式中的"营业收入"数来自利润表。"应收账款平均余额"来自资产负债表中"年初应收账款余额"与"年末应收账款余额"的平均数。

例3-7 ABC公司2013年营业收入为27 571.57万元,年初应收账款余额为2 077.87万元,年末应收账款余额为7 200.17万元。依上式计算应收账款周转率为:

应收账款周转率(次数) = 27 571.57 ÷ [(2 077.87 + 7 200.17) ÷ 2] = 5.94(次)

应收账款周转天数 = 360 ÷ 5.94 = 60.61(天)

一般来说,应收账款周转率越高、平均收账期越短,说明应收账款的收回越快。否则,企业的营运资金会过多地呆滞在应收账款上,影响正常的资金周转。影响该指标正确计算的因素有:①季节性经营的企业使用这个指标时不能反映实际情况;②大量使用分期付款结算方式;③大量的销售为现销;④年末销售大幅度上升或下降。这些因素都会对该指标的计算结果产生较大的影响。财务报表的外部使用者可以将计算出的指标与该企业前期、与行业平均水平或其他类似企业相比较,才能判断该指标的高低。但仅根据指标的高低分析不出上述各种原因。

(3) 速动比率。

流动比率虽然可以用来评价流动资产总体的变现能力,但是,短期债权人认为这个指标还不够。因为,计算流动比率的流动资产中包含着变现能力很差的存货。他们希望获得比流动比率更进一步的有关变现能力的比率指标,这个指标被称为速动比率。

速动比率是速动资产与流动负债的比值。所谓速动资产是流动资产扣除存货后的数额,速动比率的内涵是每1元流动负债有多少元速动资产作保障。该指标衡量企业的短期偿债能力,是流动比率的一个重要辅助指标,用于评价企业流动资产变现能力的强弱。速动比率的计算公式为:

$$速动比率 = (流动资产 - 存货) \div 流动负债$$

该指标越高,表明企业偿还流动负债的能力越强。一般认为,每1元的流动负债要有1元的速动资产来支付,即速动比率的标准值应为1,此时表明企业既有好的债务偿还能力,又有较为合理的流动资产结构。

为什么在计算速动比率时要把存货从流动资产中剔除呢? 主要原因是:①在流动资产中存货的变现速度最慢。原材料存货、半成品存货要经过加工才能转变成产成品存货,产成品存货出售后,转为应收账款,然后才能收回现金,而能否出售是有风险的;②由于某种原因,存货中可能含有已损失报废但还没作处理的不能变现的存货;③部分存货可能已抵押给某债权人;④期末存货计价存在成本与可变现净值孰低问题。综合上述原因,把存货从流动资产总额中减去而计算出的速动比率是企业实际的短期偿债能力,该指标反映的短期偿债能力比流动比率更为准确,更加可信。

例 3 – 8 ABC 公司 2013 年年末的流动资产为 6 3874.4 万元,其中存货为 6 199.45 万元,流动负债为 48 126.76 万元。该公司速动比率的计算如下:

$$速动比率 = (63\,874.4 - 6\,199.45) \div 48\,126.76 = 1.2$$

关于速动比率指标的合理性问题,没有统一的标准速动比率,各行业的速动比率会有很大差别。例如,采用大量现金销售的商店,几乎没有应收账款,大大低于1的速动比率则是很正常的。相反,一些应收账款较多的企业,速动比率可能要大于1。ABC 公司属于综合类上市公司,1.2 的速动比率是不错的,这说明该企业有较好的短期偿债能力。

与流动比率相比,速动比率扣除了变现能力差的存货,弥补了流动比率的不足。但是,这个指标也有其局限性。第一,速动比率只是揭示了速动资产与流动负债的关系,仍是一个静态指标。作为反映资产流动性的指标,速动比率只是说明了在某一时点每1元流动负债的保障程度,即在某一时点用于偿还流动负债的速动资产,并不能说明未来现金流入的多少,未来现金流入是反映流动性的最好指标。第二,各种预付款项及预付费用的变现能力也很差。预付款项需要经过一定时期变为存货以后,才能恢复其流动性；预付费用是要在一定的会计期间分期摊销，不可能转变为现金。这两项在计算速动比率时理应扣除。

（4）保守的速动比率。

在计算速动比率时，扣除存货以外，还可以从流动资产中去掉其他一些可能与当期现金流量无关的项目，如预付账款等，以计算更进一步的变现能力。国际上流行采用保守速动比率，所谓保守速动比率是指保守速动资产与流动负债的比值。保守速动资产一般是指货币资金、交易性金融资产、应收票据和应收款项的总和。也可以在流动资产总额的基础上，分别减去存货、预付账款计算。其计算公式如下：

$$保守速动比率 = (货币资金 + 交易性金融资产 + 应收票据 + 应收款项) \div 流动负债$$

$$保守速动比率 = (流动资产 - 存货 - 预付账款等) \div 流动负债$$

例 3-9 ABC 公司 2013 年度货币资金 33 255.77 万元，交易性金融资产 171.8 万元，应收票据 787.1 万元，应收款项 10 677.66 万元，流动负债为 48 126.76 万元，该公司保守速动比率为：

$$保守速动比率 = (33\,255.77 + 171.8 + 787.1 + 10\,677.66) \div 48\,126.76 = 0.93$$

（5）现金比率。

在保守的速动比率基础上扣除应收票据和应收账款，可以计算企业的即刻变现能力。现金比率是现金类资产与流动负债的比值。现金类资产是指货币资金和交易性金融资产。这两项资产的特点是随时可以提现，或可以随时转让变现。现金比率的计算公式如下：

$$现金比率 = (货币资金 + 交易性金融资产) \div 流动负债$$

例 3-10 ABC 公司 2013 年年末的货币资金为 33 255.77 万元，交易性金融资产为 171.8 万元，其现金比率的计算如下：

$$现金比率 = (33\,255.77 + 171.8) \div 48\,126.76 = 0.69$$

现金比率反映企业的即刻变现能力，就是随时可以还债的能力。在评价企业变现能力时，一般说来现金比率重要性不大，因为不可能要求企业用现金和交易性金融资产来偿付全部流动负债，企业也没有必要总是保持足够还债的现金和交易性金融资产。但是，当发现企业的应收账款和存货的变现能力存在问题，现金比率就显得很重要了。它的作用是表明在最坏情况下短期偿债能力如何。此外，在某些行业中，现金比率可能是很重要的，因此要重视分析在特殊条件下的现金比率指标。

现金比率高，说明企业即刻变现能力强。如果这个指标很高，也不一定是好事。它可能反映该企业不善于充分利用现金资源，没有把现金投入经营以赚取更多的利润。因此，在对这个指标下结论之前，应充分了解企业情况。有时候企业可能有特别的计划需要使用现金，如集资用于扩大生产能力的建设，就必须使手头上的现金增加，这种情况下，现金比率很高，不能误认为偿债能力很强。但不管怎样讲，过低的现金比率反映企业的支付能力一定存在问题，时间长了会影响企业的信用。企业保持合理的现金比率是很必要的。

在全面分析了流动资产的流动性后，流动比率的趋势分析和同业分析应该按下面的程序进行：

（1）计算流动比率，将本期实际指标值与上期实际值或行业平均值进行比较，并得出初步结论，即企业实际指标值比上期或同行业好，还是差。

（2）分解流动资产，目的是考察流动比率的质量。由于影响流动比率水平的主要因素是存货和应收账款的周转情况，采取的方法是分别计算存货周转率和应收账款周转率，并与上期或行业平均值进行比较，得出进一步的结论，即哪一项流动资产是产生流动比率差额的主要因素。

（3）如果存货周转率低，可进一步计算速动比率，考察企业速动比率的水平和质量，并与上期或行业平均值比较，得出结论，即企业实际指标值比上年或同行业好，还是差。

（4）如果速动比率低于同行业水平，可进一步计算现金比率，考察现金比率的水平和质量，并与上年或行业平均值比较，得出结论，即企业实际指标值比上年或同行业好，还是差。

（5）最后，通过上述比较，综合评价企业短期偿债能力。

例 3-11 下面以 ABC 公司 2013 年资料和行业平均值为例，说明流动比率的分析过程。该企业实际指标值及同行业标准值在表 3-4 中列示。

表 3-4　　　　　　　　　　流动比率分析

指标	2013 年企业实际值	行业平均值
流动比率	1.33	1.67
应收账款周转率	5.94	6.1
存货周转率	3.67	3.5
速动比率	1.20	1.10
现金比率	0.69	0.5

从表 3-4 可以看出，该企业流动比率实际值低于行业平均值，说明该企业的短期偿债能力不及行业的平均水平，但差距不是很大。为进一步掌握流动比率的质量，应分析流动资产的流动性强弱，主要是应收账款和存货的流动性。

该企业存货周转率高于行业平均值，应收账款周转率低于行业平均值。存货周转率和应收账款周转率是两个含义非常丰富的指标。正常情况下，企业的存货周转通常与企业的生产和销售状况相关，而应收账款的流动性往往体现出企业的信用政策。而如果内部管理中存在漏洞，如：存货管理不善，仓库中的大量存货存在过时、过期、遗失、被盗、以次充好等现象，这部分存货显然无法参与正常的周转过程，因而企业的总存货周转率也很难提高。而应收账款也可能存在坏账损失不加确认而长期挂账，公司资金以应收账款的形式被关联方长期占用等现象，导致其周转率异常偏低。因此，对于这两个指标要结合公司的其他财务报表进行更加系统的分析。

假设 ABC 公司不存在我们所说的上述异常情况，那么我们能够得到的初步结论是：（1）存货周转率高于行业平均值，说明存货的流动性较强，当销售规模一定时，存货的占用水平相对较低。这是企业流动比率低于行业标准值的原因之一。如果存货周转率低于行业平均水平，内部分析人员应继续分析原材料、在产品和产成品，计算各自的周转率,并与同行业比较,查找使存货周转率低的主要原因。假设是原材料存货出了问题,应进一步分析是哪一项原材料;如果确定是甲材料,应进一步分析是哪一项作业出了问题。比如:是采购成本过高,还是储存费用上升。(2)应收账款周转率低于行业标准值,该企业应收账款的占用相对于销售收入而言过高了。应进一步分析企业采用的信用政策和应收账款的账龄,看是哪里出了问题。

外部分析人员如果难于获得更详细的资料,为进一步掌握企业短期偿债能力,要计算速动比率。ABC公司的速动比率高于行业标准值,说明在扣除变现能力较差的存货以后,企业短期偿债能力高于行业平均水平。但是,速动资产的质量怎样呢?由于应收账款周转率低于行业平均值,说明速动资产中的应收账款质量较差,较高的速动比率也不一定是乐观的。

在分析了速动比率后,应进一步计算现金比率。ABC公司的现金比率高于行业平均值,说明企业用现金偿还短期债务的能力较强。但是,现金资产存量的变化较大,有时并不能说明问题。内部分析人员还应通过预测未来现金流入和现金流出,分析现金流入相对于现金流出是否充足。

通过上述分析,可以最后得出结论,ABC公司的短期偿债能力低于行业平均水平。从资产质量上看,应收账款的周转速度较慢,应重点进行深入分析。

2. 流动负债的流动性分析

不是所有的流动负债都需要在到期时立即偿还,流动负债的"流动性"是指流动负债在短期必须偿还的可能性。短期内必须偿还的可能性越大,流动性越强,流动负债的质量越高;反之,流动性则差,质量越低。流动负债的流动性分析主要从以下两个方面进行:

(1)流动负债的到期日分析。

在企业的各项流动负债中,由于它们的形成方式不同,债权人不同,法律的约束也不同。为了对企业的偿债能力做出准确判断,有必要掌握流动负债的到期日。对于强制性债务,如应交税金,以及应付职工薪酬和要求立即支付的类似费用等,比较容易确定到期日。而与赊购有关的应付账款的到期日则需要测算。常用的方法是计算应付账款付款天数,计算公式如下:

$$应付账款付款天数 = 应付账款 \div (购货 \div 360)$$

其中购货表示企业本期赊购的采购额,外部报表使用者很难获得这个资料。对于制造业和商业企业可以在营业成本的基础上,扣除非付现成本,测算出调整后的营业成本。这里假设所有采购都是赊购。其计算公式如下:

$$购货 = 调整后的营业成本 + 期末存货 - 期初存货$$

(2)流动负债的推迟可能性分析。

无论企业的支付能力如何,有些债务是必须支付的,如企业的各种应交税金,而有些债务的支付期是可以推迟的,如因赊购形成的应付账款,特别是对一些与企业有着良好合作关系的供应商。当企业发生财务困难时,可以通过友好协商,推迟支付应付账款。内部分析人员掌握了详细的资料,通过推迟可能性的分析,确定企业短期可推迟支付的债务,及短期必须支付的债务,对短期偿债能力做出准确判断。

相关案例

江铃汽车短期偿债能力分析

江铃汽车股份有限公司（以下简称江铃汽车，股票代码：000550）是1992年6月16日在江西汽车制造厂基础上改组设立的中外合资股份制企业，1993年12月1日在深圳证券交易所挂牌上市。江铃汽车主要经营范围是：生产及销售汽车、专用（改装）车、发动机、底盘等汽车总成及其他零部件，并提供相关的售后服务；品牌汽车销售、汽车及零配件的进出口；经营二手车经销业务；提供与汽车生产和销售相关的企业管理、咨询服务。

一、江铃汽车短期偿债能力历史指标

表1

公司名称：江铃汽车股份有限公司

指标＼报告期	2010年	2011年	2012年
营运资金（万元）	331 321.00	377 334.00	369 146.00
流动比率	1.695 8	1.899 8	1.783 2
速动比率	1.665 6	1.627 9	1.529 7

二、2012年同行业指标

表2

指标	行业排名	江铃汽车	行业均值	行业最高值	行业最低值
营运资金（万元）	3	369 145.9	342 695.4	3 280 300	-67 454
流动比率	2	1.783 2	1.35	3.94	0.79
速动比率	2	1.50	1.06	3.19	0.47

三、指标分析

1. 营运资金

从表1可见，江铃汽车2011年的营运资金比2010年增加46 013万元。而2012年比2011年减少8 188万元，相对2010年增加了37 825万元。从长期来看营运资金处于上升态势。由此看出，营运资金在短时间内不会出现短缺，企业偿债能力风险较小。

从表2所选同行业可见，2012年度江铃汽车的营运资金处于行业平均水平，较行业最高值有很大差距。2012年8月8日，江铃汽车股份有限公司（"江铃汽车"）收购太原长安重型汽车有限公司（"太原重汽"）全部股权及江铃汽车与山西太原市政府合作签约仪式在山西太原举行。近年来一系列新项目启动，引领江铃的战略转型，预示着江铃进入加速布局

的阶段。2011年，江铃首款自主品牌乘用车上市，吹响了江铃扩张细分市场的号角。一直苦于产能不足的江铃，投资逾30亿元打造的小蓝30万辆整车新基地正呼之欲出，同时新建的还有全新产品研发中心、实验室和试车跑道，并且利用在中国商用车市场打拼多年积累起来的优势，向重卡业务进军，雄心勃勃做强做大。但是江铃汽车在扩张的过程中，要更加注重保持营运资金的规模，营运资金过低，偿债能力的风险就很大，不利于企业发展。但是过多持有营运资本，也不见得好，虽然流动性强、风险小，但获利性差，不利于提高盈利能力。企业应保持适当的营运资本规模。所以，江铃汽车在快速发展的同时，需要结合自己的经营规模，警惕过低的营运资金。

2. 流动比率

通过表1的资料可以得出，2012年相对2010年来看，其流动比率提高0.0874，较2011年下降0.1166。从趋势来看，比率有所提高，但是增加幅度受限。所以在后期的运作中，要增加存货的变现能力及提高流动资产的比率。

2012年江铃汽车的流动比率比行业平均值1.35高出0.4332，但较行业最高值有很大差距。通常流动比率越高，企业偿债能力越强，短期债权人利益的安全程度越高。但是有观点认为，制造业合理流动比率最低为2，因为制造业的存货往往占流动资产总额一半，所以剩余流动资产至少等于流动负债才会有偿债能力保障。

3. 速动比率

通过表1的资料可以得出，江铃汽车的速动比率一直处于下降趋势，从2010年的1.6656到2011年的1.6279再到2012年的15 297；分别不同程度地降低了0.0377和0.0982，而2012年相对2010年则更是降低了0.1359。从数据看，流动资产质量每年都有所减弱，说明江铃汽车的存货的变现能力或者周转相对缓慢。速动资产降低，表明企业偿还流动负债的能力有所下滑。

从同行业来看，2012年江铃汽车的速动比率高出平均值44.31%，但距行业最高值差1.6603，比行业最低值高出1.0597，在汽车行业排名尚可。从趋势来看，江铃汽车应该加快存货的周转能力，改善流转速动比率逐年下滑的状况。

四、江铃汽车短期偿债能力小结

综合上述分析，对2010~2012年江铃汽车偿债能力相关指标分析，得出江铃汽车2012年的短期偿债能力较强，处于行业的中上游水平。通过与历史同期比较观察，江铃汽车2012年末短期偿债能力中的流动比率、速动比率等指标与2010年相比差别不大。

综上所述，江铃汽车的短期偿债能力2012年度较以前有所提高，但仍需注意存在的风险。

小组讨论 FF股份有限公司是一家从事蓄电池开发、研制、生产和销售的企业。下表是该公司连续4年的资产负债表相关数据（单位：万元）。请你评析该公司连续4年的短期偿债能力发生了什么变化？企业流动资产和流动负债的质量如何？

项目	2011年	2012年	2013年	2014年
货币资金	20 939	27 950	39 034	47 772
交易性金融资产	0	0	0	0
应收票据	3 953	16 050	8 045	8 592
应收账款	18 037	31 747	25 806	27 872
预付款项	9 290	8 188	9 482	10 238
其他应收款	1 402	1 980	1 962	1 902
存货	45 848	131 465	61 519	74 743
流动资产合计	**99 469**	**217 379**	**145 849**	**171 119**
短期借款	42 500	163 400	117 000	42 500
应付票据	19 900	11 100	23 400	67 800
应付账款	12 396	13 070	10 134	10 507
预收款项	2 158	1 459	5 049	19 050
应付职工薪酬	759	451	989	708
应交税费	2 576	-8 818	-2 577	-5 942
应付股利	360	583	583	0
其他应付款	3 368	1 968	2 835	5 297
一年内到期的非流动负债	6 800	5 600	0	0
其他流动负债	0	0	0	35 698
流动负债合计	**90 817**	**188 814**	**157 414**	**175 618**

提示：分别计算该企业各年短期偿债能力的指标，进行趋势分析；利用资料评析流动资产和流动负债比例结构的变化，评析它们的流动性。

第二节 长期偿债能力分析

一、资本结构与长期偿债能力

（一）长期偿债能力的概念

长期偿债能力是企业偿还长期债务的现金保障程度。企业的长期债务是指偿还期在1年或者超过1年的一个营业周期以上的负债，包括长期借款、应付债券、长期应付款等。

企业对一笔负债总是负有两种责任：一是偿还债务本金的责任；二是支付债务利

息的责任。分析一个企业长期偿债能力，主要是为了确定该企业偿还债务本金和支付债务利息的能力。

由于长期债务的期限长，企业的长期偿债能力主要取决于企业资产与负债的比例关系即资本结构，以及企业的获利能力，而不是资产的短期流动性。

资本结构是指企业各种长期筹资来源的构成和比例关系。长期资本来源主要是指权益筹资和长期负债筹资。通常情况下，负债筹资成本较低，弹性较大，是企业灵活调动资金余缺的重要手段。但是，负债是要偿还本金和利息的，无论企业的经营业绩如何，负债都会给企业带来财务风险；权益资本不需要偿还，可以在企业经营中永久使用。

资本结构对企业长期偿债能力的影响主要体现在以下两个方面：（1）权益资本是承担长期债务的基础。对于公司制企业来说，股东对债务只承担有限责任，其责任以其出资额为限。如果借款不能按时归还，法院可以强制债务人出售财产偿债，如果企业的财产不足以偿债即没有净资产，法律则保护债务人使其不承担其他责任。权益资本是企业拥有的净资产，是股东承担民事责任的限度，也就成为借款的基础。因此，权益资本越多，债权人越有保障；权益资本越少，债权人越没有保障。在流动负债一定的情况下，如果企业长期负债比例高，不能偿债的可能性增大。在资金市场上，能否借入资金以及借入多少资金，取决于企业的权益资本实力。（2）资本结构影响企业的财务风险，进而影响企业的偿债能力。由于负债的利息是固定的，不管企业是否盈利以及盈利多少，都要按约定的利率支付利息。借款越多，固定的利息越多，使得净利润的变化率大于息税前利润，这就是财务杠杆原理。借款越多，净利润的稳定性越差，可以归还债务本金的现金流入越不稳定，使得偿还债务能力变弱。

长期偿债能力与获利能力密切相关。企业能否有充足的现金流入供偿债使用，在很大程度上取决于企业的获利能力。一个长期亏损的企业，要保全其权益资本都很难，就更难保持正常的长期偿债能力。而一个长期获利的企业，有着良好的现金流入，必然保持正常的长期偿债能力。与短期负债不同，企业的长期负债大多用于长期资产的投资，形成企业的固定生产能力。在企业正常生产的情况下，不可能靠出售长期资产偿还债务的本金与利息，只能依靠生产经营所得。企业支付给长期债权人的利息，主要来自于融通资金新创造的盈利。所以，长期偿债能力是与企业的获利能力密切相关的。一般来说，企业的获利能力越强，长期偿债能力越强；反之，则越弱。

长期偿债能力分析对于不同的报表信息使用者各具重要意义。

首先，经营者通过长期偿债能力分析，有利于：（1）优化资本结构。资本结构不同，企业的长期偿债能力不同。同时，不同的资本结构，资本成本也有差异，进而影响企业价值。通过长期偿债能力分析，可以揭示资本结构中存在的问题，及时加以调整，优化资本结构，提高企业价值。（2）降低财务风险。由于债务利息在税前支付，负债可以给企业带来税额庇护利益（通常称之为税盾效应）。与权益资本相比，债务资本成本低。增加负债比例，可以降低企业的资本成本。但当负债比率超过一定限度时，企业不能偿债的可能性加大，财务风险上升。通过偿债能力分析，发现筹资管理存在的问题，及时调整负债比例，降低财务风险。

其次，投资者通过长期偿债能力分析，可以判断其投资的安全性及盈利性。①投资的安全性与企业的偿债能力密切相关。通常,企业的偿债能力越强,投资者的安全性越高。企业不会通过变卖财产偿还债务。投资者不会遭受相应的损失。②投资的盈利性与长期偿债能力密切相关。企业适度负债,不仅可以降低财务风险,还可以利用财务杠杆的作用,增加盈利。

再其次,债权人通过长期偿债能力的分析,可以判断债权的安全程度,即是否能按期收回本金及利息。债权的安全程度与长期偿债能力密切相关。企业偿债能力强,债权的安全程度高;反之,则低。

最后,对于与企业有密切利益关系的部门和企业来说,长期偿债能力分析也具有重要意义。对于政府及相关管理部门,通过偿债能力分析,可以了解企业经营的安全性,从而制定相应的财政金融政策;对于业务关联企业,通过长期偿债能力分析,可以了解企业是否具有长期的支付能力,借以判断企业信用状况和未来业务能力,并做出是否建立长期稳定的业务合作关系的决定。

由于长期偿债能力的影响因素有资本结构和获利能力两方面,与之对应,就产生了利用资产负债表和利用利润表分析企业长期偿债能力两大类。利用资产负债表分析长期偿债能力的指标主要有资产负债率、产权比率和权益乘数。利用利润表分析长期偿债能力的指标主要有利息费用保障倍数和固定费用保障倍数。

(二) 资本结构比率

反映资本结构的财务比率主要有资产负债率、产权比率和权益乘数。

1. 资产负债率

资产负债率是全部负债总额除以全部资产总额的百分比,也就是负债总额与资产总额的比例关系,也称之为债务比率。资产负债率反映在资产总额中有多大比例是通过借债筹资的,用于衡量企业利用债权人资金进行财务活动的能力,同时也能反映企业在清算时对债权人利益的保护程度。其计算公式如下:

$$资产负债率 = (负债总额 \div 资产总额) \times 100\%$$

公式中的负债总额指企业的全部负债,不仅包括长期负债,也包括流动负债。这是因为,就一笔流动负债而言,企业要在短期内偿还。但在企业长期的经营活动中,流动负债总是被长期占用的。比如,一项应付账款在短期内要偿还,但由于经营的需要,企业总是要长期地保持一定数量的应付账款,这部分应付账款就成为企业长期资本来源的一部分。因此,将流动负债包括在负债总额内,用于计算资产负债率是合理的。公式中的资产总额指企业的全部资产总额,包括流动资产、固定资产、长期投资、无形资产和递延资产等。

资产负债率是衡量企业负债水平及风险程度的重要标志。负债对于企业来说是一把"双刃剑":一方面,负债增加了企业的风险,借债越多,风险越大。所有的负债都会增加债权人的索偿权,包括利息支付和约定时间的本金偿还。债务使企业背上了沉重的包袱,要在未来某一时刻支出大笔数额固定的现金。然而企业同期的现金流入受经营风险的影响并无保障,固定的现金流出与不确定的现金流入形成了企业的财务风险。借款的数额越大,企业的风险越大。另一方,债务的成本低于权益资本的成本,增加债务可以改善盈利能力,提高股票价格,增加股东财富。既然债务同时增加企业的利润和风险,企业管理者的任务就是在利润和风险之间取得平衡。

财务理论认为,存在所得税和市场不完善的情况下,企业存在一个最佳的资本结构。但是,至少目前人们还不能准确计算出一个企业的最佳资本结构。企业的目标资本结构,是根据成功企业的经验数据得出的。一般认为,资产负债率的适宜水平是 40%~60%。对于经营风险比较高的企业,为降低财务风险,企业应选择较低的资产负债率,例如许多高科技企业大多以股权的方式进行融资,负债率都比较低;而对于经营风险低的企业,为增加股东收益,可以选择比较高的资产负债率,例如供水、供电企业的资产负债率都比较高。2011 年,我国上市公司的平均负债率为 43.997%,其中,国有企业的负债率为 36.608%,非国有企业为 53.552%。从行业区分来看,我国交通、运输、电力等基础行业的资产负债率平均为 55.518%,加工业为 47.971%,商贸业为 58.336%。企业对债务的态度除了行业差别之外,不同国家或地区也有差别。英国和美国公司的资产负债率很少超过 50%,而亚洲和欧盟企业的负债率要明显高于 50%,在日本有的成功企业甚至达到 70%。至于为什么会有这种差别,有人认为是因为亚洲和欧洲大陆的银行机构集中了大部分资金,而美国和英国的资金大部分集中在股权投资人手中;多数人则认为,这种差别并非出于财务上的原因,而是观念、文化和历史等因素作用的结果。

例 3 – 12 ABC 公司 2013 年资产总额为 82 097.33 万元,流动负债为 48 126.76 万元,长期负债为 1 103.04 万元,负债总额为 49 229.80 万元。根据公式计算资产负债率为:

资产负债率 = (49 229.8 ÷ 82 097.33) × 100% = 59.97%

资产负债率反映债权人提供的资本占全部资本的比例。该指标对不同信息使用者的意义不同。

(1) 从债权人的角度看,他们最关心的是贷给企业的款项是否能按期足额收回本金和利息。对债权人来说,资产负债率越低越好。因为,资产负债率低,债权人提供的资金与企业资本总额相比,所占比例低,企业不能偿债的可能性小,企业的风险主要由股东承担,这对债权人来讲,是十分有利的。反之,资产负债率高,债权人提供的资金与企业资本总额相比,所占比例高,企业不能偿债的可能性大,企业的风险主要由债权人承担,这对债权人来讲,是十分不利的。

(2) 从股东的角度看,他们最关心的是投入资本能否给企业带来好处。这是因为:①由于负债利息是在税前支付的,通过负债筹资可以给企业带来税额庇护利益,使负债筹资的资本成本低于权益资本筹资,企业可以通过负债筹资获得财务杠杆利益。从这一点看,股东希望保持较高的资产负债率水平。②在经营中,负债筹集的资金与股东投入的资金发挥同样的作用,只有当全部资本利润率超过借款利息率时,股东得到的利润才会增加。相反,如果全部资本利润率低于借款利息率,股东得到的利润会减少。因为,当借款利息率高于全部资本利润率时,借入资本多支付的利息要由属于股东的利润来偿还。站在股东的立场上,可以得出结论:在全部资本利润率高于借款利息率时,负债比例越高越好;反之,负债比例越低越好。③与权益资本筹资相比,增加负债不会分散原有股东的控制权。负债筹资只是改变了企业的资产负债比例,不会改变原有的股权结构。因此,不改变股东的控制权。从这一点看,股东希望保持较高的资产负债率。

（3）从经营者的角度看，他们最关心的是在充分利用借入资本给企业带来好处的同时，尽可能降低财务风险。主要原因有三个：①由于负债利息可以在税前利润中抵扣，企业可以少纳所得税。资产负债率高，这种节税带来的收益就大。②如果企业负债率过高，超出债权人的心理承受能力时，债权人会认为风险太大而不愿贷款，企业就借不到钱；如果企业放弃举债，或负债比例很小，说明企业采用保守的财务策略，或者对其前景信心不足，利用债权人资本进行经营活动的能力很差。在正常情况下，较高的资产负债率是企业快速发展的信号，显得企业活力充沛。③从财务管理的角度，在利用资产负债率进行借入资本决策时，企业应审时度势，充分估计预期的利润和增加的风险，在二者之间权衡利弊得失，把资产负债率控制在适度的水平。

在使用资产负债率衡量企业长期偿债能力时，还应注意以下几个问题：

（1）在实务中，对资产负债率指标的计算公式存在争议。有的观点认为，流动负债不应包括在计算公式内。理由是：流动负债不是长期资金来源，应予排除。如果不排除，就不能恰当地反映企业债务状况。本教材采纳了保守的观点，也是国际通用的计算公式，即使用总资产与总负债。这是因为：第一，流动负债是企业外部资金来源的一部分。例如，就某一项应付账款来说，虽属于流动负债，要在一定的期限内偿还。但因业务的需要，应付账款作为一个整体，已变成外部资金来源总额的一部分，在企业内部永久存在。第二，从持续经营的角度看，长期负债是在转化为流动负债后偿还的。与其对应的是，长期资产如果用于还债，也要先转化为流动资产。这种长期负债向流动负债的转化及长期资产向流动资产的转化，说明在计算资产负债率指标时，不能把流动负债排除在外。

（2）我们知道，债权人、投资者及经营者对资产负债率指标的态度不同。如何维护各方的利益呢？关键是在充分利用负债经营好处的同时，将资产负债率控制在一个合理的水平内。什么才算合理呢？在不同的时间和空间范围内是不一样的。根据国家统计局 2009 年第二次全国经济普查结果显示：工业企业法人单位资产负债率，采矿业为 50.0%；制造业为 56.6%；电力、燃气及水的生产和供应业为 62.2%。根据上市公司年报统计的我国 A 股上市公司 2009 年资产负债率为 50.834%，2010 年为 47.028%，2011 年为 43.997%。因此，在分析企业的资产负债率时，应结合国家总体经济状况、行业发展趋势、企业所处竞争环境等具体条件进行比较、判断。

（3）本质上，资产负债率指标是确定企业在破产这一最坏情形出现时，从资产总额和负债总额的相互关系来分析企业对负债的偿还能力及对债权人利益的保护程度。即企业破产时，债权人能得到多大程度的保护。当这个指标达到或超过 100% 时，表明企业已资不抵债。但是，财务报表分析是把企业作为一个持续经营的单位，不是建立在破产清算基础上的。一个持续经营的企业是不能靠出售长期资产还债的。这个指标的主要用途之一就是揭示债权人利益的保护程度。

2. 产权比率

产权比率是负债总额与所有者权益总额之间的比率，又称之为债务权益比率。也是衡量企业长期偿债能力的主要指标之一。其计算公式如下：

$$产权比率 = (负债总额 \div 所有者权益总额) \times 100\%$$

公式中的"所有者权益"在股份有限公司是指"股东权益"。

例 3-13 ABC 公司 2013 年末负债总额为 49 229.80 万元,股东权益为 32 867.55 万元。

产权比率 = (49 229.80 ÷ 32 867.55) × 100% = 149.78%

这个指标是通过企业负债与所有者权益进行对比来反映企业资金来源的结构比例关系,主要是用于衡量企业的风险程度和对债务的偿还能力。这个指标越大,表明风险越大;反之,则越小。同理,该指标越小,表明企业长期偿债能力越强,反之,则越弱。如果认为资产负债率应在 40%~60% 之间,则意味着产权比率应当维持在 70%~150% 之间。

反映企业长期偿债能力的核心指标是资产负债率,产权比率是对资产负债率的必要补充。产权比率主要反映了负债与所有者权益的相对关系。包括以下几个方面:

(1) 产权比率指标反映了债权人提供的资本与股东提供的资本的相对关系,这一指标能反映基本财务结构的稳定性。一般来说,股东投入资本大于借入资本时比较好,但这并不绝对。站在股东的立场,在通货膨胀加剧时期,企业增加负债可以将财务风险和通货膨胀损失转嫁给债权人承担。这是由于,在经济繁荣时期,多借债可以获得额外的利润;在经济衰退时期,少借债可以减少利息负担和财务风险。产权比率高,表明企业采纳了高风险、高报酬的财务结构;产权比率低,表明企业采纳了低风险、低报酬的财务结构。上例中 ABC 公司的产权比率为 149.78%,说明该企业采纳了一种高风险、高报酬的财务结构。

(2) 产权比率也反映了债权人投入资本受所有者权益保护的程度,也可以表明当企业处于清算状态时,对债权人利益的保障程度。这是由于法律规定,债权人的索偿权先于所有者。公司如果进入清算状态,债权人提供资本占所有者投入资本的比重较小时,债权人的利益受保护的程度就高。

(3) 产权比率也反映了经营者运用财务杠杆的程度。当该指标过低时,表明企业不能充分发挥负债带来的财务杠杆作用;反之,当该指标过高时,表明企业过度运用财务杠杆,增加了企业财务风险。

运用产权比率衡量企业长期偿债能力时,还应注意以下几点:

(1) 产权比率与资产负债率都是用于衡量长期偿债能力的,具有共同的经济意义,两个指标可以互相补充。因此,对产权比率的分析可以参考对资产负债率的分析。资产负债率分析中应注意的问题,在产权比率分析中也应引起注意。比如,将本企业产权比率与其他企业对比时,应注意计算口径是否一致。

(2) 尽管产权比率与资产负债率都是用于衡量长期偿债能力的,两个指标之间还是有区别的。其区别是反映长期偿债能力的侧重点不同。产权比率侧重于揭示债务资本与权益资本的相互关系,说明企业财务结构的风险性,以及所有者权益对偿债风险的承受能力;资产负债率侧重于揭示总资本中有多少是靠负债取得的,说明债权人权益的受保障程度。

(3) 所有者权益就是企业的净资产,产权比率所反映的偿债能力是以净资产为物质保障的。但是,净资产中的某些项目,如无形资产、递延资产、待摊费用、待处理财产损溢等,价值具有极大的不确定性,且不易形成支付能力。因此,在使用产权比率时，必须结合有形净值债务率指标，做进一步分析。

有形净值债务率是企业负债总额与有形净值的百分比。有形净值是所有者权益减去无形资产净值后的净值，即所有者具有所有权的有形资产净值。有形净值债务率用于揭示企业的长期偿债能力，表明债权人在企业破产时的被保护程度。其计算公式如下：

$$有形净值债务率 = [负债总额 \div (所有者权益 - 无形资产净值)] \times 100\%$$

例 3-14 ABC 公司 2013 年无形资产净值为 655.18 万元，负债总额为 49 229.80 万元，股东权益总额为 32 867.53 万元。根据上式计算有形净值债务率为：

$$有形净值债务率 = [49\,229.80 \div (32\,867.53 - 655.18)] \times 100\% = 152.83\%$$

有形净值债务率是通过企业负债总额与有形净值进行对比，来反映企业在清算时债权人投入资本受到股东权益的保护程度。主要是用于衡量企业的风险程度和对债务的偿还能力。这个指标越大，表明风险越大；反之，则越小。同理，该指标越小，表明企业长期偿债能力越强，反之，则越弱。

对有形净值债务率的分析，可以从以下几个方面进行：

第一，有形净值债务率揭示了负债总额与有形资产净值之间的关系，最有意义的一点是指标计量了债权人在企业处于破产清算时能获得多少有形财产保障。可以看出，有形净值债务率实质上是产权比率指标的延伸，是更为谨慎、保守地反映债权人利益受保护程度的指标。从长期偿债能力来讲，指标越低越好。

第二，有形净值债务率指标最大的特点是在可用于偿还债务的净资产中扣除了无形资产，包括商誉、商标、专利权及非专利技术等，这主要是由于无形资产的计量缺乏可靠的基础，不可能作为偿还债务的资源。

第三，有形净值债务率指标的分析与产权比率分析相同。该指标也应维持在 100%，即负债总额与有形资产净值应维持 1∶1 的比例。

例 3-15 ABC 公司 2012 年年末无形资产净值为 26.16 万元，负债总额为 11 299.98 万元，股东权益总额为 17 624.3 万元。计算 2012 年的有形净值债务率，并与 2013 年的有形净值债务率做简要比较分析。

$$2012 年有形净值债务率 = [11\,299.98 \div (17\,624.3 - 26.16)] \times 100\% = 64.20\%$$

$$2013 年有形净值债务率 = [49\,229.80 \div (32\,867.53 - 655.18)] \times 100\% = 152.83\%$$

分析从以下几个方面进行：(1) 该公司 2012 年的有形净值债务率均低于标准值的下限，保持了一个较低的有形净值债务率。这说明企业具备较强的长期偿债能力，债权人利益的受保障程度较高。(2) 与上年同期相比，2013 年有形净值债务率大幅提高，由 2012 年的 64.20%，提高到 2013 年的 152.83%，超过了标准值。这说明公司的长期偿债能力下降，公司财务风险提高，债权人利益受保护的程度下降。

3. 权益乘数

权益乘数是指资产总额与所有者权益的比率，它说明企业资产总额与所有者权益的倍数关系。其计算公式如下：

$$权益乘数 = 资产总额 \div 所有者权益$$

权益乘数越大,表明所有者投入企业的资本占全部资产的比重越小,企业负债的程度越高;反之,该比率越小,表明所有者投入企业的资本占全部资产的比重越大,企业的负债程度越低,债权人权益受保护的程度也越高。将其称之为权益乘数,是因为该指标是资产权益率的倒数。常用的财务比率都是除数,除数的倒数是乘数。所有者权益除以资产是资产权益率,资产除以所有者权益就称之为权益乘数。该指标也可以这样计算:

$$权益乘数 = 1 \div (1 - 资产负债率)$$

例 3 – 16 ABC 公司 2013 年末的资产总额为 82 097.33 万元,股东权益为 32 867.55 万元。下面计算权益乘数:

权益乘数 = 82 097.33 ÷ 32 867.55 = 2.5

与产权比率相同,权益乘数也是对资产负债率的必要补充。权益乘数主要反映了全部资产与所有者权益的倍数关系。运用权益乘数指标分析企业长期偿债能力时,还应注意以下几点:

(1) 权益乘数与资产负债率都是用于衡量长期偿债能力的,两个指标可以互相补充。资产负债率分析中应注意的问题,在权益乘数分析中也应引起注意。

(2) 权益乘数与资产负债率之间是有区别的,其区别是反映长期偿债能力的侧重点不同。权益乘数侧重于揭示资产总额与所有者权益的倍数关系,倍数越大,说明企业资产对负债的依赖程度越高,风险越大;资产负债率侧重于揭示总资本中有多少是靠负债取得的,说明债权人权益的受保障程度。

研究长期偿债能力,除了掌握上述衡量指标外,还应该了解计算这些指标项目的具体构成。因为各项目的构成不同,长期偿债能力的质量也有差异。

(三) 资本结构比率的构成分析

1. 长期债务的构成

在资产负债表中,属于长期负债的项目有长期借款、应付债券、长期应付款、预计负债等。

(1) 长期借款。长期借款是企业向银行或其他金融机构借入的期限在 1 年以上的各项借款。在资产负债表上,长期借款反映企业尚未归还的长期借款。

(2) 应付债券。应付债券是企业为筹集长期资金发行的偿还期在 1 年以上的债券。在资产负债表日,应付债券项目反映企业尚未偿还的长期债券摊余成本,这里的摊余成本是指长期债券的初始确认金额经调整后的结果,即在初始确认金额的基础上,加上或减去采用实际利率法将该确认金额与到期日金额之间的差额进行摊销而形成的累计摊销额。

(3) 长期应付款。长期应付款是企业除长期借款和应付债券以外的其他各种长期应付款,包括应付融资租入固定资产租赁费、以分期付款方式购入固定资产等发生的应付款项等。

(4) 预计负债。预计负债是企业确认的因对外提供担保、未决诉讼、产品质量保证、重组义务、亏损性合同等形成的预计债务。在资产负债表日预计负债项目反映已确认但尚未支付的预计负债。

（5）递延所得税负债是企业确认的应纳税暂时性差异产生的所得税负债。在资产负债表日，反映企业已经确认的递延所得税负债。

在分析长期债务规模和构成时，应特别注意以下问题：

（1）对可转换债券通常作为负债来报告，但是债券的可转换性意味着这部分负债将可能被转换成普通股，具有部分权益属性。

（2）对于优先股，虽然属于所有者权益，但有固定到期日或有偿债基金要求的优先股在分析时应视为负债，有法定赎回要求的优先股也应该作为负债。

（3）递延所得税负债符合负债的报告标准，但是，并不会引起未来现金流出。

2. 偿债资产的构成

负债是要用资产来偿还的，资产的偿付能力就成为分析长期偿债能力的重要内容。这是因为：第一，资产的收益能力和变现能力是企业偿还债务的保障；第二，资产又是企业进一步融资的基础，企业融资能力强，偿债的可能性就大。因此，通过对偿债资产的分析可以对企业偿债能力和融资能力做出判断。

在资产负债表上，资产可以分为流动资产、可供出售金融资产、持有至到期投资、长期股权投资、投资性房地产、固定资产、无形资产、商誉、长期待摊费用、递延所得税资产及其他非流动资产等。利用资产负债表分析长期偿债能力，分析的侧重点是资产对长期债务的保障程度。一般情况下，长期债务是长期资产的主要资金来源，长期资产就成为偿还长期债务的资产保障。而长期资产的价值主要采用摊销的方法，周转期长。长期资产的数量、结构、计价方法等都会影响企业的偿债能力。

（1）可供出售金融资产。可供出售金融资产是企业持有的可供出售的投资性金融资产，包括可供出售的股票投资、债券投资等金融资产。在资产负债表日，该项目反映可供出售金融资产的公允价值。这项资产虽然属于长期资产，但流动性仅次于现金。

（2）持有至到期投资。持有至到期投资是指到期日固定、回收金额固定或可确定，且企业有明确意图和能力持有至到期的非衍生金融资产。企业在资产负债表日应对持有意图和能力进行评价，当出现下列情况之一时，表明企业没有明确意图持有至到期日：①持有金融资产的期限不确定。②发生市场利率变化、流动性需要变化、替代投资机会及投资收益率变化、融资来源和条件变化、外汇风险变化等情况时，将出售该金融资产。但是，无法控制、预期不会重复发生且难以合理预计的独立事项引起的金融资产售出除外。③该金融资产的发行方可以按明显低于其摊余成本的金额清偿。④其他表明企业没有明显意图将该金融资产持有至到期的情况。当出现下列情况之一时，表明企业没有能力将具有固定期限的金融资产投资持有至到期日：①没有可利用的财务资源持续地为该金融资产提供资金支持，以使该金融资产持有至到期日。②受法律、行政规定的限制，使企业难以将具有固定期限的金融资产投资持有至到期日。③其他表明企业没有能力将具有固定期限的金融资产投资持有至到期日的情况。这部分金融资产的流动性也较强。

（3）长期股权投资。长期股权投资的取得方式较多，主要包括：通过合并形成、支付现金取得、以发行权益证券取得、投资者投入、以非货币交易方式取得、以债务重组方式取得等。

报表中长期股权投资的价值受以下因素的影响：

① 长期投资的入账价值。由于长期股权投资的取得方式较多，既有按照实际取得成本计价的，又有按照公允价值计价的。以支付现金取得的长期股权投资，按实际支付的购买价格作为初始投资成本；以发行权益证券取得的长期股权投资，应按照发行权益证券的公允价值作为初始投资成本；投资者投入的长期股权投资应按照投资合同或协议约定的价值作为初始投资成本。以非货币交易方式取得的长期股权投资，其价值以换出资产的账面价值为基础计量时，容易偏离市场价值。特别是发生于关联企业间的业务更要给予重视。

② 长期股权投资减值准备。长期股权投资减值准备是长期股权投资的减项，计提与否、计提多少是企业运用会计政策的结果。分析时，应根据报表附注披露的长期股权投资明细表。应特别关注是否存在投资已经减值但尚未计提减值准备的情况。通过投资明细表，了解长期股权投资期末账面价值、期初账面价值，通过披露资料和各种途径获取被投资单位的经营情况等，确认被投资单位是否存在不能持续经营的迹象。例如：某公司有一项长期股权投资，账面价值3 000万元。被投资企业已经连续两年亏损，股票市价下跌，且下跌趋势不可逆转。该企业2012年已提取减值准备1 000万元。2013年获悉，被投资企业已申请破产。资料表明该企业只能收回投资500万元。这样，该企业长期股权投资价值将减少1 500万元（3 000 – 1 000 – 500 = 1 500）。此时，企业负债比率将上升，偿债能力下降。

（4）投资性房地产。投资性房地产是指企业已出租的土地使用权、持有并准备增值后转让的土地使用权和已出租的建筑物。在资产负债表日，按照成本模式计量时，该项目反映企业投资性房地产成本；按照公允价值模式计量时，该项目反映企业投资性房地产的公允价值。分析时，应关注报表附注关于投资性房地产的披露，如采用公允价值模式计量时公允价值的确认依据、公允价值的增减变动情况；当期处置的投资性房地产。采用成本计量模式时，投资性房地产的折旧或摊销，以及减值准备的集体情况等。分析时，应客观看待升值的房产，任何实物资产都有明确的寿命，都会损耗、陈旧。

（5）固定资产。报表中固定资产的价值受以下因素的影响：

① 固定资产的入账价值。按现行会计准则，固定资产在取得时，应按取得时的成本入账，在资产负债表日，该项目反映固定资产的原价。企业取得固定资产的方式很多，如外购、自制等。对于自制固定资产很有可能出现高估成本的情况，比如为提高当期利润，给自制固定资产多摊制造费用，这无疑会提高固定资产的价值。从谨慎原则出发，可以参考固定资产市价计价。

② 固定资产折旧。折旧是将固定资产的成本分配到资产经济寿命内各个会计期的过程。折旧表示资产价值的减少。在财务分析时，掌握折旧的实质是十分重要的。在财务分析的许多方面，都要用到折旧。比如：确定经营活动的现金流量时，折旧作为非付现成本，是一个加回项目；在长期偿债能力分析中，分析折旧的目的主要是考察折旧对固定资产价值的影响。影响折旧的变量有固定资产使用年限、固定资产残

值、折旧方法及变更折旧方法。

③ 固定资产减值准备。如果固定资产实质上已经发生了减值，即当固定资产可回收金额低于账面价值时，应当计提减值准备。固定资产减值准备是固定资产净值的减项，计提减值准备的结果是降低了固定资产的价值。

要想对公司的固定资产进行透彻的分析，应全面掌握各种固定资产的余额、增减变动、使用年限以及更新改造等方面的信息。有了这些信息，就可以评价该公司资产的偿债能力质量。一个公司固定资产偿债质量下降的表现为：第一，企业固定资产的平均寿命延长。它主要表现在固定资产原值增长速度减慢。可以通过计算累计折旧与当年折旧费用的比值分析。用累计折旧除以年折旧费用是大概的固定资产使用年限。第二，企业未能对固定资产进行更新改造和必要的维护。这主要表现为更新改造支出和大修理费用的下降。第三，存在不具备生产能力的固定资产，而尚未计提减值准备。

在进行固定资产分析时，并不存在一个绝对的标准。分析人员可以通过比较同行业其他企业的固定资产状况、公司预算目标和固定资产投资战略进行判断。

对于分析人员而言，折旧是一个很难处理的项目，分析折旧时应特别注意以下几点：

① 不同的企业会有不同的折旧会计方法，同时它又受到管理人员判断的影响，并可能用于操纵利润。在这种情况下，许多报表分析人员喜欢将折旧项目的扭曲影响排除出去。这是一个错误。折旧是做生意时的一项成本，要想赚取利润，它必须和其他成本一样得到回收。同时，企业之间的折旧方法差异，往往反映了企业资产性质以及经营环境的差异，这正是采用不同折旧方法的理由。这一点在同行业的比较分析中要加以注意。

② 任何实物资产都有明确的寿命，都会损耗、陈旧。运用谨慎性原则，不能高估资产价值。

③ 在偿债能力分析中，也可以对折旧方法进行仔细研究。比如说，折旧方法由双倍余额递减法或年数总和法转变为年限平均法，通常表明企业的收益能力出现了问题，无法继续采用原来谨慎的折旧方法。此时，资产价值可能不实。另外，故意延长固定资产的使用寿命，也会出现这种结果。分析时，应关注折旧方法的一致性。

（6）无形资产。资产负债表上所列的无形资产同样影响长期资产价值。无形资产取得成本的确定，有很强的弹性。特别是企业内部开发的无形资产价值，计量上有一定的难度。分析时，应关注无形资产核算方法的变动情况。比如是否出现应做费用处理而改做资本化处理的情况，结果是一方面夸大资产，另一方面夸大收益。如遇这种情况，应对资产做出调整。

（7）生物资产。生物资产是指有生命的动物和植物资产，是一项极为特殊的资产。该项资产按成本进行初始计量，对于生产性生物资产应按期计提折旧。当消耗性生物资产的可变现净值或生产性生物资产的可回收金额低于账面价值时，应当按可变现净值或可回收金额低于账面价值的差额，计提生物资产跌价准备或减值准备。按照会计准则，对于有确凿证据表明生物资产的公允价值能够持续可靠获取的，应对生物资产采用公允价值计量。分析时，应关注生物资产计量的方法、跌价准备的计提以及与生物资产相关的风险情况和管理措施。

3. 所有者权益的构成

长期资产的资金来源是长期债务和所有者权益。所有者权益对偿债能力的影响主要表现在两个方面，一是所有者权益与长期负债的比例；二是所有者权益的组成。所有者权益的比例高，说明企业长期资产主要是靠所有者权益取得的，偿债能力就强；所有者权益的组成能够说明权益资本的实力。

所有者权益是所有者在企业资产中享有的经济利益，其金额为资产总额减去负债总额后的余额，即所有者对企业净资产的所有权。其本质是说明企业资金的来源及性质，是企业筹资能力的具体体现。有两个主要来源，一是投资者投入的资本，包括股本及溢价；二是留存收益。具体包括以下四项：

（1）实收资本。实收资本是投资者按照公司章程，或合同、协议的约定，实际投入企业的资本。在股份有限公司表现为股本，即股份有限公司通过股份筹资形成的资本。一般情况下，股本相对固定不变，企业股本不得随意变动，如有增减变动，必须符合一定的条件。

（2）资本公积。资本公积是企业收到投资者投资额超出其在注册资本或股本中所占份额的部分，直接计入所有者权益的利得和损失，也在该项目反映。资本公积包括资本溢价和其他资本公积两项。在资产负债表日，"资本公积"项目表示会计期期末资本公积的余额。

（3）盈余公积。盈余公积是指企业按规定从净利润中提取的各种累计留利。主要包括三部分：①法定盈余公积。即按照规定比率从净利润中提取的盈余公积。②任意盈余公积。即企业经股东大会的批准，按规定的比率从净利润中提取的盈余公积。③外商投资企业按规定提取的储备基金、企业发展基金。在资产负债表日，"盈余公积"项目反映会计期期末盈余公积的余额。

（4）未分配利润。从数量上来说，未分配利润是期初未分配利润，加上本期实现的净利润，减去提取的盈余公积和分出利润后的余额。资产负债表的"未分配利润"项目反映企业尚未分配的利润，如果是尚未弥补的亏损，应以负数在表中列示。未分配利润项目在所有者权益的比例越高，说明企业盈利能力越强。

如果是合并资产负债表，所有者权益项目还包括少数股东权益项目，即子公司所有者权益中不属于母公司的份额。

下面ABC公司股东权益变动进行分析（见表3-5）。分析时，股东权益中不含少数股东权益。

表3-5　　　　　ABC公司股东权益规模变动分析表　　　　　单位：万元

项目	规模				结构（%）		
	2013年	2012年	增减额	增减率(%)	2013年	2012年	结构变动
股本	14 763.84	14 763.84	0	0	60.01	89.09	-29.08
资本公积	326.34	264.37	61.97	23.44	1.33	1.60	-0.27
盈余公积	2 636.12	1 419.70	1 216.42	85.68	10.72	8.57	2.15

续表

项目	规模				结构（%）		
	2013年	2012年	增减额	增减率(%)	2013年	2012年	结构变动
未分配利润	6 874.31	123.07	6 751.24	548.57	27.94	0.74	27.2
股东权益合计	24 600.61	16 570.98	8 029.63	48.45	100	100	—

从表3-5可以看出，引起股东权益规模变动的主要项目是未分配利润。未分配利润比上年提高6 751.24万元，幅度为548.57%；未分配利润占股东权益的比例提高了27.2%。这种变动说明，由于企业盈利能力的提高，所有者权益的质量也得到相应提高。

（四）资产负债率分析

资产负债率是长期偿债能力分析的核心指标，对资产负债率的分析常常使用趋势分析和同业分析的方法。

1. 趋势分析

例3-17 下面以ABC公司连续4年的资料为例，对该企业的资产负债率进行趋势分析（见表3-6）。

表3-6　　　　　　　　　　资产负债率趋势分析　　　　　　　　　单位：万元

年度 项目	2010	2011	2012	2013
负债总额	4 484.87	7 852.99	11 299.98	49 229.80
资产总额	19 123.58	24 738.83	28 924.28	82 097.33
资产负债率%	23.45	31.74	39.07	59.97

从表3-6可以看出，该公司连续4年的资产负债率呈逐年上升的趋势，特别是2013年的资产负债率大大超过了前几年的水平。这一方面说明企业的负债筹资能力提高；另一方面，也说明企业的财务风险加大。是什么原因导致了这种变化呢？通过分析资产负债表主要数据可以发现，产生这种变化的原因主要有三点：(1)企业的负债筹资能力增强。以后两年为例，股东权益由2012年的16 570.98万元，增加到2013年的24 600.61万元，净增8 029.63万元。与2012年相比，2013年股本项目未发生增减变动，股东权益8 029.63万元的增加额主要是由本年实现净利润带来的。获利能力的提高增强了企业的负债筹资能力。(2)企业调整了资本结构。2013年度股东权益增加8 029.63万元。负债总额由2012年的11 299.98万元，提高到2013年的49 229.80万元，增加37 929.82万元，增加了335.66%。其中流动负债增加额为36 826.78万元，增加了325.90%。长期负债增加额为1 103.04万元，而2012年的长期负债项目为零。2012年负债比例过低，虽然财务风险很小，但企业的获利能力也不高。(3)企业调整了资产结构。资产总额由2012年的28 924.28万元，增加到

2013 年的 82 097.33 万元,增加了 53 173.05 万元,幅度为 183.84%。其中,流动资产由 2012 年的 19 133.58 万元,提高到 2013 年的 63 874.4 万元,幅度为 233.83%。流动资产占总资产的比重由 2012 年的 66.15%,提高到 2013 年的 77.80%。长期资产的比重由 2012 年的 33.85%,降低到 2013 年的 22.20%。

那么,该公司的长期偿债能力是否合适呢?现在还不能下结论,在进行同业分析以后,才能得出结论。

2. 同业分析

例 3 - 18 下面以 ABC 公司连续 4 年的资产负债率为例,结合综合类企业资产负债率平均值,对该企业的资产负债率进行同业分析(见表 3 - 7)。

表 3 - 7 资产负债率同业分析 单位:%

年度 项目	2010	2011	2012	2013
企业资产负债率	23.45	31.74	39.07	59.97
行业资产负债率	50.67	50.57	53.02	53.09

从表 3 - 7 可以看出,与同行业平均值相比,该公司前 3 年的资产负债率远远低于行业平均水平,说明企业在当年保持了一个较低的资产负债率,具有较强的长期偿债能力,企业采纳了较为保守的财务策略。2013 年的资产负债率则高于行业平均水平,但幅度不大。总体上讲,该公司保持了一个正常的资产负债率水平,公司财务风险不高,公司选择了比较适宜的资本结构。另外,为证实该公司在不扩大财务风险的前提下,是否为股东创造了更多的财富,还可以比较 2013 年和 2012 年的资产净利率。看资产净利率是否增长,如果答案是肯定的,说明公司适当扩大负债规模是正确的。

二、收益与长期偿债能力分析

(一) 收益偿债能力的衡量

以上我们研究了资本结构与长期偿债能力的关系,以及反映长期资产偿债能力的相关指标分析。但是这种分析存在明显的不足。第一,上述各项指标利用的数据来自于资产负债表,该表反映了企业某一时点的财务状况。这种分析的着重点是通过分析企业资本结构的合理性,来判断企业的长期偿债能力。因此,利用该表进行的分析是一种静态的分析。第二,利用资产负债表所作的分析,未能揭示企业经营业绩与偿还债务支出的关系。企业有负债,就要偿还本金和利息。负债越多,负担越重。偿还债务支出的基础是企业的收益。企业是否有足够的能力偿还债务支出?资本结构分析不能完全说明。因此,要通过研究收益与长期偿债能力的关系,分析企业的长期偿债能力。分析数据主要来自利润表,指标主要有利息保证倍数和固定费用保障倍数。

收益与长期偿债能力密切相关。企业能否有充足的现金流入偿还长期负债，在很大程度上取决于企业的收益。一个长期亏损的企业，要保全其权益资本都很难，就更难保持正常的长期偿债能力了。而一个长期获利的企业，有着良好的现金流入，必然保持正常的长期偿债能力。从企业的偿债义务看，包括偿还债务本金与利息两方面。与短期负债不同，企业的长期负债大多用于长期资产的投资，形成企业的固定生产能力。在企业正常生产的情况下，不可能靠出售长期资产偿还债务的本金与利息，只能依靠生产经营所得。企业支付给长期债权人的利息，主要来自于融通资金新创造的收益。所以，长期偿债能力是与企业的收益密切相关的。一般来说，企业的收益水平越高，长期偿债能力越强；反之，则越弱。

1. 利息费用保障倍数

利息费用保障倍数是指企业经营业务收益与利息费用的比率，也称为已获利息倍数。表明企业经营业务收益相当于利息费用的多少倍，数额越大，偿债能力越强。该指标用于衡量企业用其经营业务收益偿付借款利息的能力，是从利润表方面衡量企业长期偿债能力的指标。其计算公式如下：

$$利息费用保障倍数 = 息税前利润 \div 利息费用$$

或 $$= (税前利润 + 利息费用) \div 利息费用$$

或 $$= (税后利润 + 所得税 + 利息费用) \div 利息费用$$

公式中的分子"息税前利润"是指利润表中未扣除利息费用和所得税之前的利润。它可以用"税前利润加利息费用"来测算，也可以用"税后利润加所得税、利息费用"来测算。使用息税前利润的原因有两点：（1）如果使用税后利润，不包括利息费用，将会低估偿付利息的能力。因为利息是在税前支付的，故应将利息费用加回到税后利润中。（2）如果使用税后利润，不包括所得税，也会低估偿付利息的能力。因为，所得税是在支付利息后才计算的，将其加回对偿付利息能力不产生影响。由于我国现行利润表中"利息费用"项目并未单列，而是混在"财务费用"项目中，外部报表信息使用者可以使用"税前利润加财务费用"估计计算，但是对于现金折扣发生金额较大的企业应估计现金折扣的影响。

公式中的分母"利息费用"是指本期发生的全部应付利息，不仅包括计入财务费用的利息费用，还应包括资本化利息。所谓资本化利息是指计入固定资产成本的利息，即企业为购建某项固定资产而借入的专门借款所发生的利息。利息资本化的结果是将利息作为固定资产的增加额，而不是作为费用处理。虽然资本化利息不在利润表中作为费用扣除，但也是企业的一项负债，将来也要偿还。利息保证倍数就是要衡量企业支付利息的能力，因此，"利息费用"应包括全部利息。比如为购建固定资产而发行债券的当年利息也是一种应资本化的利息。只要固定资产尚未建造完成，债券的利息就应计入资产负债表的"在建工程"项目，这项利息不反映在利润表中，但与利息费用一样，是企业的应付利息，理应包括在利息费用中。

例 3-19 ABC 公司 2013 年税前利润总额为 9 516.24 万元，利息费用为 876.44 万元。该公司利息费用保障倍数为：

$$利息费用保障倍数 = (9\ 516.24 + 876.44) \div 876.44 = 11.86$$

如果利息费用保障倍数适当,表明企业偿付到期利息的风险小,当本金到期时企业也能筹集到新的资金。在金融市场上,如果一个企业有良好的偿付利息的记录,各期有较高的、稳定的偿付利息的能力,将会比较顺利地获得资金。企业也能最大限度地利用借入资本产生的财务杠杆利益,确定合理的财务结构。

利息费用保障倍数指标反映了当期企业经营收益是所需支付的债务利息的多少倍,从偿付债务利息资金来源的角度考察债务利息的偿还能力。如果利息费用保障倍数指标适当,表明企业偿付债务利息的风险小。该指标越高,表明企业的债务偿还越有保障;相反,则表明企业没有足够资金来源偿还债务利息,企业偿债能力低下。

利息费用保障倍数如果小于1,则表明企业无力赚取大于借款成本的收益,企业没有足够的付息能力。借款给这种企业,连收取利息都没有保障,收回本金就会更困难。该指标如果刚好等于1,则表明企业刚好能赚取相当于借款利息的收益,但是由于息税前利润受经营风险影响,收取利息仍然缺乏足够的保障。因此,利息费用保障倍数为1是不够的,必须大于1。企业经营风险越大,要求的利息费用保障倍数越大。在经营风险相同的情况下,利息保障倍数越大,则支付利息的能力越强。

从统计上看,不同国家利息费用保障倍数在3~6倍,表明利息费用保障倍数与经济环境有关。不同行业的利息费用保障倍数也有区别,美国的食品加工业接近10,而工程类企业只有4,说明利息保障倍数与行业有关。

2. 固定支出保障倍数

除了债务利息,企业还有一些与负债相关的固定支出,如租入固定资产的租赁费用等,这部分费用要定期支付。租赁费用中含有一部分因占用出租方资金而必须支付的利息费用,这部分费用要从企业本期产生的收益中支付,在评价企业长期偿债能力时,也应考虑在内。固定支出保障倍数是利息保障倍数更完善的扩展形式。利息支出保障倍数忽略了其他必须支付的费用,有一定的误导性。

固定支出保障倍数是指企业经营业务收益与固定支出的比率。其计算公式如下:

$$固定支出保障倍数 = 可用于偿付固定支出的收益 \div 固定支出$$
$$= (税前利润 + 固定支出) \div 固定支出$$

固定支出包括:(1)利息费用,是指本期发生的全部应付利息,不仅包括计入财务费用的利息费用,还应包括资本化利息。(2)长期经营租赁费用的利息部分。

事实上,对于固定支出如何界定,仍是一个存在争议的问题。除上述固定支出计量方法之外,另一种观点认为应将租赁费用、折旧和摊销、支付的债务本金、优先股股息作为固定支出。除此之外,我们还可以进一步思考,支出给工人的固定工资、房租、水电费、固定电话月租、上网费等费用是否同样带有固定支出的性质?在计算的过程中是否以及如何进行衡量?

本教材采用较为常用的公式,即:

$$\frac{固定支出}{保障倍数} = \frac{息税前利润 + 租赁费中的利息费用}{利息费用 + 租赁费中的利息费用}$$

例3-20 ABC公司2013年税前利润总额为9 516.24万元,利息费用为876.44万元,租赁费用为122.03万元,假设租赁费用中有1/3的利息费用。该公司的固定支出保障倍数为：

固定支出保障倍数 = (9 516.24 + 876.44 + 122.03/3)/(876.44 + 122.03/3) = 11.38

如果固定支出保障倍数指标适当，表明企业偿付到期固定支出的风险小。

这里需要说明一个问题，就是为什么在计算收益与固定支出比率时不考虑本金的偿付要求？其主要原因是收益与固定支出都是以盈利为基础的，而偿还本金的资金不一定要靠盈利赚取的资金偿还。如果固定支出保障倍数足够大，在偿付本金义务到期时，公司可以通过再融资筹措相当于本金的资金。

（二）收益偿债能力分析

1. 利息费用保障倍数的分析

从稳健的角度出发，为考察企业利息保障倍数指标的稳定性，一般应比较企业连续几年的该项指标。这是由于企业在经营好的年景要偿付债务，在经营不好的年景也要偿还债务。应选择这几年中最低的利息保障倍数指标，作为最基本的标准。任何一个企业的经营受环境等因素的影响，都有周期性。在收益高的年度，利息保障倍数指标可能会很高；在收益低的年度，可能无力偿付债务利息。采用几年中最低的利息保障倍数，可保障最低的偿债能力。

例 3 - 21 下面是 ABC 公司连续 4 年的利息保障倍数，试进行分析。

表 3 - 8　　　　　　　　利息保障倍数趋势分析

年度 项目	2010	2011	2012	2013
利息保障倍数	5.50	9.01	5.93	11.86

从表 3 - 8 可以看出：(1) ABC 公司连续 4 年的利息保障倍数均大于 3，最低的利息保障倍数为 2010 年的 5.50，说明企业具备偿付利息的能力。从理论上说，只要利息保障倍数大于 1，企业就能偿还债务利息。该指标越高，债权人利益的受保障程度越高。这说明借钱给 ABC 公司的风险很小。(2) 该企业的利息保障倍数变动较大，2010～2011 年呈上升趋势，2012 年大幅下降，2013 年该指标陡然上升。从总体上看，企业偿还利息的能力增强，风险降低。

在分析利息费用保障倍数时，还应特别注意以下问题：

(1) 在利用利息费用保障倍数指标分析企业的偿债能力时，还要注意一些非付现费用问题。从长期看，企业必须拥有支付所有经营费用的资金。但从一个较短的时期来看，企业存在大量的非付现费用，如折旧费、递延资产、无形资产摊销等，而这些都已列入本期费用，从当期的收入中扣除。因此，有些企业即使出现利息保障倍数指标小于 1 的情况，也不一定不能偿还债务利息。因此，为衡量企业短期内偿付债务利息的能力，可以将非付现费用加回到利息保证倍数计算公式的分子中。这样计算出的指标是以收付实现制为基础的，不够稳健，只能用于短期偿债能力的评价。

(2) 在运用利息费用保障倍数指标分析企业偿债能力时，还可以单独计算偿付长期债务利息的能力。该指标叫做长期债务与营运资金比率，是用企业的长期债务与

营运资金相除计算的。其计算公式如下:

$$长期债务与营运资金比率 = 长期债务 \div 营运资金$$

正常情况下,长期债务不应超过营运资金。长期债务最终会转为流动负债,并动用流动资产偿还。保持长期债务不超过营运资金,就不会造成流动资产小于流动负债,使长期债权人和短期债权人的利益都能得到保护。此时,长期债权人和短期债权人才会认为他们的贷款是有安全保障的。

例 3-22 ABC 公司 2013 年年末长期负债为 1 103.04 万元,流动资产为 63 874.40 万元,流动负债为 48 126.76 万元。依上式计算长期债务与营运资金比率为:

$$长期债务与营运资金比率 = 1\ 103.04 \div (63\ 874.40 - 48\ 126.76)$$
$$= 1\ 103.04 \div 15\ 747.64$$
$$= 0.07$$

计算结果表明,ABC 公司长期债务只相当于营运资金的 0.07 倍,说明企业具有很强的偿债能力。债权人借钱给该公司基本上没有风险。

2. 固定支出保障倍数分析

由于固定支出保障倍数指标是利息保障倍数的扩展,其分析方法与利息保障倍数的分析方法是一致的。

例 3-23 下面是 ABC 公司连续 4 年的固定支出保障倍数指标,试进行分析。

表 3-9　　　　　　　　　固定支出保障倍数趋势分析

年度 项目	2010	2011	2012	2013
固定支出保障倍数	5.5	8.36	5.93	11.38

从表 3-9 可以看出:(1) ABC 公司具有偿还固定支出的能力。从理论上说,只要固定支出保障倍数指标大于 1,企业就能偿还固定支出。该指标越高,债权人利益的受保障程度越高。该企业最低年份的固定支出保障倍数为 4.15,具备足够的偿还能力。(2) 与国际标准值相比,该公司固定支出保障倍数大于国际标准值。说明借钱给该公司的风险很小。(3) 2013 年的固定支出保障倍数有较大程度的提高,这说明企业偿还固定支出的能力增强,风险降低。

利息保障倍数和固定支出保障倍数指标在反映企业偿付长期债务能力方面是十分有用的,通常也是债权人十分关注的指标之一。但是,由于指标数据来源的限制,使指标具备先天的缺陷。因为,指标是从利润额的大小与固定性利息支出之间的比例关系来衡量企业的偿债能力。一般而言,企业利润越高,对债务的支付能力越强。但是,利润是一个会计数据,会计账面数据不能作为长期债务偿付手段。原因是决定利润大小的两个因素即收入和费用,与现金流入和流出不同,利润不是企业可以动用的净现金流量。利用利润和固定性利息的关系衡量偿债能力并不是最好的方法。实际应用时,可以结合现金流量表数据进行。

相关案例

江铃汽车长期偿债能力分析

接第一节江铃汽车股份有限公司偿债能力分析。

一、江铃汽车长期偿债能力历史指标

表1

公司名称：江铃汽车股份有限公司

指标 \ 报告期	2010年	2011年	2012年
资产负债率	44.45%	37.16%	37.54%
产权比率	80.02%	59.14%	60.10%
权益乘数	1.80	1.59	1.60
利息费用保障倍数	-20.76	-11.69	-9.26

二、2012年同行业指标

表2

指标	行业排名	江铃汽车	行业均值	行业最高值	行业最低值
资产负债率	2	37.54%	91.03%	530.14%	21.25%
产权比率	2	60.10%	229.65%	1056.3%	26.99%
权益乘数	2	1.60	3.10	11.56	1.27
利息费用保障倍数	3	-9.26	-2.09	13.07	-44.30

三、指标分析

1. 资产负债率

从表1得知，江铃汽车2010～2012年的资产负债率呈下降趋势，从2010年度的44.45%降到2011年度和2012年度的37%左右。资产负债表被认为是衡量企业负债水平及风险程度的重要标志，一般认为40%~60%属于合理范围内。相对行业水平来说，江铃汽车远低于行业均值。由此可见，汽车行业的资产负债率普遍较高。相对而言，江铃汽车长期偿债能力相对较强，不能偿债的风险较小。

2. 产权比率

从产权比率的含义我们知道，该指标越大，风险越大。江铃汽车该比率从2010年的80.02%降到了2012年的60.1%，降幅达到24.89%，从3年趋势来看，产权比率相对有所降低，说明该公司财务风险有所降低。

依据表2资料，通过与行业对比，可以看出行业最高达到1 056.3%，平均值也有229.65%，而最低值却只有26.99%。由此说明汽车行业整体产权比率较高，市场差别较大，有很大的长期偿债风险，风险较大。江铃汽车产权比率处于行业的较低水平。

3. 权益乘数

从表1可看出，江铃汽车2010~2012年的权益乘数分别是1.80、1.59、1.60；总体来看权益乘数处于下降的趋势，各年的变动比较平稳，说明企业可能比较重视资本结构管理。

依据表2资料，2012年企业的权益乘数比行业最低值1.27高0.33，低于行业均值3.1，说明江铃汽车采纳较为稳健的财务策略，长期偿债能力处于行业较高水平，财务风险较低。

4. 利息费用保障倍数

从表1可知，江铃汽车的利息费用保障倍数在3年间是处于上升趋势，从2010年的-20.7645提高到2011年的-11.6942，以及到2012年的-9.2624。2011年相对2010年提高56.32%，2012年相对2011年提高79.22%。通常情况下，该指标大于1，表明企业负债经营能赚取比资金成本更高的利润。企业3年的利息倍数一直是负数，表明其已经无力赚取大于资金成本的利润，企业用收益偿还债务的风险变大。从2012年同行业对比可知，企业利息保障倍数低于均值，高于行业最低值，但较行业最高值13.07还差距甚远。虽然排名相对靠前，但仍需警惕风险。

四、江铃汽车偿债能力小结

综合上述分析，对2010~2012年江铃汽车偿债能力相关指标分析，得出江铃汽车2012年的长期偿债能力有一定的风险性，处于行业的中上游水平。通过与历史同期比较观察，江铃汽车2012年末反映长期偿债能力的资产负债率、产权比率和利息偿付倍数等指标，与2010年年末相比差距较大，说明财务风险有所降低。通过同行业比较观察，江铃汽车2012年长期偿债能力中的产权比率、资产负债率、利息偿付倍数等指标都低于同行业平均水平，说明与同行业企业相比，债务资本与权益资本的配置、财务结构上的风险性较小，所有者权益配置较高，偿债风险的承受能力较强。

但是，江铃汽车的利息费用保障倍数连续三年一直为负数，与2010年和2011年相比，2012年该指标有所提高，但企业还是没有足够的利润来偿还利息费用。

案例讨论

HG股份有限公司是一家从事通信及相关设备制造的企业，该企业2011年和2012年的资产负债表如下：

单位：万元

科目	2011年	2012年	科目	2011年	2012年
货币资金	704.87	775.92	短期借款	1 400	1 000
应收账款	773.76	624.73	应付账款	6 661.36	5 644.29
预付款项	3 531.44	6 619.65	预收款项	1 560.30	1 328.07
其他应收款	673.36	304.89	应付职工薪酬	1 099.39	992.04
存货	749.37	356.27	应交税费	559.30	568.50

续表

科目	2011 年	2012 年	科目	2011 年	2012 年
流动资产合计	6 432.79	8 681.46	应付股利	244.04	243.68
			其他应付款	8 124.77	5 714.64
长期股权投资	5 350.38	1 118.27	流动负债合计	19 649.16	15 491.22
固定资产	10 578.72	9 546.30	专项应付款	332.9	0
无形资产	5 501.63	5 371.64	非流动负债合计	332.90	0.00
递延所得税资产	0.00	20.29	负债合计	19 982.06	15 491.22
其他非流动资产	0.00	0.00	实收资本（或股本）	36 553.60	36 553.60
非流动资产合计	21 430.73	16 056.50	资本公积	43 539.85	43 539.85
			盈余公积	8 371.64	8 371.64
			未分配利润		
			少数股东权益	1 185.09	1 083.53
			所有者权益合计	7 881.46	9 246.74
资产总计	27 863.52	24 737.95	负债和所有者合计	27 863.52	24 737.95

该企业 2011 年和 2012 年利润表有关数据如下：

单位：万元

项目	2011 年	2012 年
营业收入	1 350.42	1 258.40
税前利润	-3 864.84	449.30
财务费用	877.40	144.54

请你根据所给资料，全面评析该企业的短期偿债能力和长期偿债能力，进行趋势分析和同业比较分析。

提示：建议你先计算该公司两年的反映短期偿债能力和长期偿债能力的相关指标，然后比较指标的变化，进行趋势分析；其次，搜集同行业相关资料，进行同业比较分析；最后，从资产和负债的质量上，进一步评析该企业的偿债能力。

（三）影响长期偿债能力的其他因素

在分析长期偿债能力时，除了研究资本结构和收益与长期偿债能力的关系外，还应注意一些影响企业长期偿债能力的其他因素，主要包括以下几项。

1. 长期租赁

当企业急需某种设备或其他资产而又缺乏足够的购买资金时，可以通过租赁的方式解决。企业的财产租赁可以分为融资租赁和经营租赁两种形式。融资租赁是由租赁公司垫付资金，按承租人要求购买设备，承租人按合同规定支付租金，所购设备一般于合同期满转归承租人所有的一种租赁方式。因而企业通常将融资租赁视同购入固定资产，并把与该固定资产相关的债务作为企业负债反映在资产负债表中。

不同于融资租赁，企业的经营租赁不在资产负债表上反映，只出现在报表附注和利润表的相关费用项目中。当企业经营租赁量比较大，期限比较长或具有经常性时，经营租赁实际上就构成了一种长期性筹资。因此，必须考虑这类经营租赁对企业债务结构的影响。企业经营租赁虽不包括在长期负债之内，但到期时必须支付租金，这就使利息费用总额与实际利息费用产生了偏差，固定支出保障倍数的计算，正是体现了这一因素对企业偿债能力造成的影响。此外，要把与经营租赁相关的未来租金反映在资产负债表中也是不现实的，因为租金中的一部分属于利润表的利息费用项目。这样，要分析经常性经营租赁对资产负债表相关偿债能力指标的影响，就必须对企业的资产和负债做出相应调整。

一般情况下，长期经营租赁费用中的 1/3 是利息费用，其余 2/3 作为经营租赁的本金。下面以 A 企业为例，说明对资产和负债的调整过程。

例 3-24 A 企业 2013 年长期租赁费用为 300 万元，其中，100 万元为利息费用。该年度负债总额为 127 556 万元，资产总额为 618 000 万元。调整过程见表 3-10。

表 3-10   A 公司资产与负债调整表   单位：万元

项目	金额
调整前负债总额	127 556
加：长期经营租赁债务	200〔(300/3)×2〕
调整后负债总额	127 756
调整前资产总额	618 000
加：长期经营租赁资产	200（同上）
调整后资产总额	618 200
所有者权益总额	490 444
调整前的资产负债率	20.64%
调整后的资产负债率	20.67%

分析结果表明：调整后资产负债率略有上升。就本例而言，长期租赁金额小，对偿债能力的影响不明显，但影响是存在的。对于经营租赁业务量大的企业，调整后的影响要大一些。

2. 或有事项

或有事项是指过去的交易或事项形成的，其结果需由某些未来事项的发生或不发生才能决定的不确定事项。或有事项分为或有资产和或有负债。或有资产是指过去交易或事项形成的潜在资产，其存在要通过未来不确定事项的发生或不发生予以证实。如专利权被他人侵犯时向他人提出索赔形成的或有资产；诉讼判决时得到补偿形成的或有资产。或有负债是过去发生的交易或事项形成的潜在义务,其存在要通过未来不确定事项的发生或不发生予以证实;或过去的交易或者事项形成的现实义务,履行该义务不是很可能导致经济利益流出企业或该义务的金额不能可靠计量。如:已贴现商业承兑汇票形成的或有负债;未决诉讼、仲裁形成的或有负债;为其他单位提供债务担保形成的或有负债;因资产重组,可能产生的安置开支、资产减值、业务活动中断形成的或有负债、环境污染整治等形成的或有负债。《企业会计准则第13号——或有事项》中规定,当满足以下三个条件时,或有负债属于预计负债。

(1) 该义务是企业承担的现时义务;
(2) 履行该义务很可能导致经济利益流出企业;
(3) 该义务的金额能够可靠地计量。

对于不符合上述条件的或有事项,在资产负债表日不予确认。企业应在报表附注中披露与或有负债有关的信息,通常不披露或有资产,除非或有资产很有可能给企业带来经济利益的,应当披露其形成的原因、预计产生的财务影响。对于或有负债,应该披露以下内容:①或有负债的种类及形成原因,包括已贴现商业承兑汇票、未决诉讼、未决仲裁、对外提供担保等形成的或有负债。②经济利益流出不确定性的说明。③或有负债预计产生的财务影响,以及获得补偿的可能性;无法预计的原因。

或有事项的特点是现存条件的最终结果不确定,或有项目一旦发生便会影响企业的财务状况,可能给企业带来经济利益,也可能带来经济义务。产生或有资产会提高企业的偿债能力;产生或有负债会降低企业的偿债能力。因此,在分析企业的财务报表时,必须充分注意有关或有事项的报表附注披露,以了解未在资产负债表上反映的或有项目,并在评价企业长期偿债能力时,考虑或有事项的潜在影响。同时,应关注有否资产负债表日后的或有事项。由于涉及不确定性,在分析、评价或有事项对财务状况的影响时,会产生一定的困难。这种困难来自于两个方面:一是事件本身发生的可能性是一个概率事件;二是企业信息披露不充分,外部信息使用者,如债权人,难以对企业会计政策做出客观评价。通常,外部信息使用者只能利用可获取的公开信息,比如:或有事项的成因、可能产生的损失等,并且结合历史信息,对管理人员判断的合理性做出评价。为提高分析的准确性,可以采取的措施有:①除财务报表以外,还需获得其他方面的非会计信息,如公司公告、法院记录等,以帮助做出判断。②对提供担保可能产生的损失,可以通过分析债务人的财务状况进行推测,当债务人发生财务困难时,损失出现的可能性加大。对于极有可能成为真正负债的或有负债,分析时,应该增加负债总额。例如,给子公司提供的借款担保,在极有可能成为真正负债时,应调整增加负债。

3. 承诺

承诺是企业对外发出的将要承担的某种经济责任和义务,是常见的或有事项。企业为了经营的需要,常常要做出某些承诺,比如:对参与合资的另一方承诺为其提供银行担保;对合资另一方或供应商承诺保证长期购买其产品;向客户承诺提供产品保证或保修,等等。这种承诺有时会大量增加该企业的潜在负债或承诺义务,而却没有通过资产负债表反映出来。在进行企业长期偿债能力分析时,报表分析者应根据报表附注及其他有关资料等,判断承诺变成真实负债的可能性;判断承诺责任带来的潜在长期负债，并做相应处理。

4. 金融工具

金融工具是指形成一个企业的金融资产，并形成其他单位的金融负债或权益工具的合同，比如，债券、股票、基金及金融衍生工具等。与偿债能力有关的金融工具主要是债券和金融衍生工具。企业为筹集资金发行的长期债券，包含以下两点承诺：（1）在约定日期偿还本金；（2）定期支付债券利息。一旦公司破产，债券持有人的求偿权优于股票持有人。金融衍生工具包括远期合同、期货合同、互换和期权中一种或一种以上特征的工具。这种契约的义务于签约时在双方转移。比如，远期合同的持有人必须在契约合同指定的日期按指定的价格购买指定的资产。

对于与金融工具有关的信息，应反映在财务报表的附注中，根据《企业会计准则第 37 号——金融工具列报》的规定：企业披露的金融工具信息，应当有助于财务报告使用者就金融工具对企业财务状况和经营成果影响的重要程度做出合理评价。包括金融工具采用的重要会计政策、计量基础等信息；金融工具的账面价值；金融工具公允价值的确定方法；金融工具的信用风险、流动性风险和市场风险。以上这些都是报表分析者必不可少的分析依据。

金融工具对企业偿债能力的影响主要体现在两方面：

（1）金融工具的公允价值与账面价值发生重大差异，但并没有在财务报表中或报表附注中揭示。因此，报表使用者不能利用该信息，分析与之相关的潜在风险，如果企业的金融工具代表的是资产，计价所采用的价格高于其应计的公允价值，则会造成企业资产的虚增；如果金融工具代表的是负债，计价采用的价格低于应计的公允价值，就会降低企业负债。这都将增大企业潜在损失发生的可能性。

（2）未能对金融工具的风险程度恰当披露。风险大小不同对企业未来损益变动的影响程度不同。风险大的金融工具，其发生损失的可能性也大。

报表使用者在分析企业的长期偿债能力时，要注意结合具有资产负债表表外风险的金融工具记录，并分析信贷风险集中的信用项目和金融工具项目，综合起来对企业偿债能力做出判断。比如，对企业的应付债券，应重点分析企业信用等级、债券的发行规模、企业举债经营的程度、企业收益的稳定程度等。

小组讨论　　河南思达高科技股份有限公司（简称：思达高科，股票代码：000676）于 2014 年 12 月 16 日对外发布了该公司重大诉讼公告，内容如下：

河南思达高科技股份有限公司重大诉讼公告

本公司及董事会全体成员保证公告内容的真实、准确和完整，没有虚假记载、误导性陈述或者重大遗漏。

一、本次诉讼受理的基本情况

近日，公司收到深圳市福田区人民法院民事诉状、（2014）深福法民二初字第 7433 号传票等诉讼材料。

二、有关本次诉讼事项的基本情况

（一）当事人

原告：中信国安盟固利电源技术有限公司

被告一：黄永宏

被告二：曲绍强

被告三：河南思奇科技投资有限公司

被告四：河南思达高科技股份有限公司

被告五：深圳联创立信会计师事务所

（二）诉讼请求

1. 判令被告一、二、三对（2012）深宝法民二初字第1824号《民事判决书》所确定的深圳银思奇电子有限公司所欠原告的债务［包括贷款本金人民币8 709 199.23元及逾期付款违约金（违约金按日万分之四，暂计至2012年9月10日为人民币1 014 980.36元，应计至清偿日）、诉讼费人民币86 000元］承担连带清偿责任；

2. 判令被告四在人民币1 100万元的范围内，就上述第一项请求债务向原告承担赔偿责任，被告一与被告四承担连带责任；

3. 判令被告五在人民币3 000万元的范围内，就上述第一项请求债务向原告承担赔偿责任；

4. 由五被告承担本案全部诉讼费用。

（三）事实与理由

深圳银思奇电子有限公司（简称"深圳银思奇"）系被告四原子公司（出资额7 200万元，占90%，被告四已于2010年6月将深圳银思奇转让），被告四作为深圳银思奇控股股东期间，在深圳银思奇公司2008年增资3 000万元后，将其出资转出，应认定为抽逃出资。因深圳银思奇公司已无财产可用于清偿债务，被告四应在抽逃出资范围内对深圳银思奇公司债务承担全部赔偿责任，被告一担任深圳银思奇公司的董事、总经理，应与被告四承担连带责任。

三、其他尚未披露的诉讼、仲裁事项

本公司及控股子公司无应披露而未披露的其他诉讼、仲裁事项。

四、对公司本期利润或期后利润的可能影响

鉴于案件尚未开庭审理，目前暂无法判断对公司利润的影响。本公司将对案件进展情况保持关注，积极应诉，维护公司的合法权益，并及时履行披露义务。

五、备查文件

1. 起诉书；

2. 深圳市福田区人民法院民事传票。

河南思达高科技股份有限公司

2014年12月16日

请同学们讨论：（1）此次诉讼将会给公司带来什么影响（必要时上网查找该公司资料）？（2）说明如何利用报表资料和公司公告进行偿债能力分析。

资料来源：http://ggjd.cnstock.com/ggdetail/index/1200468494，2014年12月16日，《中国证券网》。

第三节 破产风险与财务危机预警分析

一、破产风险

破产风险通常是指企业不能偿还到期债务，甚至破产及清算的可能性。企业因财务危机导致破产实际是一种违约行为，因此，财务危机又称之为违约风险。卡梅驰奥（Carmichael，1972）认为，财务危机是企业履行义务时受阻，具体表现为资产的流动性不足、企业权益不足、债务拖欠和资金不足四种形式。罗斯等人（Ross et al., 1999, 2000）认为可以从四个方面定义企业的财务危机，第一，是企业失败，即企业清算后无力支付债权人的债务；第二，是法定破产，即企业和债权人向法院申请破产；第三，是技术破产，即企业无法按期履行债务合约还本付息；第四，是会计破产，即企业账面净资产出现负值，资不抵债。

导致企业产生财务危机的原因是多方面的，既有可能是管理层决策失误，也有可能是管理失控，还有可能是外部竞争环境恶化等。财务危机的出现总是有逐步显现、不断恶化的过程。无论是外部报表信息使用者，还是企业内部管理人员，都应该关注那些可能导致财务危机出现的早期征兆。财务危机发生前的主要表现有：（1）销售额下降；（2）存货积压；（3）平均收账期延长；（4）规模过度扩张；（5）财务报表不能及时披露；（6）资产负债率过高；（7）主要业务过度依赖关联交易。

财务危机的早期征兆常常是经营活动运转不良的结果，当破产风险出现时，企业的主要表现是经营活动处于停滞状态，资不抵债，如果不进行大规模的重组，企业无法摆脱破产困境。

二、财务危机预警分析

财务危机预警分析是指运用企业财务报表和相关经营资料，预先告知发生财务危机（或财务失败）可能性的分析性活动。分析人员可以根据财务报表和其他方面的信息，预测企业发生财务危机的可能性，将财务报表分析的重心从对历史结果的分析转向对未来的预测。经营者通过财务危机预警分析，可以在财务危机的萌芽阶段采取有效措施，改善企业经营，避免潜在的危机演变成现实的损失，起到防患于未然的作用。投资者通过财务危机预警分析可以预测可能的危险，及早调整投资，避免投资损失。金融机构等债权人通过财务危机预警，分析做出正确信贷决策，及时进行贷款控制。

财务危机预警有定量分析与定性分析两种，这里主要介绍定量分析方法，即财务危机预警模型，目前国际上对财务危机预警分析的基本模型主要有两类：即单变量模型和多变量模型。

（一）单变量分析模型

单变量分析模型是通过单一变量、用个别的财务比率来预测财务危机的模型。最早运用这一方法研究公司财务危机问题的是美国的威廉·比弗（William Beaver）。1968年10月，威廉·比弗在《会计评论》上提出了单一比率模型，比弗对1954~1964年的79家财务危机企业和相应财务成功企业进行了比较，其研究表明，下列财务比率对预测财务危机是有效的。

(1) 折旧、损耗以及摊销计提前的净收益/总负债；
(2) 现金流量/债务总额；
(3) 净收益/资产总额；
(4) 负债总额/资产总额；
(5) 净营运资本/总资产；
(6) 流动资产/流动负债。

日本企业诊断专家田边升一提出的"利息及票据贴现费用"判断分析法，也属于单变量预警分析方法。该方法主要是通过检查企业资金运转状况，特别是重点分析企业利息及票据贴现费用占销售收入的百分比来判断企业经营是否正常。

运用单变量模型对企业财务危机进行预警分析，尽管是有效的，但是存在较大的局限性，主要表现在：第一，企业生产经营状况受很多因素的影响，各项因素之间既有区别又有联系，而每个财务比率只反映某一方面的风险程度，不可能揭示企业整体的财务状况；第二，单变量模型虽然帮助分析人员找到了与财务危机相关的因素，但是，没有提供各个比率在评估财务危机发生可能性时的重要性，或多个比率结合使用时各比率的相对重要性，不能判断企业是否破产；第三，当企业遇到财务危机时，常常通过粉饰财务报表掩盖公司真实的财务状况，财务危机预警分析将失去作用。因此，财务危机预警模型逐渐向多变量模型发展。

（二）多变量分析模型

多变量分析模型的思路是运用多种财务指标加权汇总产生的总判别值来预测财务风险，即建立一个多元线性函数模型，综合反映企业风险，主要有Z计分模型和F计分模型。

在具体学习之前需要注意的是，无论是Z计分模型还是F计分模型，都是在特定的时间，以特定国家的特定企业为样本通过统计分析得到的，对于上述模型，我们在学习中可以采取这样的观点：第一，对于模型中揭示的影响企业财务风险的各项因素，在不同时期和不同国家之间存在一定的共性，值得我们借鉴，但在将之用到现阶段中国企业的分析过程中，可能需要加入新的影响因素，如企业的所有权性质、企业所在地的经济、金融发展程度等等；第二，模型中用到的统计方法，是值得我们学习的；第三，模型给出的判别区间，有一定的参考意义；第四，模型最终结果中各因素所赋予的权重，只是特定时期、特定国家、特定企业下的特殊结果，不具有普适性，不能直接拿来套用中国企业。

1. Z 计分模型

最早运用这一方法探讨公司财务危机预警的是美国财务专家爱德华·阿尔特曼（Edward I. Altman），他在 1968 年提出了多变量财务预警模型，简称"Z"计分（Z-Score）模型。该模型采用五项财务比率的加权平均数来测试财务危机出现的可能性。该模型主要针对上市公司，样本包括 1946~1965 年提出破产申请的 33 家公司和同样数量的非危机公司。这种方法首先选出一组最能反映企业风险的财务指标，其次，根据这些比率反映风险的能力大小给予不同的权重，最后，根据企业实际数据，计算相关比率，通过对观测数据进行多元回归，计算出权重，用该权重计算加权平均数并加总，得出一个总的判别分，称为 Z 值，作为评价的依据。其基本模型如下：

$$Z = 1.2X_1 + 1.4X_2 + 3.3X_3 + 0.6X_4 + 0.999X_5$$

模型中的每一个财务比率都从某一方面反映了企业的盈利性或风险性，其中：

X_1 = 营运资本/期末总资产，反映了企业总资产的流动性和规模特征。营运资本具有周转速度快，变现能力强，项目繁多，性质复杂，获利能力强，投资风险小等特点。一个企业营运资本的持续减少，往往预示着企业资金周转不灵或出现短期偿债危机。

X_2 = 期末留存收益/期末总资产，反映了企业在一定时期内利用净利润进行再投资的比例。

X_3 = 息税前利润/期末总资产，可称为总资产息税前利润率。该指标主要是从企业各种资金来源（包括所有者权益和负债）的角度对企业资产的使用效益进行评价的，通常是反映企业财务失败的最有力依据之一。

X_4 = 期末股东权益的市场价值/期末总负债，测定的是财务结构，分母为流动负债、长期负债的账面价值之和；分子以股东权益的市场价值取代了账面价值，因而对公认的、影响企业财务状况的产权比率进行了修正，使分子能客观地反映公司价值的大小。对于上市公司，分子应该是普通股和优先股市场价值总额。不过，对于一般企业而言，"普通股和优先股市场价值总额"是一个较难确定的参数，尤其对于股权结构较复杂的企业。

X_5 = 本期销售收入/总资产，即总资产周转率，企业总资产的营运能力集中反映在总资产的经营水平上，因此，总资产周转率可以用来分析企业全部资产的使用效率。如果企业总资产周转率高，说明企业利用全部资产进行经营的成果好，效率高；反之，如果总资产周转率低，则说明企业利用全部资产进行经营活动的成果差，效率低，最终将影响企业的获利能力。

Z 计分模型从企业的资产规模、流动性、获利能力、财务结构、偿债能力和资产利用效率等方面综合反映了企业财务状况，进一步推动了财务预警的发展。阿尔特曼教授通过对 Z 计分模型的研究分析得出：Z 值越小，该企业遭受财务危机的可能性就越大。美国企业的 Z 值的临界值为 1.8，具体判断标准如表 3-11 所示。

阿尔特曼教授的预测结果显示，该模型的准确率明显超过了单变量预测模型，令人满意。而且分析依据的资料越新，准确率越高。但无论怎样，都必须以财务报表的

表 3–11　　　　　　　　　Z 计分模型判断标准

Z≥3.0	财务状况良好
2.8≤Z≤2.9	有财务失败可能
1.81≤Z≤2.7	说明企业财务状况不稳定,财务失败可能性很大
Z≤1.8	表明企业财务状况堪忧,企业已经面临破产的危险

真实性、准确性、完整性为前提。近年来,澳大利亚、巴西、加拿大、法国、德国、爱尔兰、日本和荷兰都进行了类似的分析。尽管 Z 值的判断标准在各国间有相当的差异,但各国财务失败的 Z 值平均值都低于临界值 1.8。

多变量模型认为,企业是一个综合体,各个财务指标之间存在某种相互联系,对企业整体的风险影响作用也是不一样的。但由于企业模型、行业、地域等诸多差异,使得 Z 值不具有横向可比性。在该模型的取样中,95% 的公司破产一年前 Z 值低于 1.81,72% 的公司破产两年前 Z 值低于 1.81。然而,只有 5% 的公司破产三年前 Z 值低于此限。这意味着 Z 值分析对于两年期以上的破产预测未必有用。

1983 年阿尔特曼教授又对 Z 计分模型进行了改进,改进后的模型仍然使用 Z 计分模型的五个财务比率,通过加权汇总后产生的总分来预测企业的财务危机。该模型通过对企业有关财务数据的多元回归判断分析导出,模型如下:

$$Z = 0.717X_1 + 0.847X_2 + 3.107X_3 + 0.420X_4 + 0.998X_5$$

改进后的 Z 计分模型判断标准见表 3–12。

表 3–12　　　　　　　改进后的 Z 计分模型判断标准

Z≥2.9	无财务危机的可能性
1.2≤Z≤2.9	属于"灰色区域"
Z≤1.2	企业已经面临破产的危险

在使用 Z 计分模型时,必须注意时间性问题,对于短期风险的判断可以使用 Z 的绝对值大小,但是对于长期风险的判断必须计算企业各年的得分值,按照这些得分值的变化趋势判断企业破产风险的大小。

2. F 计分模型

由于 Z 计分模型在建立时并没有充分考虑到现金流量的变动等方面的情况,因而具有一定的局限性。为此,有学者对 Z 计分模型加以改造,并建立其财务预警的新模式——F 计分模式。F 分数模式如下:

$$F = -0.1774 + 1.1091X_1 + 0.1074X_2 + 1.9271X_3 + 0.0302X_4 + 0.4961X_5$$

其中:

　　X_1 = 营运资本 ÷ 期末总资产

　　X_2 = 期末留存收益 ÷ 期末总资产

　　X_3 = (税后净收益 + 折旧) ÷ 平均总负债

X_4 = 期末股东权益的市场价值 ÷ 期末总负债

X_5 = (税后净收益 + 利息 + 折旧) ÷ 平均总资产

F 计分模型与 Z 计分模型的区别就在于其 X_3、X_5 与 Z 计分模型中的 X_3、X_5 不同。在 F 计分模型中：X_3 是一个现金流量表变量，它是衡量企业所产生的全部现金流量可用于偿还企业债务能力的重要指标。X_5 则测定的是企业总资产在创造现金流量方面的能力。相对于 Z 分数模型，它可以更准确地预测出企业是否存在财务危机（其中：利息是指企业利息收入减去利息支出后的余额）。

F 计分模型的临界点为 0.0274，若 F 分数低于 0.0274，则将被预测为破产公司；反之，若 F 分数高于 0.0274，则将被预测为继续生存公司。

多变量模型的主要优点是：运用多个财务比率预测企业发生财务危机的可能性，给予每个变量适当的权重，使预测更为科学；同时，应用也比较简便。其缺点是：不能肯定模型中包含了所有重要的用于判别财务危机的财务比率，可能使判断失误；应用该模型时，分析人员仅凭得分大小很难准确区分破产公司和非破产公司，还需要结合其他信息综合判断。

企业财务危机的预测是一项很复杂、难度很高的工作。仅凭一个模型很难作出准确的判断，实际工作中，还应结合其他分析方法，进行更为深入的分析。

小组讨论　中核华原钛白股份有限公司（简称：*ST 钛白，股票代码：002145）于 2011 年 12 月 30 日发布了风险提示公告，内容如下：

本公司及董事会全体成员保证公告内容的真实、准确和完整，不存在虚假记载、误导性陈述或者重大遗漏。

特别风险提示：

1. 本公司股票已于 2011 年 12 月 5 日开市起复牌交易，自复牌之日起 20 个交易日后将被停牌，即交易日为 2011 年 12 月 5 日至 2011 年 12 月 30 日。目前，公司股票的交易时间还剩 1 个交易日（12 月 30 日），将于 2012 年 1 月 4 日起停牌。

2. 破产重整期间，本公司存在因《深交所股票上市规则》规定的原因被暂停上市，或依《中华人民共和国企业破产法》规定的原因（如重整计划未获通过等）被宣告破产清算的风险；若本公司被宣告破产清算，根据《上市规则》14.3.1 的规定，本公司股票将面临被终止上市的风险。

一、2011 年 11 月 30 日，嘉峪关市人民法院作出（2012）嘉法民重整字第 01-1 号《民事裁定书》，裁定受理申请人天水二一三机床电器厂兰州天兰机电产品经营部对被申请人本公司的重整申请，并于同日作出（2012）嘉法民重整字第 01-2 号《民事裁定书》裁定对本公司重整，同时指定中核华原钛白股份有限公司清算组为中核华原钛白股份有限公司管理人（详见本公司 2011 年 12 月 2 日在《中国证券报》、《证券时报》和巨潮资讯网刊登的编号为 2011-69 号公告的内容）。

二、本公司进入破产重整程序后，根据《中华人民共和国企业破产法》的相关规定，嘉峪关市人民法院于2011年12月2日在《人民法院报》、《甘肃日报》和《嘉峪关日报》刊登了《受理破产重整案件公告》，本公司于2011年12月2日在《中国证券报》、《证券时报》和巨潮资讯网刊登了《被法院受理破产重整》的公告（编号为2011-69号）。

三、经管理人申请，12月6日，嘉峪关市人民法院作出（2012）嘉民重整字第01-2号《决定书》，批准中核华原钛白股份有限公司继续营业。

四、经管理人申请，12月26日，嘉峪关市人民法院作出（2012）嘉民重整字第01-3号《决定书》，批准中核华原钛白股份有限公司管理人继续履行中核华原钛白股份有限公司与安徽金星钛白（集团）有限公司签订的《托管协议》。即继续委托公司现托管方安徽金星钛白（集团）有限公司对本公司实施托管经营。

五、关于管理人管理模式：本案由管理人负责管理公司的财产和营业事务，因此本案的管理模式为管理人管理模式；同时，由管理人聘任公司的经营管理人员负责营业事务，并由安徽金星钛白（集团）有限公司实施托管经营。

六、关于信息披露责任人：在管理人管理模式下，根据《上市规则》第11.10.10的规定，管理人采取管理人管理运作模式的，管理人及其成员应当按照《证券法》以及最高人民法院、中国证监会和深圳证券交易所的规定，真实、准确、完整、及时地履行信息披露义务，并确保对公司所有债权人和股东公平地披露信息。因此，在新的管理模式下，本公司的信息披露责任人为管理人。

七、目前，管理人已启动债权申报登记及审查工作，截至2011年12月28日，共有120个债权人向管理人进行了债权申报，申报债权金额32 649.15万元。

八、风险提示

1. 本公司提醒广大投资者：重整期间，本公司存在因《深交所股票上市规则》规定的原因被暂停上市，或依《中华人民共和国企业破产法》规定的原因（如重整计划未获通过等）被宣告破产清算的风险；若本公司被宣告破产清算，根据《上市规则》14.3.1的规定，本公司股票将面临被终止上市的风险。

2. 破产重整存在重大不确定性，投资者一定要注意投资风险，关注公司的相关进展公告。

3. 本公司将根据上述事项的进程及时履行信息披露义务。

本公司郑重提醒广大投资者，公司指定的信息披露媒体为《中国证券报》、《证券时报》及巨潮资讯网（http://www.cninfo.com.cn）。公司所有信息均以在上述指定媒体刊登的信息为准，请广大投资者理性投资，注意风险。

特此公告。

中核华原钛白股份有限公司
管理人
二○一一年十二月三十日

请你和你的同学上网查找该公司相关资料，并结合上述公告内容说明该公司是否存在破产风险。

本章小结

本章的核心内容是财务风险分析。具体包括：短期偿债能力分析、长期偿债能力分析和财务危机预警分析。本章主要内容包括：

1. 短期偿债能力的衡量。短期偿债能力是企业偿还流动负债的能力，短期偿债能力的强弱取决于流动资产的流动性，即资产转换成现金的速度。企业流动资产的流动性强，相应的短期偿债能力也强。因此，通常使用营运资金和流动比率这两个核心指标衡量短期偿债能力。通过指标的计算，逐步判断企业运用流动资产偿还短期债务的能力。站在债权人的角度，以上指标越高，表明企业偿债能力越强，债权人利益受保护的程度越高。站在经营者和股东的角度，上述指标过高，表明企业流动资产相对于流动负债，显得过剩了，其结果是降低了企业的盈利能力。站在不同的角度，对偿债能力的评价不同。

2. 流动比率分析。短期偿债能力受多种因素的影响，包括行业特点、经营环境、生产周期、资产结构、流动资产运用效率等。仅凭某一期的单项指标，很难对企业短期偿债能力做出客观评价。因此，在分析流动比率时，一方面应结合指标的变动趋势，动态地加以评价；结合同行业平均水平，进行横向比较分析。另一方面还应深入分析影响流动比率的主要因素，即流动资产的流动性和流动负债的流动性。应收账款和存货周转分析是流动资产流动性分析的主要内容。同时，流动比率也可进一步分解为速动比率、现金比率，分解后的指标对判断资产的流动性起到辅助作用。

3. 资产偿债能力的衡量。长期偿债能力是企业偿还长期债务本金和利息的能力，从资产负债表可以看出，偿债能力强弱取决于资本结构。因此，通常使用资产负债率、产权比率和权益乘数衡量企业长期偿债能力。如何根据衡量指标判断企业偿债能力强弱？常用的做法是：一方面结合指标的变动趋势，动态地加以评价；另一方面，结合同行业平均水平，进行横向比较分析。站在不同的角度，对长期偿债能力的评价不同。站在债权人角度，以上指标越低，表明企业偿债能力越强，债权人利益受保护的程度越高。站在经营者和股东的角度，上述指标低，表明企业财务风险小。但指标过低，表明企业未能充分利用财务杠杆作用，其结果是降低了企业的赢利能力。

4. 收益偿债能力的衡量。长期看，企业偿还债务本金和利息的基础是利润。因此，通常使用利息费用保障倍数和固定支出保障倍数指标衡量企业长期偿债能力。如何根据衡量指标判断企业偿债能力强弱？其做法也是结合指标的变动趋势进行动态的评价，并结合行业水平进行横向的比较分析。一般来说，指标越高，企业偿债能力越强，债权人受保护的程度越高。

5. 财务危机预警分析。人们常常使用定量分析的方法进行财务危机预警分析，目前国际上对财务预警分析的基本模型主要有两类：即单变量模型和多变量模型。使用单变量模型进行财务预警具有一定的局限性，不可能揭示企业整体的财务状况。多变量模型预测的准确性明显超过了单变量预测模型，令人满意。在使用Z计分模型时，必须注意时间性问题，对于短期风险的判断可以使用Z的绝对值大小，但是对于长期风险的判断必须计算企业各年的得分值,按照这些得分值的变化趋势判断企业财务风险的大小。

■关键词汇

信用风险（credit risk）
破产风险（bankruptcy risk）
偿债能力（debt paying ability）
短期偿债能力（short-term debt paying ability）
长期偿债能力（long-term debt paying ability）
营运资金（working capital）
流动比率（current ratio）
速动比率（quick ratio）
现金比率（cash ratio）
利息费用保障倍数（interest expenses cover）
固定支出保障倍数（fix expenses cover）
单变量分析模型（univariate analysis model）
多变量分析模型（multivariate analysis model）

思考题

1. 企业的各利益关系人为何都应重视短期偿债能力？
2. 衡量企业短期偿债能力的流动比率、速动比率、保守的速动比率以及现金比率之间的逻辑关系是什么？
3. 在进行同业比较分析时，选择同类企业和行业标准时需要注意哪些问题？
4. 资产负债率的高低对债权人、投资人和经营者有何影响，他们心目中理想的负债率水平是怎样的？
5. 简述为什么要利用利润表分析长期偿债能力？
6. 分析企业长期偿债能力时，为什么要计算连续几年的利息偿付倍数？
7. 简述运用单变量模型对企业财务危机进行预警分析的局限性？

案例分析与讨论

以下为××公司2011~2013年的主要财务报表，请根据本章所学知识，对该公司的偿债能力进行分析评价。

××公司近三年资产负债表

单位：万元

项目	年度	2013	2012	2011
流动资产：				
货币资金		629 058.65	203 614.39	882 600.25
应收票据		1 221 420.90	1 347 361.92	1 402 881.59

续表

项目 \ 年度	2013	2012	2011
应收账款	1 071 504.56	898 717.22	689 677.82
预付款项	107 954.22	155 778.21	248 016.25
应收利息	72 966.58	93 802.44	0.00
其他应收款	32 785.90	31 576.76	50 360.90
存货	1 703 335.30	1 594 271.90	2 462 165.98
一年内到期的非流动资产	473 039.25	450 000.00	0.00
其他流动资产	—	156 565.08	586 468.60
流动资产合计	5 312 065.36	4 931 687.92	6 322 171.38
非流动资产:			
长期应收款	1 557 353.29	1 800 000.00	—
长期股权投资	4 490 717.26	3 028 131.15	2 767 345.04
固定资产	5 196 998.46	4 676 073.48	9 061 554.67
在建工程	279 859.34	426 015.87	339 392.44
工程物资	2 517.43	2 287.43	3 828.70
无形资产	150 590.45	153 113.58	391 351.90
长期待摊费用	151.11	162.45	1 439.47
递延所得税资产	65 847.43	88 565.26	41 869.06
其他非流动资产	109 603.63	1 444 211.10	11 790.58
非流动资产合计	11 853 638.40	11 618 560.31	12 618 571.86
资产总计	17 165 703.75	16 550 248.23	18 940 743.24
流动负债:			
短期借款	849 674.84	985 121.26	2 035 132.60
交易性金融负债	—	2 078.97	0.00
应付票据	22 352.39	4 012.40	6 172.24
应付账款	2 719 353.42	1 983 219.17	2 657 471.57
预收款项	903 267.45	1 055 364.22	1 026 542.17
应付职工薪酬	119 113.43	106 718.99	107 316.50
应交税费	211 163.55	232 252.34	-11 209.40
应付利息	6 958.84	6 676.49	25 016.11
其他应付款	46 770.72	15 947.11	20 286.97

续表

年度 项目	2013	2012	2011
一年内到期的非流动负债	1 100 393.45	439 985.00	1 675 800.11
其他流动负债	169 077.88	192 164.74	—
流动负债合计	6 148 125.96	5 023 540.71	7 542 528.87
非流动负债：			
长期借款	426 783.00	62 855.00	441 063.00
应付债券	—	933 977.82	891 866.32
专项应付款	71 071.05	62 740.93	76 990.85
递延所得税负债	30 240.73	29 800.60	28 220.72
其他非流动负债	59 240.68	58 697.84	98 072.26
非流动负债合计	587 335.46	1 148 072.19	1 536 213.15
负债合计	6 735 461.42	6 171 612.90	9 078 742.02
股东权益：	0.00	0.00	0.00
股本	1 647 172.49	1 712 204.81	1 751 204.81
资本公积	3 273 118.41	3 589 464.08	3 720 740.21
减：库存股	—	11 578.52	0.00
盈余公积	2 452 820.14	2 322 971.46	2 113 225.52
未分配利润	3 057 131.30	2 765 573.49	2 276 830.68
股东权益合计	10 430 242.33	10 378 635.32	9 862 001.22
负债和股东权益总计	17 165 703.75	16 550 248.23	18 940 743.24

××公司近三年利润   单位：万元

年度 项目	2013	2012	2011
一、营业收入	11 482 264.88	12 973 214.94	17 467 167.95
减：营业成本	10 329 941.29	12 001 811.40	16 229 875.40
营业税金及附加	22 719.32	13 293.38	21 935.50
销售费用	63 315.07	67 660.34	82 197.47
管理费用	482 920.88	524 806.57	666 869.28
财务费用	−150 401.03	−47 157.30	−13 769.14
资产减值损失	11 390.52	233 845.72	36 185.89

续表

年度　项目	2013	2012	2011
加：公允价值变动损益（损失以-号填列）	2 078.97	-2 078.97	-1 102.15
投资收益	115 433.23	184 428.32	100 691.35
其中：对联营企业和合营企业的投资收益	7 346.11	10 761.71	29 264.76
二、营业利润	839 891.04	361 304.17	543 462.76
加：营业外收入	49 436.79	1 018 258.28	31 905.62
减：营业外支出	123 007.18	86 175.14	14 419.45
其中：非流动资产处置损失	119 129.65	71 796.95	12 958.05
三、利润总额	766 320.65	1 293 387.32	560 948.93
减：所得税费用	117 077.27	244 657.60	54 998.59
四、净利润	649 243.38	1 048 729.72	505 950.34
五、其他综合收益	-1 387.09	-9.22	-2 610.93
六、综合收益总额	647 856.29	1 048 720.50	503 339.41

本章推荐阅读资料

1. ［英］西伦·沃尔什：《核心管理比率》，大连理工大学出版社1999年版。
2. ［美］查尔斯·吉布森：《财务报表分析——利用财务会计信息》，中国财政经济出版社2002年版。

第4章 企业经营活动分析

学习提要与目标

本章主要介绍了企业经营活动的内涵，经营活动、报表分析和企业诊断之间的关系，企业资产的构成及其运用效率，收入的构成及其变动分析，成本费用的构成及其变动分析。

通过本章的学习，应能够：
- 理解企业经营活动的内涵，经营活动、报表分析和企业诊断之间的关系；
- 掌握资产的构成、资产运用效率的各种衡量指标和分析方法；
- 掌握收入的构成以及收入变动的分析方法；
- 掌握成本费用的构成以及成本费用变动的分析方法。

第一节　经营活动分析内涵

一、经营活动分析与报表分析

分析一个企业最重要的内容之一就是分析其经营活动。企业是国民经济的组成细胞，它是适应经济环境的发展变化，为一定的经营目的而成立的经济实体。经营活动是企业最基本、最主要的活动，它是企业赖以生存和发展的第一职能。所谓经营，就是企业以商品生产者的身份，面向市场，以商品生产和商品交换为手段，为实现企业目标，满足社会需求，而使企业的生产技术经济活动与企业的外部环境达成动态均衡的一系列有组织、有计划的活动。

经营是商品生产发展的产物，人们对"经营"的认识也是随着商品生产的发展而变化的。企业生产的全过程是由三个部分组成的：投入、转换和产出。经营就是对企业生产的这三个过程的全程管理，它贯穿于企业活动的全过程。企业的经营目标是向社会提供某项社会需要的产品或服务，并以此为手段实现利润。为此，企业首先要拥有一定的经济资源，作为其开展生产经营活动的基础。取得这些经济资源，需要筹集到购买这些资源所需的资金，为此，企业要从事筹资活动。企业将所筹集到的资金用于设备购置、人员招聘、采购生产及办公用品等，即从事投资活动。企业在开业之后，应开展预期的经营活动。企业经营活动的开展，需要在不断地投入各项经济资源的同时，生产出期望的产品或服务。企业在投入与产出的循环过程中，参与社会对经济资源的配置，进行生产、交换、分配和消费活动，实现企业的经营目标。如果企业产出成果与企业预期的成果相同，则企业实现了其经营目标，企业将继续经营，并在不断发展壮大中给予投资者回报。反之，投入与产出循环过程中的任何一项活动中断，都会引起经营目标的失败或调整。经营与生产活动的关系如图4-1所示。

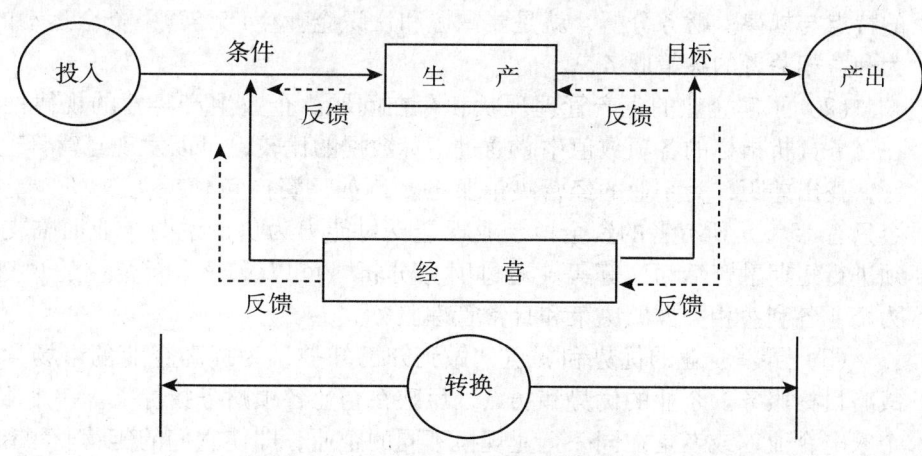

图4-1　企业生产与经营活动

可见，"经营"既是企业的一项管理观念，也是企业的一系列有效的管理活动。

经营活动是在必要的筹资和投资前提下，运用资产赚取收益的活动，它至少包括研究与开发、采购、生产、销售和人力资源管理等五项活动。

经营活动的关键是使上述五项活动适当组合，使之适合企业的类型和市场定位。企业的类型是指提供产品或服务的具体特征。不同的企业类型需要不同的资产，而企业拥有的资产是投资决策的结果。经营活动要与企业的类型配合。例如，拥有高级写字楼的企业，经营小商品销售业务不是好的选择。企业的市场定位是指选择供应商市场、技术市场、劳动力市场和消费市场。管理当局要确定最具效率和效益的市场定位组合，并且应与其拥有的资产相配合，以使企业取得竞争优势。例如，一直生产高档汽车的厂家要想利用其现有资源在中国争夺6万元以下的汽车市场，就不具备竞争优势，除非它先进行战略性的投资转移。经营者需要确定最具效率和效益的组合以使公司赢得竞争优势。

经营活动是企业收益的主要来源。收益计量了企业作为一个整体，在与市场进行交换时投入与产出的业绩、投资和筹资的效果，最终也要在经营收益中体现出来。因此，经营活动的分析是财务分析最重要的领域之一。投资者、经营管理者、债权人及其他与企业有经济关系的当事人，可透过财务会计信息，依据一定的分析原理和指标体系，来剖析和判断企业的经营成果和财务状况，掌握企业的生存和发展能力，以便做出正确决策。

概括地讲，对企业经营活动进行财务分析的目的主要有以下三个：

（1）掌握企业生产经营的规律性。不同行业、不同企业的生产经营活动，各自具有不同特点，对资金的占用也呈现出差异。比如商业企业，日常现金收支量大，商品周转频繁，而生产制造企业每笔业务资金需求量大、资金周转慢、需要的营运资金多，等等。财务分析就是要通过对有关数据进行分析从而掌握资金运动的这种规律性，做到心中有数。一个营业额为50亿元的家电制造企业，它的存货、流动资产、固定资产之间的合理比例应该是多少？结构不合理可能产生什么问题？即使在同一行业，也由于产品品种、经营规模和管理水平的不同，而对资金的需求和运用有着不同的特点与规律。财务分析，就是要掌握和认识企业生产经营中资金运动的变化规律，为利益相关者的决策服务。

（2）了解企业的生产管理现状和存在问题。企业生产经营的规律性，具体反映在财务分析指标的各项数值中。通过指标数据的比较，可以发现经营管理中存在的问题，找出差距，为企业的经营决策服务。例如，资产负债率为85%，说明企业的资金只有15%是所有者的资金；企业现金支付能力为负，说明企业面临支付危机，必须进行短期融资活动，等等。通过财务分析，可以及时诊断企业的"健康"状况，为企业各利益相关方的决策和日常管理服务。

（3）弄清企业的优势和弱点，做到知己知彼，为提高企业的市场竞争力和实现战略目标服务。企业的优势和弱点，反映在企业各项财务指标上。一个服装企业、一个家电企业，或者是在同一行业规模不同的企业，即使它们的年营业额和年末存货都分别是10亿元和5 000万元，但它们所揭示的财务状况、经营成果和企业所具有的优势和劣势，则很不相同。通过分析有关指标，还可以弄清楚竞争对手的优势和弱点，以便采取有效的竞争策略。

总之，经营活动分析和财务报表分析结合在一起帮助我们了解目标公司的潜在能力。经营活动分析帮我们勾勒出在财务报表分析阶段应当着重研究的部分；同样，财务报表分析也找出需要更详细进行经营活动分析的问题。

二、经营活动分析与企业诊断

"诊断"一词，英文为 Diagnosis，意思为断定某一事物的性质特征。原用于医学中临床对人体的健康状况所作的诊断：医生诊断人体的健康状况，查明偏差所处的部位、偏差的程度，以及找出偏差的原因，从而正确认识和判定人体健康或病情，断定人体体质健康与否的实情并做出科学的诊断。

企业同一切有生命的机体一样，在运动过程中，会发生各种各样的疾病。只有及时诊断，正确治疗，才能推动企业健康发展。企业诊断就是以提高企业经营管理水平为目的，运用科学的方法，在调查、分析企业实际经营状况的基础上，发现其性质、特点及存在的问题，提出具体改革完善措施，并指导其实行的一系列行为过程。

企业经营活动包括投入、转换、产出和反馈的完整过程。从财务的角度来看，其表现为企业在再生产过程中客观存在的资金运动过程。企业内部各环节中的资金、成本和利润等相互联结的价值范畴，都对企业生产经营活动发挥着调节作用。企业经营活动中，如果只强调某个单一方面，而忽视了企业整体经营状况的好坏，必然会导致企业陷入经营的困境。比如，只强调资产的流动性，会导致资金运用的低效率；而过于庞大的固定资产投资，则会加大企业的经营风险。只强调压缩成本，减少开支，会导致企业经营过于保守，市场开拓不力；而通过盲目扩大生产，增强市场销售力度以期增加利润，往往会导致企业成本上升、费用猛增，到头来得不偿失。

企业诊断就是通过从历史趋势、同行业状况和预算等不同的角度，对企业资产的构成及其运用效率、收入的构成及其变动因素以及成本费用的构成及其变动因素进行深入、细致、完整的分析，把握每一个企业的具体特征，发现其存在的问题，从而为利益相关者进行决策提供及时和高质量的信息。

> **小组讨论**　企业经营活动与财务报表分析之间存在怎样的联系？

第二节　资产状况分析

资产是企业经营的物质基础，企业只有把资产很好地运用起来，才能达到其经营目的。资产状况主要表现为资产的日常周转和会计期末的资产占用两方面，对资产状况的分析也对应包含两方面含义：一是资产的构成情况；二是资产的运用效率。

一、资产构成分析

在市场经济条件下，企业从事生产经营活动所必需的资产主要包括货币资金、厂房场地、机器设备、原材料等具有具体物质形态的资源。此外，资产还包括不具有物质形态、但有助于生产经营活动进行的专利权、商标权等无形资产以及对其他单位的投资，等等。

（一）企业资产的构成项目

资产是指企业过去的交易或者事项形成的、由企业拥有或者控制的、预期会给企业带来经济利益的资源。资产具有以下特征：

（1）资产能够直接或间接地给企业带来经济利益；

（2）资产都是为企业所拥有的，或者即使不为企业所拥有，也是企业所控制的；

（3）资产是由过去的交易或事项形成的。

按照不同的分类标志，资产可以进行多种不同的分类：（1）按照资产的流动性不同，可将其分类为流动资产和非流动资产两大类。流动资产的数量和质量通常决定着企业变现能力的强弱，而非流动资产的数量和质量则通常决定着企业的生产经营能力。（2）按照资产的占用形态不同，可将其分类为有形资产和无形资产两大类。有形资产对企业的经营能力、获利能力和偿债能力等都具有决定性的影响作用，而无形资产则通常决定企业是否具有超常的获利能力。（3）按照资产的占用期限不同，可将其分类为短期资产和长期资产两大类。会计上短期和长期的划分，通常以1年或长于1年的一个营业周期而定，因此，就理论上而言，流动资产通常属于短期资产，非流动资产通常属于长期资产。

影响企业资产构成的主要包括以下因素。

1. 销售状况

一方面，企业销售表现为商品物资等资产的减少和更大价值货币资产的收回。当企业销售顺畅时，资金周转速度快，存货的保有量相对降低，从而导致企业的流动资产内部结构发生变化，货币资产的比重相对提高，存货资产的比重相对下降，反之亦然。另一方面，企业的销售状况决定着企业的销售规模，从而带动企业生产规模的变化。当企业销售趋好时，其生产规模随之扩大，固定资产规模扩大，周转加快，而此时存货水平却不一定随着销售同步增长，有时甚至会出现相反的下降趋势，其结果是企业资产结构发生变化，流动资产比重相对降低，长期资产的比重相对提高。资产结构的这一变化是由于固定资产规模与生产规模、销售规模相联系，而流动资产规模受存货水平、应收账款周转速度等的影响，与销售规模并不直接相连的结果。目前发达国家的企业固定资产比重逐渐上升、零库存管理成为现实，其原因正在于此。

2. 经营性质

企业的经营性质对其资产结构状况有着重要的影响。一般来说，更多地凭借手工操作进行运转的企业，所需固定资产较少；反之，则需较多的固定资产。因此，生产企业比流通企业需要更多的固定资产；以机器为主要加工手段的生产企业比以手工为主要加工手段的企业对固定资产的需要量更大；流通企业中的批发企业比零售企业需要更多的固定资产。另外，企业生产周期的长短也是影响其资产结构的因素。企业原材料的购进时间越长，在途资金占用越多；制造时间越长，占用的原材料和在产品就越多；销售时间越长，库存保有的产成品或商品就越多；收账时间越长，应收账款也就越多，反之亦然。

3. 企业规模

企业的规模对其资产结构也有着重要的影响。通常，随着企业规模的扩大，资产结构中流动资产的比重会相对下降，而对固定资产的投资加大，固定资产比重提高。这一现象的形成是由于：（1）规模大的企业的资金基础雄厚，筹资能力强，承担风险的能力较强。（2）企业规模扩大，实现了规模经营，固定资产得到充分利用，成本降低，资金耗费也相对较低，从而降低流动资产的比重。（3）规模大的企业一般设备先进，自动化水平高，资产的有机构成高，这必然会提高固定资产在整个资产结构中的比重。

4. 投资收益率

企业投资分为短期投资与长期投资两种类型，二者的比例构成与市场上的投资收益率密切相关。如果市场上的投资收益率曲线随着投资时间的延长而呈上升趋势，企业通常会更多地选择长期投资，导致其在资产结构中的比重上升；而当市场上投资收益率曲线随时间延长而呈下降趋势时，企业会更多地进行短期投资，使之在资产结构中的比重上升。

5. 经营的季节性

经营季节性强的企业对资产弹性要求高，资产中临时波动的资产的比重相应较大，永久固定资产所占的比重较小。

6. 企业对待风险和收益的态度

一般来说，企业流动资产对固定资产的比重越高，企业承担风险的能力越强，生产经营也越灵活。因为流动资产变现能力强，可以迅速转化为现金，而固定资产单位价值大、循环时间长，固定资产比重偏大，势必会增加企业的经营风险。但是，流动资产的保有会使企业丧失投资于高收益项目的机会，降低企业的盈利能力。这样，即使面对相同的内外环境，具有不同风险和收益偏好的企业所选择的最佳资产结构也会大不相同。

7. 市场环境

几乎任何企业在其经营的周期波动中都会受到扩张与收缩对其经营活动的冲击，企业很难像衡量季节性变动那样准确预测其周期性变化。在经济萧条时期，企业生产缩减，固定资产投资推迟，企业资产结构中固定资产的比重逐渐下降，流动资产比重（主要是货币资产比重）逐渐上升；在经济恢复和繁荣阶段，现金需要量迅速扩大，这时，不仅扩充存货、增加应收账款、增加原材料购进需要货币资金，固定资产投资受繁荣气氛激励也会大大增加，这就使企业的资产结构中存货资产、结算资产和固定资产的比重逐渐上升，货币资产比重下降。

（二）总资产构成分析

总资产构成分析就是对构成资产总额的各类资产与总资产，以及各大类资产之间的比例关系的分析。分析的方法采用结构百分比法。对于制造业而言，由于企业总资产的核心是营运总资产，所以，企业总资产构成分析的重点是营运总资产分析。营运总资产主要包括流动资产和固定资产两大类。

流动资产代表企业短期的可运用资产，相对而言，它具有变现时间短、周转速度快的特点。因此，流动资产比率越高，说明企业流动资产在总资产中所占比重越大，即企业资产的流动性和变现能力越强，企业的偿债能力无疑也越强，企业承担风险的能力也越强；但从获利能力的角度看，过高的流动资产比率并非好事，企业为了增加收益，必须加速流动资产周转，而加速流动资产周转，一方面取决于销售的扩大，另一方面则取决于降低流动资产的占用。当资产总量一定的情况下，流动资产比重当然以大为好，但从动态来看，流动资产的增加将引起资产总量的增加，流动资产的占用越多，其周转速度便越慢，此时既会增加流动资产的占用成本，而且还会降低其周转价值或收益，从而降低其收益能力。

固定资产具有如下基本特征：（1）投入资金多，收回时间长，能够在生产经营过程中长期发挥作用；（2）变现能力差，风险大；（3）对企业的经济效益和财务状况影响巨大；（4）使用成本是非付现成本；（5）反映企业的生产技术水平和工艺水平；（6）其使用效率的高低取决于企业流动资产的周转情况。显然，固定资产是企业经营所必不可少的，固定资产比率太低，企业的生产经营规模受到限制，会对企业劳动生产率的提高和生产成本的降低产生不良影响，反之，适当提高固定资产比率，寻求规模经济，有利于企业总成本的降低，从而提高总资产的获利能力。然而，固定资产的流动性和变现能力较差，过高的固定资产比重必然会影响企业的支付能力，从而加大企业的财务风险。而且，如果固定资产的占用过多，其增长超过了销售的增长，则说明固定资产未能得到充分的利用，它不仅不能为企业收益的实现产生积极的作用，反而会对收益实现产生不良影响。

固定资产和流动资产作为企业资产的最基本构成，各自在企业生产经营中发挥重要作用，它们均是不可或缺的。但如上分析，过高的流动资产或固定资产比重均非好的资产结构，均对企业经营有害而无利。能否恰当安排固定资产与流动资产的合理比例，是能否使企业总资产发挥最佳经济效应的关键。所以，很难从量上明确什么样的流动资产与固定资产比例即为合理比例，而应该针对企业的具体情况而定。但是，合理的资产构成必然能带来企业销售和企业效益的增长，因此，可结合资产运用效率对其合理性进行判断：在合理的资产构成下，流动资产周转率和固定资产周转率均应维持较好的状况。当然，不同企业因其经营性质、经营规模、风险态度等不同，对固定资产和流动资产合理比例的认识也会有所区别。

资产构成分析对财务报告的分析者而言意义重大，主要表现在以下几个方面。

1. 了解企业资产的风险

就企业自身而言，其面临的风险包括财务风险和经营风险两大类，前者是由于借款所带来的，主要与企业资金的筹集即资本结构相关，后者则主要与企业资金的运用，即资产结构相关。通常，流动资产、短期资产因能在短期内完成周转，实现其价值，所以，企业对其预测往往较容易且准确。而且，短期内市场变动较少，也就较少出现市场预测与市场变动不一致的情况，这就为有效经营资产提供了可能，因此，这类资产的经营风险相对较小；有形资产因有实物价值为基础，其经营风险相对于没有实物价值为基础的无形资产也要小得多。而固定资产等长期资产则需要在较长时期内完成周转，实现其价值，在这一较长时期内，市场变幻莫测，企业要进行较长时期的市场预测往往较难且不易准确，企业的市场预测与市场变动极易相背离。而且，固定资产等长期资产主要是劳动手段，它们所能加工的产品或商品具有相对稳定性和单一性，一旦市场需求发生变化，这些产品或商品就可能卖不出去，固定资产等长期资产也就相应地成为废品，所以，这类资产的经营风险相对较大；还有无形资产尤其是支出性无形资产，无论企业是否经营，它的转移价值或摊销成本照样发生，作为一种固定成本，其经营风险比实物资产会更大。当然，由于财务风险与经营风险密切相关，资产结构与财务风险也不无关系，这已在本书的偿债能力分析部分进行了详细讨论，故不赘述。

2. 把握资产的潜在收益

企业资产对收益的形成影响有三种不同类型：一是直接形成企业收益的资产，主要包括产品、商品等存货资产、应收账款等结算资产和有价证券等投资资产等，其中结算资产中已包括了收益或毛利，其他资产的收益或毛利则需在市场销售中实现。二是对企业一定时期收益不产生影响的资产，主要如货币资产。货币资产通常是企业收益的结果，在正常情况下它既不会增值也不会减值，其价值也不会转移，因此也不会产生收益。三是抵扣企业一定时期收益的资产，主要包括非产品资产、非商品资产、固定资产、支出性无形资产等，这些资产是企业收益实现的必要条件，在一定时期内可以有助于收益的实现，但从收益的计算过程可以看出，它们的转移或摊销价值是收益的抵扣项目，因此，在总资产一定的条件下，这类资产的占用越多，要抵扣的收益就越多，所得收益便越小。由此可见，资产结构中直接形成企业收益的资产比重相对越大，其余两类资产的比重相对越小，将有利于企业收益的最大化。但其前提是资产类别之间、项目之间的结构必须协调，若走向某种极端，结果只能适得其反。

3. 分析资产的流动性

资产的流动性是指其变现的速度（或能力），一般即指其周转速度。资产负债表中资产的分类和排序就是按照其流动性大小进行的，也就是说，在正常情况下，企业流动资产比非流动资产、短期资产比长期资产的流动性强；货币资产比非货币资产、金融资产比实物资产、临时性资产比永久固定资产的流动性强，等等。但是，在非正常情况下，比如资产质量出现问题，则应按照资产的质量，亦即其实现变现速度进行重新排列。最易出现质量问题的资产主要是存货资产，一旦存货滞销、停销，其流动性几乎为零，那么按流动性排列它可能居于全部资产的最后。可见，企业资产结构甚至是资产的质量结构不同，企业资产的流动性大小也就不一样。而且，资产的流动性与资产的风险性及其收益性均具有密切的联系。整体而言，流动性大的资产风险相对较小，收益相对较高；反之，则相反。因此，企业应通过调整资产结构，尤其是其质量结构，增强企业资产的流动性。

4. 确定资产的弹性

资产弹性是指资产占用总量和结构能被随时调整的可能性。由于市场的波动和季节性波动，企业的资产占用总量和结构也应相机调整，这种调整必须建立在资产弹性的基础上。而资产结构对资产弹性具有很大的影响。如果企业资产中固定资产所占比重越大，那么随时调整其占用量及其结构的难度便越大，即资产弹性越小；反之，企业资产中金融资产所占比重越大，则资产占用总量和资产结构的调整难度越小，资产弹性越大。这是因为只有金融资产可以随时用于清欠、退还融资或购买其他资产，从而改变各类资产的比重，而流动资产中的其他实物资产、固定资产、无形资产及递延资产等都具有一定的实物凝固性和时间凝固性，不能随时转换为别的资产，因而不能灵活调整企业的资产结构。可见，一个企业的资产弹性大小可由资产中金融资产的比重来衡量，金融资产比重越大，企业的资产结构弹性也越大。但是持有金融资产必然带来较大的机会成本，即由于保有货币性金融资产所丧失的潜在投资或周转利益、由于保有证券和票据性资产（一般为交易性金融资产）而丧失的潜在长期投资或周转利益，因而可能影响资产的收益性。显然，如果企业的资产结构缺乏弹性，则企业资产的内部结构难以随时进行适当调整，同时企业还将面临难以满足临时支付的需要，以致带来不能及时偿付的风险；如果企业的资产弹性过大，企业没有投入生产经营的资产，从而会丧失大量的周转利益，给企业带来巨大的机会成本。因此，企业应根据自身生产经营性质、经营周期波动、日常支付需要等特点，合理确定其资产结构弹性。

（三）流动资产构成分析

流动资产包含众多项目，其中：货币资金是流动性最强的资产，企业必须经常性地持有一定货币资金以支付各项日常性费用以及偿还债务等，它是维持企业的支付能力和资产弹性所不可缺少的。但货币资金又是资金运动的暂时停滞，它不能给企业带来收益，所以货币资金将带来较大的机会成本，不宜持有过多；交易性金融资产主要是指企业为了近期内出售而持有的金融资产，比如企业以赚取差价为目的从二级市场购入的股票、债券、基金等。交易性金融资产的流动性仅次于货币资金，但其投资收益通常高于货币资金，因此它通常作为企业协调流动资产流动性和收益性的一种财务运作手段，凡暂时闲置的资金均可用于此；应收账款作为商业信用的产物，在商品经济条件下，为了加强市场竞争能力，也是不可避免的，它通常应与销售保持一定的依存关系；存货对于稳定企业生产经营也具有重要意义，但存货的存在既增加企业的成本费用，又可能因其质量问题而影响到存货资产价值的实现。由此可见，各项流动资产的流动性强弱存在较大的差异，不同的流动资产构成，对流动资产周转率具有较大的影响。

流动资产内部结构分析是指对构成流动资产的各项目占流动资产总额的比率及其变动情况的分析。分析的内容包括比率变动状况和变动的合理性两个方面。

1. 比率变动状况分析

首先分别计算各项目期末与期初占流动资产总额的比率，然后对各项目的变动程度进行评价。根据流动资产各项目的重要性，依次对货币资金、交易性金融资产、应收账款、其他应收款及存货进行分析。

2. 变动的合理性分析

进行变动的合理性分析时，常采用的方法是将流动资产分为速动资产和存货两类，然后再对这两类资产所占比率的变动情况进行分析。速动资产主要包括货币资金、交易性金融资产、应收账款、应收票据和其他应收款。一般情况下，企业速动资产比率提高，则存货比率必然下降；而存货比率提高，速动资产比率则必然下降。从资产流动性来看，速动资产比率越高，企业资金的流动性就越好，变现能力就越强，抵御风险的能力也就越强。

当然，还可以通过计算流动资产占总资产的比率，对流动资产所占比率的合理性进行分析，确定适宜的流动资产比率实质上是企业资产流动性及其获利能力的权衡问题。

企业的流动资产比率是否合理，可从两个方面进行考察：一方面应结合企业的经营性质、经营状况及其他经营特征而定；另一方面应与同行业平均水平或行业先进水平进行比较，或者是进行若干期的趋势分析。进行趋势分析时若能结合销售的变动状况，了解流动资产比率的增长是否超过销售的增长，就能更好地说明流动资产比例的变动情况。

（四）固定资产构成分析

对固定资产内部结构进行分析，首先须将固定资产分为生产用固定资产、非生产用固定资产、未使用和不需用固定资产及封存固定资产四大类，然后分别计算各类资产占固定资产总额的比率，及期末与期初比率的变动差额，并作进一步的分析。具体比较的内容包括：（1）生产用固定资产增长速度与非生产用固定资产增长速度之比。正常情况下，企业新增固定资产应该首先满足生产的需要。（2）未使用和不需用固定资产与固定资产总额增长速度之比，反映固定资产使用效率。（3）封存固定资产与固定资产总额增长速度之比，反映资金浪费状况。（4）固定资产清理与固定资产总额增长速度之比，反映固定资产报废的合理性。

当然，还可以通过计算固定资产占总资产的比率，对固定资产所占比率的合理性进行分析。

总之，流动资产和固定资产作为企业资产的最基本构成，各自在企业生产经营中发挥重要作用，它们均是不可或缺的。但如上分析，过高的流动资产或固定资产比重都不是好的资产结构，均对企业经营有害而无利。能否恰当安排固定资产与流动资产的合理比例，是能否使企业总资产发挥最佳经济效应的关键。我们可结合接下来的资产运用效率分析来，对两者做出合理性的判断：一方面，在合理的流动资产与固定资产比例的状况下，资产的周转速度应该持续的提高。另一方面，固定资产和流动资产的合理搭配，将使企业的总耗费处于经济的状态，企业收益将会增加，因此，资产利润率也将有所提高。反之，资产周转速度降低，资产利润率下降，则说明流动资产与固定资产比率存在着不合理的现象，企业应对资产的构成进行适当的调整。

◎ 相关案例

根据某家电企业2011年资产负债表，其资产结构变动如下表所示：

单位：%

资产项目	期末	期初	差额
流动资产	80.77	78.61	2.16
长期投资	0.87	0.90	-0.03
固定资产	15.67	16.98	-1.31
无形资产及其他资产	2.69	3.51	-0.82
资产总额	100.00	100.00	—

从上表可以看到，企业流动资产占资产总额的比重在上升，其他资产占资产总额的比重均出现不同程度的下降，其中下降最多的是固定资产。虽然这在一定程度上可降低企业经营风险，但作为以生产家电为主业的电子企业，保持较高的固定资产规模是企业发展的基础，固定资产比率的下降，预示着企业生产能力的缩减，企业经营状况可能出现问题，因此需要作进一步分析。

二、资产运用效率分析

（一）资产运用效率的概念及其分析意义

资产运用效率是指经营活动收入与经营活动资产的比例关系。资产运用效率主要取决于经营资产的拥有量及其营运能力或其周转状况，而资产的营运能力或周转状况主要表现为资产实现销售收入的能力，因此，主要用营业收入与经营资产之比来衡量资产运用效率。

资产运用效率标志着资产的运行状态及其管理效果的好坏，而这种状况和效果的好坏将对企业的偿债能力和获利能力产生重要的影响。因此，资产运用效率的分析，对于不同报表使用人各具重要意义。

首先，企业管理者通过资产运用效率的分析，有利于：（1）优化资产结构。不同资产对企业经营具有不同影响，其流动性强弱也不同。企业的资产结构不合理，很难取得较高的资产运用效率。相应的，通过资产运用效率分析，可以发现和揭示与企业经营性质、经营时期不相适应的结构比例，及时加以调整，以优化资产结构。（2）改善财务状况。企业在一定时点上的存量资产，是企业取得收益或利润的基础。然而，当企业的长期资产、固定资产占用资金过多或出现有问题资产、资产质量不高时，就会形成资金积压，降低资产运用效率，引发营运资金不足。管理者必须注重资产运用效率，保持资产的流动性，维持较好的财务状况。（3）降低资产经营风险。资产经营风险实际上是资产价值不能实现的风险，通过资产运用效率分析，可揭示存量资产可能存在的问题，从而有效防止或消除资产经营风险。

其次，企业所有者或股东通过资产运用效率分析，有助于判断企业财务安全性及资产的收益能力，以进行相应的投资决策。（1）财务安全性与资产运用效率密切相关。一般来说，企业资产运用效率越高，资产的变现能力越强，企业遭遇现金拮据的窘境的可能性越小，企业的财务安全性就越高；（2）资产运用效率直接影响着企业的收益。资产周转率越快，说明等额资产实现收益的能力越强。

最后，企业债权人通过资产运用效率分析，有助于判明其债权的物质保障程度或其安全性，从而进行相应的信用决策。一般而言，资产运用效率越高，资产的变现能力越强，债权人的物质保障程度越高，其债权的安全性相应越强。

对于其他与企业具有密切经济利益关系的部门和企业，资产运用效率分析同样具有重要意义。对政府及有关管理部门，通过资产运用效率分析，有利于判明企业是否经营稳定，财务状况是否良好，以确定企业可否进入有限制的领域或市场进行经营或财务运作；对业务关联企业，通过资产运用效率分析有利于判明企业是否有足量合格的商品供应或有足够的支付能力，亦即判明企业的供销能力及其信用状况是否可靠，以确定可否建立长期稳定的业务合作关系或者所能给予的信用政策的松紧度，等等。

（二）反映资产运用效率的财务比率

反映资产运用效率的财务比率是指营业收入与营运资产之比，也可称之为资产运用效率比率。理论上说，资产运用效率比率可以是营业收入与所有营运资产项目和类别相比较的结果，然而依据重要性原则和成本效益原则，我们通常采用最主要的营运资产项目和类别作为资产运用效率比率的代表，具体包括：总资产周转率、流动资产周转率、固定资产周转率、应收账款周转率和存货周转率等。

1. 总资产周转率

总资产周转率是指企业一定时期的营业收入与资产总额的比率，它说明企业的总资产在一定时期内（通常为1年）周转的次数。其计算公式如下：

$$总资产周转率（次数）= \frac{营业收入}{总资产平均余额}$$

其中：
$$总资产平均余额 = \frac{年初总资产余额 + 年末总资产余额}{2}$$

总资产周转率也可用周转天数表示，其计算公式为：

$$总资产周转天数 = \frac{计算期天数}{总资产周转率（次数）}$$

其中，"计算期天数"取决于营业收入所涵盖的时期长短。最常用的计算期为1年，会计上统一按360天计算（下同）。

2. 流动资产周转率

流动资产周转率是指企业一定时期的营业收入与流动资产平均余额的比率，即企业流动资产在一定时期内（通常为1年）周转的次数。流动资产周转率是反映企业

流动资产运用效率的主要指标。其计算公式如下:

$$流动资产周转率(次数) = \frac{营业收入}{流动资产平均占用额}$$

其中:
$$流动资产平均占用额 = \frac{年初流动资产余额 + 年末流动资产余额}{2}$$

同样,也可计算流动资产周转天数,它意味着流动资产周转一次所需要的时间,因而也能更直观地说明流动资产的运用效率。其计算公式为:

$$流动资产周转天数 = \frac{计算期天数}{流动资产周转率(次数)}$$

3. 固定资产周转率

固定资产周转率是指企业一定时期的营业收入与固定资产平均余额的比率。它是反映企业固定资产运用状况,衡量固定资产运用效率的指标。其计算公式为:

$$固定资产周转率(次数) = \frac{营业收入}{固定资产平均余额}$$

其中:
$$固定资产平均净值 = \frac{年初固定资产余额 + 年末固定资产余额}{2}$$

固定资产运用效率也可用固定资产周转天数指标,计算如下:

$$固定资产周转天数 = \frac{计算期天数}{固定资产周转率(次数)}$$

严格地说,我们将固定资产运用效率指标称为周转率并不确切,因为固定资产并非流动性资产。在此只是为了保持一致,而采用了约定俗成的称谓。

4. 应收账款周转率

应收账款周转率是指企业一定时期的营业收入与应收账款平均余额的比值,它意味着企业的应收账款在一定时期内(通常为一年)周转的次数。应收账款周转率是反映企业应收账款运用效率的指标。其计算公式如下:

$$应收账款周转率(次数) = \frac{营业收入}{应收账款平均余额}$$

其中:
$$应收账款平均余额 = \frac{年初应收账款 + 年末应收账款}{2}$$

应收账款周转率也可以用周转天数表示。应收账款周转天数表示应收账款周转一次所需要的天数,也可称之为应收账款平均收账期,即企业自商品或产品销售出去,直至应收账款收回为止所需的平均天数。其计算公式为:

$$应收账款周转天数 = \frac{计算期天数}{应收账款周转率(次数)}$$

或

$$应收账款周转天数 = \frac{应收账款平均余额 \times 计算期天数}{营业收入}$$

相比较而言,应收账款周转天数更易于理解,也更有意义。通过应收账款周转天数的比较，可以更好地分析判断应收账款的运用效率。

5. 存货周转率

存货周转率有两种计算方式：一是以成本为基础的存货周转率，即存货周转率是企业一定时期的营业成本与存货平均余额的比率，它主要用于流动性分析。二是以收入为基础的存货周转率，即存货周转率是企业一定时期的营业收入与存货平均余额之比，它主要用于获利能力分析。其计算公式分别如下：

$$成本基础的存货周转率（次数）=\frac{营业成本}{存货平均余额}$$

$$收入基础的存货周转率（次数）=\frac{营业收入}{存货平均余额}$$

其中：
$$存货平均净额=\frac{年初存货净额+年末存货净额}{2}$$

存货运用效率同样也可用存货周转天数衡量。存货周转天数是指存货周转一次所需要的天数，其计算公式为：

$$存货周转天数=\frac{计算期天数}{存货周转率（次数）}$$

或：

$$成本基础的存货周转天数=\frac{存货平均余额 \times 计算期天数}{营业成本}$$

$$收入基础的存货周转天数=\frac{存货平均余额 \times 计算期天数}{营业收入}$$

存货周转率是反映企业存货运用效率的指标。它表示企业存货在一定时期内（通常为一年）周转的次数。成本基础和收入基础的存货周转率各自具有不同的意义：成本基础的存货周转率运用得更为普遍，因为与存货直接相关的是营业成本，两者之比可以更切合实际地表现存货的周转状况；而收入基础的存货周转率则维护了资产运用效率比率各指标计算上的一致性，其更重要的意义还在于：由此计算的存货周转天数与应收账款周转天数建立在同一基础上，从而可直接相加并得出另一个重要的分析指标——营业周期。

资产运用效率的财务比率反映了企业各项资产在一定时期内实现营业收入的能力，以此来说明企业资产的运用效率。各项资产周转率越高，即其一定时期内的周转次数越多，或者说周转一次所需的天数越短，则表明企业利用各项资产进行经营的效果越好，企业的经营效率越高，进而使企业的偿债能力和盈利能力得到增强。反之亦然。

需要说明的是，由于企业内部人对企业经营活动所产生的收入以及成本有更为细致的了解，掌握了更为具体的信息，在分析资产运用效率时，可以把营业收入和营业成本进一步分类。营业收入一般情况下可以分为主营业务收入和其他业务收入，相应地，营业成本也可分为主营业务成本和其他业务成本，以此更为深入地分析企业资产的运用效率，从而采取有针对性的措施。

(三) 影响资产运用效率的因素

资产运用效率的各项财务比率指标不仅反映了各项资产的运行效率和管理效果，而且对资产报酬率有着非常重要的影响：当销售利润率一定时，资产报酬率的高低直接取决于资产周转率的快慢。因此，为了提高资产运用效率，加速资产周转，增强资产的管理效果，进而提高企业的偿债能力和获利能力，我们首先应弄清影响资产运用效率的因素，以便更深入地认识资产运用效率，从而有针对性地改善资产运用效率。

影响资产运用效率的因素包括表层和深层两个层面。由各项资产运用效率的财务比率指标可见，影响资产运用效率的表层因素是营业收入和各营运资产占用额。当资产占用额一定时，资产运用效率的好坏取决于营业收入的多少：所实现的营业收入额越多，则资产运用效率越好；所实现的营业收入越少，则资产运用效率越差。当营业收入一定时，资产运用效率的好坏则取决于资产占用额的多少：所占用的资产额越少，资产运用效率越好；占用的资产额越多，资产运用效率越差。因此要提高资产运用效率，首先应该从增加销售收入和降低资产占用额两方面同时入手。然而，通过对企业经营的进一步了解，将发现影响资产运用效率的因素还包括：企业所处行业及其经营背景，企业经营周期的长短，企业的资产构成及其质量，资产的管理力度以及企业所采用的财务政策等。

第一，企业所处行业及其经营背景不同，会导致不同的资产运用效率。不同的行业，有不同的资产占用：如制造业可能需要占用大量的原材料、在产品、产成品、机器、设备、厂房等，其资产占用量越大，资产周转相对越慢；而如服务业，尤其是劳动密集型或知识型的服务业，企业除了人力资源，几乎少有其他资产。而按照当前的会计制度，人力资源未作资产处理，因此这类行业的总资产占用非常之少，其资产周转相对就较快。企业的经营背景不同，其资产周转也会呈现不同趋势：越是落后的、传统的经营和管理，其资产周转可能相对越慢；相反，在现代经营和管理背景下，各种先进的技术手段和理念的运用，比如通过 JIT 系统，可有效地提高资产运用效率，加速资产周转。

第二，企业经营周期长短不同，会导致不同的资产运用效率。所谓经营周期，亦即营业周期，它是指从取得存货开始到销售存货并收回现金为止的时期。如上所述，营业周期的长短可以通过应收账款周转天数和存货周转天数近似地反映出来，因此，我们可由应收账款周转天数和存货周转天数之和简化计算营业周期。反之，营业周期长短对企业资产周转率具有重要影响：营业周期越短，资产的流动性相对越强，在同样时期内实现的销售次数越多，销售收入的累积额相对越大，资产周转相对越快；反之亦然。

第三，企业资产的构成及其质量不同，也将导致不同的资产运用效率。就理论上而言，流动资产通常属于短期资产，非流动资产通常属于长期资产。但在实务中，由于主观或客观的原因，某些流动资产长时间无法改变其占用形态，比如超龄应收账款、超储积压存货等，不再具有较强的流动性，则已转化为实质上的长期资产。企业在一定时点上的资产总量，是企业取得收入和利润的基础。然而，当企业的长期资产、固定资产占用过多或出现有问题资产、资产质量不高时，就会形成资金积压，资产流动性低下，以致营运资金不足。另一方面，流动资产的数量和质量通常决定着企业变现能力的强弱，而非流动资产的数量和质量则通常决定着企业的生产经营能力。非流动资产只有伴随着产品（或商品）的销售才能形成销售收入。在资产总量一定的情况下，非流动资产和非商品资产所占的比重越大，企业所实现的周转价值越小，资产的周转速度也就越慢。反之亦然。

第四，资产管理的力度和企业采用的财务政策不同，也将导致不同的资产运用效率。资产管理力度不同，会有较大的资产构成和资产质量差异，如上所述，它会导致很不相同的资产周转率：资产管理力度越大，拥有越合理的资产结构和越优良的资产质量，资产周转率越快，反之则越慢。企业所采用的财务政策，决定着企业资产的账面占用总量，如折旧政策决定固定资产的账面净值，信用政策决定应收账款的占用量等，因此，它自然也会影响资产周转率：当企业其他资产不变时，采用快速折旧政策可减少固定资产账面净值，从而提高资产周转率。信用政策的影响则是：越是宽松的信用政策，导致应收账款的占用越多，尤其是当它对销售的促进作用减弱时，资产的周转速度就越慢。

总之，资产运用效率受诸多因素的影响。通过对这些因素的分析、了解，我们可以知道：加大资产的管理力度，合理安排资产结构，提高资产的质量，选择有利的财务政策，可以提高资产运用效率，加速资产周转。另一方面，我们也应注意：不同行业、不同经营性质和经营背景的企业，其资产运用效率不能比较，或者说比较的意义不大。即使在同行业、同类型企业之间进行比较，也应注意它们在资产构成、财务政策等方面是否存在差异，如果有差异则应将其影响剔除后方能得到较客观的分析结论。

（四）资产周转率的分析

资产周转率是反映资产运用效率的指标，但单项资产周转率指标所能揭示的信息非常有限。为了客观评价企业资产的运用效率状况，必须在单项资产周转率指标计算的基础上对其进行分析。常用的分析包括：结合指标的变动趋势，动态地加以判断；通过同业比较，横向地加以分析；通过其内部构成的分析，从结构上加以判断。因此，下面我们分别就总资产、流动资产和固定资产对其周转率进行趋势分析、同业比较分析和构成分析。

1. 总资产周转率分析

（1）总资产周转率的趋势分析。

企业的经济现象非常复杂，受多方面因素的影响，只从某一时期或某一时点上很难看清其发展规律和真实面目，尤其是资产周转率指标，其中资产数据是一个时点数，极易受偶然因素的干扰甚至是人为的修饰。因此，要弄清企业资产周转率的真实状况，首先应对其进行趋势分析，即对同一企业的各个时期资产周转率的变化加以对比分析，以掌握其发展规律和发展趋势。

例4-1 以ABC公司为例,已知该公司连续四年的总资产及营业收入数据如表4-1所示。

表4-1　　　　　　　　　　　　　　　　　　　　　　　　　　　　　　　单位:万元

年度 项目	2009	2010	2011	2012	2013
总资产	14 381	19 124	24 736	28 924	82 097
营业收入		10 010	13 570	21 054	27 572

试对ABC公司的总资产周转率进行趋势分析。首先应计算该公司总资产的平均占用额,并在此基础上计算总资产周转率如表4-2所示。

表4-2　　　　　　　　　　　　　　　　　　　　　　　　　　　　　　　单位:万元

年度 项目	2010	2011	2012	2013
总资产平均占用	16 753	21 932	26 832	55 511
比上年增减(%)	+22.41	+30.91	+22.34	+106.88
营业收入	10 010	13 570	21 054	27 572
比上年增减(%)	-1.67	+35.56	+55.15	+30.96
总资产周转率(次)	0.6	0.62	0.78	0.5

根据表4-2的计算结果可见,ABC公司总资产运用效率的变动呈波浪状,但总体来看,变动趋势还是应该肯定的。自2011年始,其营业收入逐年以高于30%的势头增长,远高于平均资产的增长幅度,所以总资产周转率也在逐年上升。至于2013年总资产周转率下降的原因,应通过阅读财务报表附注查找。

就ABC公司自身连续五年的情况看,其总资产运用效率的变动趋势尚可。然而,从外部、市场的角度,其总资产运用效率状况如何?为此,必须进一步进行同业比较分析。

(2) 总资产周转率的同业比较分析。

同业比较即同行业之间的比较,它可以是与同行业的平均水平相比,也可以是与同行业先进水平相比,前者反映的是在行业中的一般状况,后者反映的是与行业先进水平的距离或者是在行业中的领先地位。我们可根据实际需要进行比较标杆的选择。

为了从市场的角度公正地评价ABC公司的总资产运用效率的状况,我们将综合类上市公司的指标值作为ABC公司同业比较的标杆。

例4-2 已知综合类上市公司2010~2013年的资产总额及其营业收入数据如表4-3所示。

表4-3　　　　　　　　　　　　　　　　　　　　　　　　　　　　　　　单位：万元

项目	2010年	2011年	2012年	2013年
资产总额	6 786 146	8 147 093	9 218 755	10 863 949
营业收入	2 257 340	2 300 159	3 091 546	3 890 630

试结合例4-1的资料，对ABC公司的总资产周转率进行同业比较。

根据表4-2和表4-3的资料，计算综合类公司总资产周转率指标值及其与ABC公司的差异值如表4-4所示。

表4-4

指标＼年度	2010	2011	2012	2013
ABC公司总资产周转率	0.60	0.62	0.78	0.50
综合类上市公司平均总资产周转率	0.33	0.31	0.36	0.39
差异	0.27	0.31	0.42	0.11

可见，与综合类公司的平均水平相比较，ABC公司的总资产运用效率甚优，因为其总资产周转率连续四年均高于同业水平，而且优势明显。由此可以得出结论：ABC公司的总资产运用效率居于同业领先水平。

2. 流动资产周转率的分析

流动资产周转率反映了企业流动资产在一定时期内实现的营业收入的多少，以此说明企业流动资产的运用效率。企业流动资产周转率越快，周转次数越多，表明企业以相同的流动资产占用实现了更多的营业收入，说明企业流动资产的运用效率越好。反之，流动资产周转率越慢，则表明企业利用流动资产进行经营活动的能力越差，流动资产的运用效率越低。相对而言，流动资产是流动性较强、风险较小的资产，资产质量好坏与其密切相关。总资产运用效率的高低，关键也取决于流动资产周转率的高低。为了了解流动资产周转率的具体状况，我们仍然对其周转率进行趋势分析和构成分析。限于资料，本书不另对其做同业比较分析。

（1）流动资产周转率趋势分析。

与总资产周转率相似，流动资产数据也是时点数，仅从某一时期或某一时点上很难看清其发展规律和真实面目。因此，要了解企业流动资产周转率的状况，首先也应对其进行趋势分析。

例4-3 仍以ABC公司为例，已知该公司连续四年的流动资产占用额及营业收入数据如表4-5所示。

表4-5　　　　　　　　　　　　　　　　　　　　　　　　　　　　　　　　　　　单位：万元

年度 项目	2009	2010	2011	2012	2013
流动资产	9 446	13 965	16 925	19 134	63 874
营业收入		10 010	13 570	21 054	27 572

试对ABC公司的流动资产周转率进行趋势分析。首先计算该公司流动资产的平均占用额及其增减百分比和营业收入的增减百分比，并在此基础上计算流动资产周转率如表4-6所示。

表4-6　　　　　　　　　　　　　　　　　　　　　　　　　　　　　　　　　　　单位：万元

年度 项目	2010	2011	2012	2013
流动资产平均占用	11 706	15 445	18 030	41 504
比上年增减（%）	+29.97	+31.94	+16.74	+130.19
营业收入	10 010	13 570	21 054	27 572
比上年增减（%）	-1.67	+35.56	+55.15	+30.96
流动资产周转率（次）	0.86	0.88	1.17	0.66

由表4-6可见，ABC公司流动资产运用效率的变动也呈波浪状，但总体来看，却不如总资产周转率的变动趋势那样值得肯定。该公司在2010年流动资产大幅度增长的同时，营业收入却出现了负增长，从而导致了流动资产周转率的大幅度下降。2011年营业收入虽有了较大幅度的增长，但流动资产也继续以同等幅度增长，因此流动资产周转率与2010年基本持平。2012年状况有所好转，流动资产的运用效率回升到2009年的水平，2013年流动资产又有了空前的大增长，虽然与公司合并有关，但流动资产的增长幅度（130.19%）大大超过了总资产的增长幅度（106.88%），从而使2013年流动资产周转率的跌幅也超过了总资产周转率的跌幅。这些均对流动资产的运用效率产生了不良影响。因此该公司应注意盘活现有资产，提高流动资产的运用效率。

（2）应收账款周转率分析。

应收账款周转率是反映企业应收账款收回速度快慢及其运用效率高低的指标，其计算公式如上所述。一定期间内，企业的应收账款周转率越高，周转次数越多，表明企业应收账款回收速度越快，企业应收账款的运用效率越高，在其他条件不变的情况下，表明流动资产的质量越强，短期偿债能力也越强。同时，较高的应收账款周转率可有效地减少收款费用和坏账损失，从而相对增加企业流动资产的收益能力。反之，较低的应收账款周转率则表明企业应收账款的管理效率较低，企业需加强应收账款的管理和催收工作。根据应收账款周转率的具体分析，还可评价客户的信用程度及企业制定的信用政策的合理性。

例 4-4 根据 ABC 公司报表所示：其 2013 年初应收账款额为 4 718 万元（即：应收账款额 2 078 + 应收票据 2 640），年末应收账款额为 7 987 万元（即 7 200 + 787），又已知其营业收入额为 27 572 万元。则该公司应收账款周转率计算如下：

$$应收账款周转率（次数）= \frac{27\ 572}{(4\ 718 + 7\ 987) \div 2} = 4.34（次）$$

$$应收账款周转天数 = \frac{360}{4.34} = 83（天）$$

ABC 公司应收账款一年周转 4.34 次，周转一次需 83 天。至于该结果是否优良，则应具体分析：如果 ABC 公司的平均信用期为 60 天，83 天这一周转天数就不是一个值得赞许的数字，因为它超过了平均信用期，说明应收账款的实际收回时间比应该收回的时间长；若 ABC 公司的平均信用期是 90 天，83 天则是一个不错的数字，说明其应收账款的运用效率较高。

（3）存货周转率分析。

存货周转率指标不仅是考核企业存货运用效率的指标，它还与企业的获利能力直接相关。一定期间内，企业的存货周转率越高，周转次数越多，存货周转天数越少，表明企业存货变现速度越快，企业存货的运用效率越高，流动资产的流动性和质量均越强，企业的盈利能力也越强；反之，则表明企业存货的运用效率较低，存货占用资金较多，企业的盈利能力则较小。

存货周转率指标计算也如上所示，它既可以成本为基础，也可以收入为基础，两者各有不同意义。

例 4-5 ABC 公司年初存货额为 3 289 万元，年末存货额为 6 199 万元，已知其营业收入为 27 572 万元，营业成本为 17 399 万元。计算该公司存货周转率如下：

$$成本基础的存货周转率（次数）= \frac{17\ 399}{(3\ 289 + 6\ 199) \div 2} = 3.67（次）$$

$$成本基础的存货周转天数 = \frac{360}{3.67} = 98（天）$$

$$收入基础的存货周转率（次数）= \frac{27\ 572}{(3\ 289 + 6\ 199) \div 2} = 5.81（次）$$

$$收入基础的存货周转天数 = \frac{360}{5.81} = 62（天）$$

可见，ABC 公司以成本为基础计算存货周转率时，年周转 3.67 次，周转一次约需 98 天，这说明，ABC 公司的存货可维持 98 天的经营使用；以收入为基础计算存货周转率时，其全年共周转 5.81 次，每周转一次需要 62 天。作为一个制造业企业，这一数据应该还说是很不错的。当然，要使此数据更具说服力，应该将它与行业水平和企业经营背景结合起来。为此，我们还可通过同业比较，进一步评价 ABC 公司的存货运用效率。

运用收入基础的存货周转天数，我们还可近似计算企业的营业周期。由例4-4和例4-5可知，ABC公司的营业周期约为145天（应收账款周转天数83+收入基础的存货周转天数62）。

3. 固定资产周转率分析

固定资产周转率反映企业固定资产在一定时期内实现的营业收入的多少，以此说明企业固定资产的运用效率。然而，固定资产周转率也没有绝对的判断标准，单项固定资产周转率指标也不足以说明固定资产的运用效率状况，一般通过与企业历史水平相比较加以考察，进行趋势分析；由于企业之间机器设备与厂房等主要固定资产在种类、数量、形成时间等方面均存在较大差异，因而较难找到外部可资借鉴的标准企业和标准比率，此指标的同业比较分析相对意义不大。一般而言，固定资产周转率越高，表明企业固定资产利用越充分，说明企业固定资产投资得当，固定资产结构分布合理，能够较充分地发挥固定资产的使用效率，企业的经营活动越有效；反之，则表明固定资产使用效率不高，提供的生产经营成果不多，企业固定资产的运用效率较差。

例4-6 已知ABC公司连续4年的固定资产占用额及营业收入数据如表4-7所示。

表4-7　　　　　　　　　　　　　　　　　　　　　　　　　　　　　单位：万元

年度 项目	2009	2010	2011	2012	2013
固定资产	739	686	2 255	2 342	8 707
营业收入		10 010	13 570	21 054	27 572

试对ABC公司的固定资产周转率进行趋势分析。

首先，计算该公司固定资产的平均占用额及其增减百分比和营业收入的增减百分比，并在此基础上计算固定资产周转率如表4-8所示。

表4-8　　　　　　　　　　　　　　　　　　　　　　　　　　　　　单位：万元

年度 项目	2010	2011	2012	2013
固定资产平均占用	713	1 471	2 299	5 525
比上年增减（％）	-5.19	+106.31	+56.29	+140.32
营业收入	10 010	13 570	21 054	27 572
比上年增减（％）	-1.67	+35.56	+55.15	+30.96
固定资产周转率（次）	14.04	9.23	9.16	4.99

由表 4-8 可见，ABC 公司固定资产周转率于 2011 年开始出现连续大幅的下挫。这种变动的主要原因是由于该公司近几年固定资产连续大幅增长所致。结合总资产的运用效率分析可知，此乃公司战略调整、资产结构调整的结果，并非固定资产运用效率降低所至。

进行固定资产周转率分析时应注意的是：为了简便起见，实务中大多数企业均直接采用报表中固定资产合计数计算固定资产周转率，但该指标的分母若采用固定资产原值可能更具说服力，其可比性也更强。因为这样可以避免在同等固定资产规模状况下，仅仅由于企业所采用的折旧方法和使用的折旧年限长短不同，而导致不同的固定资产账面价值，从而影响固定资产周转率指标值，造成该指标的人为差异。

> **小组讨论**　请你任选两家市场竞争激烈的、不同制造行业上市公司的年度报告，仔细阅读并深入比较分析两家公司的资产构成及其资产运用效果的异同，并详细分析其原因。
>
> 提示：你可以从交易所网站或证券报上选取查阅上市公司的年度财务报告，从国泰安等数据库中获得行业均值数据。

第三节　收入分析

一、收入构成分析

（一）收入的定义和分类

收入是影响企业财务成果的最主要因素，是所有其他利润形成的基础。

收入是指企业在日常活动中形成的、会导致所有者权益增加的、与所有者投入资本无关的经济利益的总流入。其中，日常活动是指企业为完成其经营目标所从事的经常性活动以及与之相关的其他活动。

收入主要具有以下几个特征：

（1）收入是企业在日常活动中形成的，而不是从偶发的交易或事项中产生；

（2）收入既可能表现为企业货币资产或非货币资产的增加，也可能表现为企业负债的减少，或者二者兼而有之；

（3）收入能导致企业所有者权益的增加；

（4）收入只包括本企业经济利益的流入，不包括为第三方或客户代收的款项；

（5）收入是与企业所有者投入资本无关的经济利益的总流入。

按照企业从事日常活动的性质不同，可以将营业收入分为销售商品收入、提供劳务收入和让渡资产使用权收入、建造合同收入等。例如，生产企业制造并销售产品、商业企业销售商品等取得的收入就属于销售商品收入，软件开发企业为客户开发软件、咨询公司提供咨询服务、安装公司提供安装服务等取得的收入就属于提供劳务收入，商业银行对外贷款、租赁公司出租资产等取得的收入就属于让渡资产使用权收入,企业承担建造合同所取得的收入就属于建造合同收入。

上述各类收入均属于企业为完成其经营目标所从事的经常性活动,由此而产生的经济利益的总流入就构成企业的主营业务收入。而企业出售不需用的原材料、利用闲置资金对外投资、对外转让无形资产使用权等,则属于与为完成企业经营目标所从事的经常性活动相关的活动,由此而产生的经济利益的总流入构成其他业务收入。也就是说,按照企业从事日常活动在企业的重要性,可以将收入分为主营业务收入和其他业务收入。

企业财务报表所确认的收入是权责发生制的产物,企业确认收入时可能并未有现金流入。另外,由于会计政策有大量的弹性空间,这就为管理层操纵收入提供了机会。主要表现在以下几个方面:

(1) 在实务中,上市公司常常采用提前确认收入的手段直接操纵利润。如提前开具销售发票;在未来存在巨大不确定性时仍确认为收入;收入的赚取过程未完成,还需要提供未来服务时仍确认为收入等。

(2) 与关联方交易的收入在总收入中的比重。在企业形成集团化经营的条件下,集团内各个企业之间就有可能发生关联交易。由于关联方之间的密切联系,关联方之间就有可能为了"包装"某个企业的业绩而人为地制造一些业务。当然,关联方之间的交易也有企业正常交易的成分。但是,信息使用者必须关注以关联方销售为主体形成的营业收入在交易价格、交易的实现时间等方面的非市场化因素。

(3) 在我国经济发展过程中,部门或地方行政手段对企业营业收入的影响也不容忽视。应该说,对于那些新兴产业,在其发展的初级阶段,或者企业所处的行业已经发展成熟的条件下,部门或地方行政手段的影响应当逐步淡化。显然,这种地方行政部门参与的企业销售活动,会对企业的当年营业收入有较大的积极影响。但是,这种违背市场经济规律的活动到底能够持续多长时间?在地方政府部门受各种条件的制约不能再为企业的销售作出贡献的条件下,企业将如何生存?

小组讨论　　金螳螂建筑装饰股份有限公司主要从事各类建筑装饰设计及施工、咨询、服务等。近年来,公司各项业务保持了稳定增长,平均合同产值稳步提升,实现了持续、快速、稳定的发展,连续五年被评为中国建筑装饰百强企业第一名。2012 年全年实现营业收入 346 334.33 万元,比 2011 年同期增长 95.08%。销售收入实现近 100%的增长,如此骄人的业绩大大超出投资者的预期。那么,导致金螳螂业绩大幅度增长的原因是什么呢?

金螳螂在其 2012 年年报中对营业收入大幅度增长的原因进行了说明:"一方面,公司对外加大市场开拓力度,业务量实现较大增长;另一方面,公司上年同期采用完成合同法确认劳务收入,在报告期内实施新会计准则,采用完工百分比法确认劳务收入,并对上述会计政策变更采用未来适用法,对于上年度期末未完工项目均在本期按照完工百分比法确认收入,导致同比收入出现大幅度增长。"公司上述会计政策变更所带来的具体收入变动如下表所示。

2012 年主营业务分产品情况

产品分类	营业收入（万元）	营业收入比上年增减（%）
装饰	328 758.81	96.1
设计	15 807.08	99.15
家具	1 660.13	-10.56
合计	346 226.02	95.12

公司在 2011 年度报告中对其销售收入确认方法——完成合同法进行了详细说明：公司在劳务总收入和成本能够可靠地计量、与劳务相关的经济利益能够流入公司、劳务已经完成时确认收入。公司提供的劳务包括装饰工程、设计等。

请同学们讨论：

(1) 比较完成合同法和完工百分比法在收入确认上的差异，并分析它们各自的优缺点；
(2) 从财务报告信息使用者的角度看，您认为该公司采用何种收入确认方法更为合适？
(3) 在财务报告分析中，如何评价由于此类会计方法变更带来的收入增长？

（二）营业收入构成分析

营业收入构成分析有助于评价企业产品的竞争能力以及企业在市场中的竞争地位。由于主营业务收入一般应该在企业的营业收入中占有绝对性的优势地位，故本部分分析的重点就是主营业务收入。

企业各类营业收入在企业经营和理财中的作用是不同的，对企业生存和发展的影响程度也不一样。营业收入构成分析的实质就是要对企业收入的主要来源及其持续性从多个决策有用性的角度进行分析，这对了解各类收入对企业获利能力数量和质量的影响、企业的获利能力和收益质量都非常重要。

营业收入构成分析一般包括营业收入的业务构成分析、主营业务收入的产品构成分析、行业构成分析和地区构成分析四个方面。

1. 营业收入的业务构成分析

按照日常活动在企业所处的地位，营业收入可分为主营业务收入和其他业务收入。主营业务收入是企业为完成其经营目标而从事的日常活动中的主要项目，大多数企业从事产品或劳务的生产经营活动，占总收入比重大的主营业务体现了企业的市场竞争力，是企业的主要成长动因。其他业务收入是主营业务以外的其他日常活动。如果企业的利润主要来源于主营业务收入，那就说明企业的经营成果是稳定的。如果企业的利润大多来自非主营业务收入，那么，哪怕当年利润再高，企业的经营都可能是不稳定的，也可能是不好的。多元化经营的企业主营业务收入可能不止一种，如果企业改变经营方向，主营业务收入也会发生变化。

通过编制营业收入的业务构成分析表，可以分析公司主营业务收入与其他业务收入的比重。进行营业收入业务构成分析的目的是分析影响企业盈利水平的业务因素，从中评价公司营业收入业务构成的合理性、持续性和稳定性。

例 4-7 GL 公司是一家主营家用电器类的上市公司，根据 GL 公司 2014 年的利润表及其附注，以及 GL 公司 2014 年度的主营业务收入和其他业务收入，试对该公司营业收入的业务构成进行分析。

GL 公司 2014 年度营业收入的业务构成分析如表 4-9 所示。

表 4-9　　　　　2014 年度 GL 公司营业收入的业务构成分析

项目	2014 年度	
	金额（万元）	比重（%）
主营业务收入	3 906 887.16	91.63
其他业务收入	356 841.95	8.37
合计	4 263 729.11	100

从表 4-9 可以看出，GL 公司 2014 年度主营业务收入占营业收入的比重为 91.63%，其他业务收入占营业收入的比重为 8.37%，说明 GL 公司营业收入的绝大部分来源是主营业务收入。如果公司过去 3~5 年营业收入业务构成变动不大，则公司营业收入的业务构成比较理想，具有持续性和稳定性，公司的经营前景比较乐观。

2. 主营业务收入的产品构成分析

占主营业务收入比重大的产品或劳务体现了企业的核心竞争力，决定具体产品或劳务利润的要素包括销售价格、销售数量与直接相关成本费用。可以通过编制主营业务营业收入的产品或劳务构成分析表的方式，分析各类产品或劳务的利润占盈利的比重、收入占主营业务收入的比重。进行主营业务收入产品构成分析的目的是掌握影响企业收入水平和获利能力的产品或劳务项目因素，从中确定哪些产品为企业创造的利润大、其发展前景如何、有无利润高的创新产品、有无不创造利润甚至浪费资源的淘汰性产品，进而揭示企业盈利水平变动的根本原因。

例 4-8 GL 公司的主营业务范围包括：生产销售空调器、自营空调器出口业务及其相关零配件的进出口业务。已知 GL 公司 2014 年度各主要产品的主营业务收入和主营业务毛利，试对该公司 2014 年度主营业务收入的产品构成进行分析。

GL 公司 2014 年度主营业务收入的产品构成分析见表 4-10 所示。

表 4-10　　　　　2014 年度 GL 公司主营业务收入的产品构成分析

主营业务收入产品种类	主营业务收入		主营业务毛利		销售毛利率（%）
	金额（万元）	所占比例（%）	金额（万元）	所占比例（%）	
空调及配件	3 832 940.81	98.11	952 930.76	99.06	24.86
小家电	53 487.99	1.37	7 511.16	0.79	14.04
漆包线	17 000.87	0.43	1 076.59	0.11	6.33
电容	3 345.94	0.09	393.69	0.04	11.77

续表

主营业务收入产品种类	主营业务收入		主营业务毛利		销售毛利率（%）
	金额（万元）	所占比例（%）	金额（万元）	所占比例（%）	
压缩机	111.55	0	15.67	0	13.51
合计	3 906 887.16	100	961 927.87	100	24.62

注：增值性收益是指企业产品现行市价减去从企业外部取得与这些产品相关的商品或服务成本后的余额（包括已实现和未实现的持有收益）。

表4-10的数据具体描绘了GL公司每种具体主要产品2014年度在其主营业务收入中所占的比重，这样就将企业主营业务收入这一总量指标具体化在明细产品上。GL公司空调及配件的收入占主营业务收入的比重为98.11%，是公司最主要的收入、利润来源。这种分析不仅有助于确定企业具有竞争优势的主产品，也有助于确定获利能力的具体分析对象，公司内部管理者可结合销售数量和销售价格进行深入分析。

表4-10还显示，GL公司全部主营业务产品的综合销售毛利率为24.62%，高于国内家电行业的平均销售毛利率22.5%，公司在家电行业的生产经营中具有一定的竞争优势。其中，空调及配件的销售毛利率达到24.86%，高于国内家电行业的平均销售毛利率22.5%，也是公司获利能力最高的产品。公司的其他几种产品的收入、利润比重虽然不高，但是，它们的销售毛利率（小家电14.04%、漆包线6.33%、电容11.77%、压缩机13.51%）均低于行业平均销售毛利率，压缩机的销售毛利率最低，公司必须注意这个问题，分析公司是否有必要继续这些产品的生产。目前，国内家电行业的大趋势是竞争白热化，传统家电产品的利润日益显现出微利趋势，如果不采取措施，加强新产品的研发，提高产品附加值，增强售后服务，传统家电产品利润很难保持稳定增长。

3. 主营业务收入的行业构成分析

主营业务收入的行业构成分析主要是确定企业主要收入来源的行业以及对企业主营业务收入的贡献程度，进而从行业选择角度评价企业主营业务收入的市场拓展能力。分析的主要方法是构成比率分析。一般来说，按行业划分主营业务收入的真正目的在于评价企业所选择的行业及其构成与企业盈利能力之间的相关性，并依此来确定企业所面对的实际与潜在竞争程度，进而判断行业选择对企业获利能力的影响。

GL公司2014年度主营业务收入的行业构成如表4-11所示。

表4-11　　2014年度GL公司主营营业收入的行业构成分析　　单位：万元

行业名称	2013年度	2014年度	增长率
家电制造	3 909 494.46	3 906 887.16	-0.07%

表4-11的数据显示，GL公司的主营业务属于家电制造行业，从前面的分析可以看出，GL公司虽然在国内同行业中居于领先地位，但是，其2014年在家电产品制造方面的营业收入还是比2013年下降了0.07%。因此，家用电器行业的市场需求和竞争格局将直接影响GL公司未来主营业务收入与盈利状况。我国家电行业一直是市

场化程度较高的行业，新企业加入该行业难度并不大，行业供给能力持续增长，而且，行业中不同品牌的产品之间替代成本较低。这些因素客观上会导致激烈的价格战，公司获利空间可能会被压缩。按现有市场地位来看，GL公司相关产品的产销量要在未来进一步增长颇具难度。虽然公司对上述因素非常重视，并采取了一系列相应举措，比如，通过技术、管理、营销、服务等全方位的不断创新，持续提高自身的核心竞争能力，特别是通过加大技术研发的投入，掌握更多的空调核心技术，快速推进了全系列变频空调及高能效节能空调，加快空调产业升级；在2014年度，公司灵活调整产品结构及生产计划，获取了更多的市场份额。但是，国内外市场需求的乏力和行业竞争的加剧，使得GL公司要想在家电产品制造方面再创佳绩已经变得非常困难。

所以，公司是否应考虑投资其他行业的生产经营，以规避家电行业激励竞争所引发的经营风险，必须结合公司的发展战略和行业的发展前景进行综合权衡。

4. 主营业务收入的地区构成分析

主营业务收入的地区构成分析主要是利用企业分部报告来进行地区构成分析。由于不同地区的消费者存在差异化的消费行为，对不同品牌的产品有不同的偏好，主营业务收入地区构成分析就是分析企业产品在不同地区的市场竞争力和比较优势。

例4-9 已知GL公司2014年度内销和外销的收入额，试对该公司当年主营业务收入的地区构成进行分析。

GL公司2014年主营业务收入的地区构成如表4-12所示。

表4-12　GL公司2014年主营业务收入的地区构成分析

地区名称	金额（万元）	比重（％）	增长率（％）
内销	3 323 380.10	85.06	12.16
外销	583 507.06	14.94	-38.34
合计	3 906 887.16	100.00	-0.07

表4-12显示，GL公司2014年度的主营业务收入总额比2013年度略有降低（0.07％），但仍远高于同行业的平均主营业务收入增长率（2.93％）。公司2014年度的主营业务收入主要来自于国内市场，并比2013年度增长了12.16％。来自国外市场的主营业务收入只占主营业务收入总额的14.94％，但却比2013年降低了38.34％。在全球性金融危机前，基本上处于完全竞争状态的国内家电企业的海外市场开拓被认为是必然选择，GL公司显然在海外市场拓展方面有过一番作为。但是，金融危机对公司出口业务的冲击显然是巨大的，公司也做了不懈的努力。公司国内主营业务收入的增长显然得益于国家的宏观刺激政策和公司自身在技术、管理、营销、服务等全方位的不断创新。

总之，上面从营业收入的业务构成分析、主营业务收入的产品构成分析、行业构成分析和地区构成分析四个方面对GL公司的营业收入构成进行了深入的分析，公司在外部市场中收入、利润来源的获取能力还是比较强的。

当然，还可以通过趋势分析以便于了解公司各类收入的稳定性和持续性。

二、收入的影响因素分析

对营业收入进行影响因素分析时，可以从销售数量、销售价格和品种构成等影响因素入手，但由于公司通常并不对外披露这些带有商业秘密性质的信息，故营业收入的影响因素分析主要适用于企业内部管理分析，帮助决策者进行相关经营及战略决策。

(一) 销售数量变动的影响

销售数量是获取收入、实现利润的首要因素。当单位产品获利能力一定时，或者说当价格、成本、费用水平不变时，利润额的多少就取决于销售数量的多少。销售数量的变动将正比例影响主营业务收入，销售数量变动对营业利润的影响额则可用公式表示如下：

$$\text{销售数量变动对营业利润的影响额} = \left(\text{实际销售数量} - \text{基期或预计销售数量}\right) \times \text{基期或预计单位贡献毛益}$$

该计算式表明：销售数量的变动，不仅导致主营业务收入的正比例变动，而且导致主营业务成本、税金、费用等的变动，因为它们之中有一部分是变动性质的成本、费用，必然会随着业务量的增减而正比例地增减。为此，我们需要将成本、费用按其变动习性区分为变动成本费用和固定成本费用，其中，变动成本费用才是随业务量正比例增减的成本费用，固定成本费用则具有相对固定不变的特征。而且，主营业务收入－变动成本费用＝贡献毛益，贡献毛益－固定成本费用＝营业利润。可见，当销售数量增加时，贡献毛益会正比例地增加，从而等额增加营业利润。因此，在分析销售数量变动对营业利润的影响时，应通过其对贡献毛益的影响来计算、判断。

在进行销售数量对营业利润的影响分析时，还应该重视一种客观存在的经济现象，即经营杠杆。它对营业利润的动态分析具有非常重要的影响。

经营杠杆是对销售量变动和销售利润之间变动关系的描述。根据本量利之间的量变关系可知，销售量的较小变动会引起销售利润的较大变动，这就是经营杠杆现象。这种现象的产生是固定成本的存在而导致的。在企业经营实务中，不管企业是否按习性进行成本分类，固定成本都客观存在着。因此，在其他条件不变时，销售利润不会、也不应该与销售量同步增减。

经营杠杆对营业利润具有非常重要的影响。这主要表现在：经营杠杆意味着营业利润变动相当于产销量变动的倍数，因此，当其他因素不变时，经营杠杆的大小一方面决定着营业利润的增长快慢，同时也意味着经营风险的大小。经营杠杆系数越大，意味着营业利润的波动幅度越大：产销量增加时，营业利润将以更大倍数增加；产销量减少时，营业利润也将以更大倍数减少。这意味着企业获利能力增强的同时，也意味着企业经营风险增大。所以，一方面，我们可以通过分析经营杠杆来探求增加营业利润、提高获利能力的途径，即在产品成长和成熟期采用高经营杠杆战略，以谋取更大的获利空间；另一方面，还可通过经营杠杆分析来探求降低经营风险的途径。即：在保持相同规模的情况下，尽量提高现有资产的利用程度、减少固定成本的支出；或者充分利用现有生产能力增加产销量，都能降低经营杠杆系数、相应降低经营风险。

（二）销售价格变动的影响

销售价格变动只对主营业务收入产生影响，成本费用额则通常与该因素变动无关，因此销售价格将等额影响营业利润。销售价格变动对收入及营业利润的影响额可用公式计算如下：

$$\text{销售价格变动对收入和营业利润的影响额} = (\text{实际售价} - \text{基期或预计售价}) \times \text{实际销售数量}$$

可见，当销售数量不变时，销售价格的提高可增加主营业务收入，进而增加营业利润。应该注意的是：在现实经济生活中，多数商品均属价格弹性产品，即随着销售价格的上升，销售数量将会下降，因此主营业务收入额可能不升反降，从而对营业利润导致不良影响。所以，企业不能一味提价，而应寻求最优的售价、数量组合。

例 4-10 假设甲公司的营业收入数据如表 4-13 所示，试分析销售数量和销售价格变动对公司营业收入的影响。

表 4-13

年度 \ 项目	销售数量（件）	单位价格（万元）	营业收入（万元）
2012	6 000	120	720 000
2013	6 500	115	747 500

营业收入 = 销售量 × 单位价格
2013 年营业收入 = 6 500 × 115 = 747 500（万元）
2012 年营业收入 = 6 000 × 120 = 720 000（万元）
销售量变化对营业收入差异的影响 = (6 500 - 6 000) × 120 = 60 000（万元）
单位价格变化对营业收入差异的影响 = (115 - 120) × 6 500 = -32 500（万元）

由上面的计算过程可知，影响营业收入变动的因素分别是销售数量和单位销售价格，其中由于销售数量增加致使营业收入增加了 60 000 万元，而单位价格下降致使营业收入减少了 32 500 万元，两者的共同作用致使营业收入增加了 27 500 万元。

另外，需要指出的是，在影响营业收入的两个因素当中，价格因素更加敏感，如果价格定得过高，就会减少销售量，从而影响企业的营业收入；反之，如果价格定得过低，虽然可以增加销售量，但却使企业的营业活动毛利润下降，会影响企业的整体利益，这就要求企业要根据市场供求状况以及本企业的成本与质量，合理确定产品或劳务的单位价格。同时，应当深入调查和研究市场，努力做好促销工作，扩大本企业产品的市场占有份额，以使企业整体效益最大。

(三) 品种结构变动的影响

在当今和未来经济社会中，多元化经营、多样化产品是一种越来越普遍的趋势，而在经营多种产品的企业中，不同的品种通常具有不同的收入、成本水平，从而在不同品种结构下企业将具有不同的获利水平。另一方面，企业资源又是有限的，如何利用有限的资源谋取更大的获利能力，就成为企业管理者必须研究的重要问题之一。对此问题的分析可从品种结构变动对销售毛利的影响分析入手。

我们知道，当销售总量、价格、成本水平一定时，各种产品之间的品种结构就是影响销售毛利的重要因素。它们之间的关系可表述为：

$$销售毛利 = \sum [某产品销售数量 \times (该产品销售单价 - 该产品单位销售成本)]$$

或

$$销售毛利 = \sum (企业销售总额 \times 各产品销售比重 \times 各该产品毛利率)$$

其中：

$$\sum (各产品销售比重 \times 各该产品毛利率) = 综合毛利率$$

各产品销售比重即品种结构，可见：当毛利率高的品种销售比重上升时，企业的综合毛利率就高，在同样的销售总量下，销售毛利就多，企业的获利能力就强；相反，当毛利率低的品种销售比重上升时，企业的综合毛利率就低，在同样的销售总量下，销售毛利就少，企业的获利能力就差。举例说明如下。

例 4-11 由 ABC 公司的报表附注中显示，该公司经营音响类产品的销售和技术指导（下面用 A 代替）、工业制造（用 B 代替）、软件开发及系统集成（用 C 代替）三个行业，其相关资料如表 4-14 所示。

表 4-14   单位：万元

品种	营业收入		营业成本		营业毛利	
	2012 年	2013 年	2012 年	2013 年	2012 年	2013 年
A	19 434	17 909	16 604	13 458	2 830	4 451
B	1 620	4 995	1 014	3 833	606	1 162
C	—	4 668	—	108	—	4 560
合计	21 054	27 572	17 618	17 399	3 436	10 173

试对该公司品种结构变动对其毛利额和毛利率的影响进行分析。

首先，我们根据上述资料计算有关指标如表 4-15 所示。

表 4-15   单位：万元

品种	营业收入				营业毛利			
	2012 年		2013 年		2012 年		2013 年	
	金额	比重	金额	比重	毛利额	毛利率	毛利额	毛利率
A	19 434	92.31	17 909	64.95	2 830	14.56	4 451	24.85
B	1 620	7.69	4 995	18.12	606	37.41	1 162	23.26
C			4 668	16.93			4 560	97.69
合计	21 054	100.00	27 572	100.00	3 436	16.32	10 173	36.90

然后，我们分析各因素变动对毛利及毛利率的影响如下。

（1）营业收入总额变动对毛利的影响。由前面的关系式可知，在其他条件不变的情况下，营业收入总额会正比例地影响毛利额，计算如下：

营业收入总额对毛利的影响额 =（本期营业收入总额 - 上期营业收入总额）× 上期综合毛利率 =（27 572 - 21 054）× 16.32% = 1 064（万元）

即，由于本期营业收入总额的增加，使该 ABC 公司毛利额增加了 1 064 万元。

（2）综合毛利率变动对毛利的影响额。当营业收入总额一定时，毛利额的高低就取决于综合毛利率的高低，计算如下：

综合毛利率变动对毛利的影响额 = 本期营业收入总额 ×（本期综合毛利率 - 上期综合毛利率）= 27 572 ×（36.90% - 16.32%）= 5 674（万元）

即，由于本期综合毛利率比上期上升，从而使毛利额增加了 5 674 万元。

由上述关系式可知，综合毛利率的变动又是品种结构和各产品毛利率变动的共同结果，对此我们还应进一步分析如下：

① 品种结构变动对综合毛利率的影响 $= \sum \left(\text{本期各产品销售比重} \times \text{上期毛利率} \right) - \text{上期综合毛利率}$

$=(64.95\% \times 14.56\% + 18.12\% \times 37.41\% + 16.93\% \times 97.69\%) - 16.32\%$
$= 16.45\%$

② 各产品毛利率变动对综合毛利率的影响 $= \sum \left[\text{本期各产品销售比重} \times \left(\text{本期毛利率} - \text{上期毛利率} \right) \right]$

$=64.95\% \times (24.85\% - 14.56\%) + 18.12\% \times (23.26\% - 37.41\%) + 16.93\% \times 0$
$= 4.13\%$

由上述分析可知，ABC 公司 2013 年相比于 2012 年销售毛利的增加主要是由于综合毛利率的提高所致，而其综合毛利率的提高，又主要是由于其品种结构变动所致。在其销售毛利的增加额中，由于品种结构变动而导致的增加额达 4 536 万元（27 572 × 16.45% = 4 536），占总增加额的 67.33%［4 536 ÷（10 173 - 3 436）= 67.33%］。当公司的费用总额一定时，销售毛利增加导致营业利润的等额增加，可见，品种结构变动对企业获利能力具有重要的影响。要寻求有利的品种结构，就是要尽可能提高毛利率高的产品的销售比重。

三、与收入相关的其他分析

（一）市场份额分析

市场份额亦即市场占有率，它是企业某种或某类商品或业务的销售收入占市场同种或同类商品或业务的销售收入总量的百分比。企业的市场份额决定着企业销售在市场上的占有程度，从而也就决定着企业的最大市场允许销售总量。对于企业而言，无论是求生存还是求发展，均需要注重从市场份额的角度进行销售收入分析。

由于市场的需求是在不断地变化着，而企业的销售收入增长和市场的总量增长可能并不同步，这就会体现在企业的市场占有率变化上，因此，孤立地分析企业的销售收入增减存在一定的局限性。相反，若从市场占有率的角度进行分析，查明企业的收入增长与市场需求总量之间的适应程度，既可以更客观地评价企业的市场地位，也能更客观地评价企业的销售收入状况。

例 4-12 假设 ABC 公司 B 类业务 2012 年和 2013 年的市场销售总量分别为 20 250 万元、49 950 万元，ABC 公司 B 类业务的销售收入如表 4-14 所示。试对 ABC 公司 B 类业务从市场份额的角度进行分析。

我们可将 ABC 公司 B 类业务的市场份额情况计算如表 4-16 所示。

表 4-16　　　　　　　　　　　　　　　　　　　　　　　　　　　　　　　　单位：万元

项目	2012 年	2013 年	增长额	增长率（%）
ABC 公司销售额	1 620	4 995	3 375	208.33
市场销售总量	20 250	64 800	44 550	220.00
市场占有率（%）	8%	7.71%	—	-3.63

由表 4-16 可见，ABC 公司 B 类业务的销售收入虽然比 2012 年有了很大的增长，增长率高达 208.33%，但是，整个市场却有了更大的发展，增长率达 220%，因此 B 类业务的市场占有率未升反降。从整个市场的角度分析，ABC 公司 B 类业务还存在较大潜力。如果不是公司业务板块之间战略调整所需，这种市场份额的变动状况就应引起管理当局的重视，否则长此以往将使企业陷入不利的市场境地。

此外，我们还可进一步将市场份额变动和销售增长率变动结合起来进行分析，以更好地把握市场状况，寻找相应对策。对此通常可能面临四种选择：

（1）销售增长率高，市场占有率也高：说明企业及市场的销售状况均喜人，企业应致力于保持其市场地位。

（2）销售增长率低，市场占有率也低：说明市场已处于衰退期或尚处于试销期，企业应根据具体情况，或调整销售构成，或加大推销力度。

（3）销售增长率低，市场占有率高：说明市场已进入饱和期，企业应通过开发产品的新功能、新特性，来维持其市场优势。

（4）销售增长率高，市场占有率低：说明市场正处于成长期，企业还有较大的潜力,应致力于提高其市场占有率。

(二) 收入按顾客采购量分类分析

收入按顾客采购量分类分析即对企业不同销售对象(即客户)的销售收入占企业销售收入总量的比重所进行的分析。顾客是企业的"衣食父母",满足顾客的需求,才是企业生存发展的根本。根据"二八黄金规则",了解重点顾客及其需求,尽最大可能为重点客户服务好,是当今众多企业的发展方向。为此,我们还有必要按顾客的采购量对企业收入进行分类分析,以提供有关重点客户的资料。分析方法与按地区分类分析近似,可将客户按对其销售额的大小进行排列,并分别计算其销售比重,最好将连续当年的销售比重进行趋势分析,以更全面、客观地了解重点客户的需求变化。

(三) 收入按销售员贡献分析

人力资源是21世纪最重要的资源,业绩管理是现代管理中最核心的论题。业绩管理中涉及最基本的信息基础,就是员工的业绩计量。不同岗位员工业绩定位不同,业绩计量的方式也不同。从销售收入的角度,即是对各销售人员的销售业绩进行记录和分析,因此收入还应按销售员贡献进行分析。由于岗位级别、销售条件、区域购买力和物价水平等不同,均可能会使销售员销售收入不同,因此,对销售员贡献进行分析时,不宜采用销售收入额直接比较的方法,最好是与企业预算管理相结合,针对个人的销售收入预算进行贡献程度及原因分析,既增强了其科学性,又加强了其与业绩管理的联系,从而使该分析真正具有管理的意义。具体分析可如表4-17所示。

表4-17　　　　　　　　销售员收入预算完成情况

销售员姓名	本期预算数	本期实际数	差异额	预算完成率	备注
张先生					
王女士					
×××					
合计					

> **小组讨论**　请你任选一家市场竞争激烈的制造行业上市公司的年度报告,仔细阅读并进行以下几项深入分析:
> 1. 营业收入构成分析;
> 2. 公司产品品种结构变动对营业收入的影响分析;
> 3. 公司产品的市场份额分析。

第四节 成本费用分析

成本费用分析的目的就是要找出企业在成本管理中存在哪些问题，原因何在，从而对企业的成本管理水平做出评价。由于公司对外披露的成本费用信息十分有限，所以，成本费用分析更适用于内部管理分析。

一、成本费用构成分析

（一）费用的定义与特征

费用是指企业在日常活动中发生的、会导致所有者权益减少的、与向所有者分配利润无关的经济利益的总流出。它具有以下特征：（1）费用是企业在日常活动中发生的经济利益的流出，而不是从偶发的交易或事项中发生的经济利益的流出；（2）费用可能表现为资产的减少，或负债的增加，或二者兼而有之；（3）费用会导致所有者权益的减少。

（二）费用的分类

按照费用与收入的关系，费用可以分为营业成本和期间费用。

营业成本是指销售商品或提供劳务的成本。营业成本按照其销售商品或提供劳务在企业日常活动中所处地位可以分为主营业务成本和其他业务成本。期间费用包括管理费用、营业费用和财务费用。管理费用是企业行政管理部门为组织和管理生产经营活动而发生的各种费用；营业费用是企业在销售商品、提供劳务等日常活动中发生的除营业成本以外的各项费用以及专设销售机构的各项经费；财务费用是企业筹集生产经营所需资金而发生的费用。

成本和费用作为减少利润的因素，对企业的获利能力具有非常重要的影响。在同等的收入状况下，成本、费用水平越低，营业利润便越多，企业获利能力就越强。显然，降低成本，节约各项费用，是企业增强获利能力的更为可控的关键因素，为此我们还需要对成本和费用进行更详细的分析。

二、成本费用变动分析

（一）营业成本分析

营业成本是影响净利润的重要因素，成本水平越高，获利能力越低。因此，要增强企业的获利能力，必须在增加销售收入的同时，降低企业的成本水平。

通常，对于营业成本的分析，要从趋势分析、同业比较分析和预算完成情况分析三个方面进行。

1. 趋势分析

一般情况下，营业成本的多少与营业收入的多少具有密切联系，营业收入的增加自然会导致营业成本的增加，这并不能算是成本浪费；同理，由于营业收入减少而导致的成本减少也并非成本节约，当业务量下降时，成本理应呈下降趋势。只有当成本的降低幅度超过业务量的降低幅度，或是成本的上升幅度小于业务量上升幅度，才是真正的成本节约，从而也才有利于企业盈利的增长。因此，仅对营业成本总额的变动进行趋势分析是不够的，最好结合营业收入的变动，对营业成本率进行趋势分析。

例 4-13 已知 ABC 公司连续五年的营业收入和营业成本变动情况如表 4-18 所示，试对其营业成本升降情况进行分析。

表 4-18 单位：万元

年度 项目	2010	2011	2012	2013
营业成本额	9 355	11 267	17 490	17 399
营业成本增长率（%）		20.44	55.23	-0.5
营业收入额	10 010	13 570	21 054	27 572
营业收入增长率（%）		35.56	55.15	30.96
营业成本率（%）	93.46	83.03	83.07	63.10
比上年增减（%）		-10.43	0.04	-19.97

由表 4-18 可见，除 2013 年外，ABC 公司的营业成本额连年增加，而且 2011 年和 2012 年的增长幅度还较大，但这并不意味着 ABC 公司的成本情况越来越糟糕，因为结合营业收入的变动分析可知：由于 2011 年和 2012 年的营业收入有较大幅度的增长率，所以这两年的营业成本率是降低的或基本不变。2013 年的营业成本额降低幅度虽然不大，但它是在营业收入大幅度增长的前提下实现的，因此该年的成本水平最低。总体看：ABC 公司的营业成本变动趋势良好，其成本率呈逐年降低之势。

由此分析还可知：因为营业成本的变动习性特征，营业收入的增加自然会导致营业成本的增加，这并不能算是成本浪费。同理，由于业务量减少而导致的成本减少也并非成本节约，当业务量下降时，成本理应呈下降趋势。只有当成本的降低幅度超过业务量降低幅度，或是成本的上升幅度小于业务量上升幅度，才是真正的成本节约，从而也才有利于营业利润的增长。

2. 同业比较分析

成本分析的重点必须是可控成本，它与企业自身的成本管理水平直接相关。而对于不可控成本，其受制于外部环境因素的影响。营业成本的同业比较有助于了解影响企业成本的外部原因。例如，如果同行业的营业成本率也呈现出降低的势头，就应进一步分析引起同行业营业成本降低的原因，是否是因为原材料降价、人工成本下降或是由于产品质量的下降造成制造费用的下降，等等。

例 4-14 综合类上市公司的营业收入、营业利润以及间接推算出的营业成本及成本率如表4-19所示。

表4-19　　　　　　　　　　　　　　　　　　　　　　　　　　　　　　单位：万元

年度 项目	2010	2011	2012	2013
营业收入	2 257 340	2 300 159	3 091 546	3 890 630
营业利润	527 287	578 140	707 179	803 395
营业成本	1 730 053	1 722 019	2 384 367	3 087 235
营业成本率（%）	76.64	74.87	77.13	79.35

注：表中营业成本中含营业税金及附加。

ABC公司的营业成本变动趋势如上例所示，我们将其调整为与同业相同的成本指标后，进行同业比较分析如表4-20所示。

表4-20　　　　　　　　　　　　　　　　　　　　　　　　　　　　　　单位：万元

年度 项目	2010	2011	2012	2013
ABC营业收入额	10 010	13 570	21 054	27 572
ABC营业成本额	9 355	11 267	17 490	17 399
ABC税金及附加	65	24	100	430
ABC调整后成本额	9 420	11 291	17 590	17 829
ABC成本率（%）	94.11	83.21	83.55	64.66
同业成本额		1 722 019	2 384 367	3 087 235
同业成本率（%）		74.87	77.13	79.35
成本率差异（%）		8.34	6.42	-14.69

由表4-20可见，与同业比较，ABC公司的成本水平就不如其自身变动趋势那么喜人。除了2013年外，其余各年其成本水平与同业均有较大的差距，这意味着ABC公司的成本管理还存在不尽如人意的地方。好在该公司已意识到自身的不足，并已加大了管理的力度，因而使其2013年的成本水平较同业领先不少。

3. 营业成本预算完成情况分析

营业成本的趋势分析或同业比较分析均是一种事后的分析。为了加强成本管理和控制，还应以成本预定目标为标杆，对成本预算执行情况进行实时的分析。成本预算完成情况分析的内容如表4-21所示。

表 4-21　　　　　　　　　　　预算完成情况分析表　　　　　　　　　单位：万元

项目		本期预算	本期实际	差异额	预算完成率	备注
可控成本：						
变动成本	直接材料					
	直接人工					
	变动制造费用					
	其他变动成本					
固定成本	固定制造费用					
	其他固定成本					
不可控成本						
成本合计						

在分析成本预算执行情况时，应以成本责任单位即成本中心为分析主体，以其可控成本为分析对象进行分析。分析时还应按成本习性区分变动成本和固定成本，对于变动成本，应重点分析其成本率或单位成本的预算执行情况，对于固定成本，则应重点分析其预算总额的执行情况。同时，还应对成本构成主要项目进行分项分析，以查明重大差异项目，将其作为进一步详细分析的重点。对于制造业企业而言，还可进行主要产品单位成本及单位成本中重点成本项目的分析等，以满足企业内部各分层成本管理的需要。

（二）期间费用分析

期间费用包括销售费用、管理费用和财务费用。期间费用的分析方法与营业成本的分析方法一样，要从趋势分析、同业比较分析和预算完成情况分析三个方面进行。通过这些比较，确定差异，并将重大差异费用项目作为进一步分析的重点。结合费用项目的影响因素分析，了解费用超支或节约的原因，从而为评价费用管理工作、进一步寻求节约费用开支的措施提供依据。同时，由于不同费用项目分别由不同部门负责，因此分析时还应按照费用管理的分工确定各项费用的责任部门，分清各部门在费用超支或节约中的责任。下面分别举例说明。

1. 销售费用分析

销售费用是企业在销售商品、提供劳务等日常活动中发生的除营业成本以外的各项费用以及专设销售机构的各项经费。我们以 A 企业某年度期初与期末数据比较为例，说明销售费用的分析如表 4-22 所示。

表 4-22　　　　　　　　　　　　　　　　　　　　　　　　　　　　　　单位：万元

费用项目	上期实际	本期实际	差异额	差异率（%）
运输费	256	269	13	5.08
装卸费	78	81	3	3.85

续表

费用项目	上期实际	本期实际	差异额	差异率（%）
保险费	63	61	-2	-3.17
包装费	73	63	-10	-13.70
展览费	37	72	35	94.59
广告费	213	251	38	17.84
销售人员工资	72	77	5	6.94
业务费	35	35	—	
合计	827	909	82	9.92

由表4-22可见，A企业的销售费用本期比上期增长了9.92%。重点分析的费用项目是：包装费、展览费、广告费。应弄清包装费的节约是由于包装作业效率提高、耗费降低所至，还是不重视包装的结果；展览费和广告费的大幅度增加是否带来了相应的市场效益，也就是通过展览费率和广告费率的变动进一步判断。

2. 管理费用分析

管理费用是企业行政管理部门为组织和管理生产经营活动而发生的各种费用，包括企业的董事会和行政管理部门在企业的经营管理中发生的，或者应当由企业统一负担的公司经费（包括行政管理部门职工工资及福利费、物料消耗、低值易耗品摊销、办公费和差旅费等）、工会经费、董事会费（包括董事会成员津贴、会议费和差旅费）、聘请中介机构费、咨询费（含顾问费）、诉讼费、业务招待费、房产税、车船税、土地使用税、印花税、技术转让费、矿产资源补偿费、研究费用、排污费等。

与营业成本和销售费用不同，管理费用与企业经营业务量的多少通常没有直接关系，它更趋向于固定费用性质，也就是说它通常不应随业务量的变动而成比例变动。因此，对于管理费用更应该主要从其总额变动的角度分析。由于企业各时期的战略及管理职能不同，相对而言对其进行期间比较的意义不大，因此我们以A企业管理费用实际额与预算额的比较为例对其进行分析，如表4-23所示。

表4-23　　　　　　　　　　　　　　　　　　　　　　　　　　　单位：万元

费用项目	本期预算	本期实际	差异额	差异率（%）
工资及福利费	1 029	1 132	103	10
折旧费	316	316	—	—
修理费	253	260	7	2.77
办公费	295	283	-12	4.07
差旅费	125	131	6	4.8
业务招待费	173	199	26	15.03

续表

费用项目	本期预算	本期实际	差异额	差异率（%）
研究开发费	272	200	-72	-26.47
其他	127	109	-18	-14.17
合计	2 590	2 630	40	1.54

整体看，A企业的管理费用控制较好，本期实际与预算的差异仅为1.54%，但分项看，该企业的管理费用存在一定问题：首先是业务招待费超支15.03%，通过进一步分析发现是由于企业业务招待费控制不严所至；其次是工资及福利费超支10%，进一步分析表明这是国家统一调薪所至，与企业费用管理无关；研究开发费虽然节约26.47%，但同样应成为我们进一步分析的重点。因为研究开发费的投入涉及企业的市场地位及其长远发展，在现代企业经营中具有举足轻重的作用，如果我们为了眼前的费用节约而忽视研究开发费活动，有可能给企业带来灭顶之灾，所以对此节约我们不能鼓励。如果是由于其他费用超支，而将研究开发费作为补缺，则更应制止。

当然，在企业整体管理费用分析的基础上，还有必要对各部门的可控费用进一步分部门的费用预算执行情况分析，方法同上，举例从略。

3. 财务费用分析

财务费用是指企业为筹集生产经营所需资金等而发生的筹资费用，包括利息支出（减利息收入）、汇兑损益以及相关的手续费、企业发生的现金折扣或收到的现金折扣等。在利润表上，"财务费用"项目所反映的是利息收入、利息支出以及汇兑损失的净额，因而，其数额可能是正数，也可能是负数。如果是正数，表明为净支出；如果为负数，则表明为净收入。

对于财务费用增减情况的分析，应该结合资金的筹集和使用情况进行。由于财务费用的多少既取决于企业的财务管理水平，又取决于企业所采用的财务政策，而且还在一定程度上受资本市场和国家有关政策规定的影响，情况较为复杂，而且包含较多企业不可控因素，其数额相对也较小，因此不再举例具体说明。

> **小组讨论** 请你选择三家属于同一竞争激励制造行业的上市公司，查找它们近两年年报资料中的营业成本和期间费用资料，利用本部分所学习的方法，对三家公司的营业成本和期间费用管理情况进行深入的比较分析。

本章小结

本章主要介绍了企业经营活动的内涵，经营活动、报表分析和企业诊断之间的关系，企业资产的构成及其运用效率，收入的构成及其变动分析，成本费用的构成及其变动分析。主要内容如下：

1. 经营活动是对企业投入、转换和产出的全程管理，它贯穿于企业活动的全过程。企业的经营成果及财务状况，主要反映在企业的财务报表信息上。经营活动分析帮我们勾勒出在财务报表分析阶段应当着重研究的部分；同样，财务报表分析也找出需要更详细进行经营活动分析的问题。

2. 企业在开展经营活动过程中，会出现各种问题。企业诊断就是以提高企业经营管理水平为目的，运用科学的方法，在分析、调查企业经营的实际状况的基础上，发现其性质、特点及存在的问题，提出具体改革完善措施，并指导其实行的一系列行为过程。

3. 资产构成分析主要包括总资产构成分析、流动资产构成分析和固定资产构成分析。资产运用效率标志着资产的运行状态及其管理效果的好坏，它对企业偿债能力和获利能力均具有重要的影响。本章从资产运用效率的衡量入手，对资产运用效率的各种衡量指标及影响资产运用效率的因素进行了剖析。在此基础上，通过趋势分析和同业比较，进一步分析判断资产运用效率状况的好坏。

4. 收入是指企业在日常活动中形成的、会导致所有者权益增加的、与所有者投入资本无关的经济利益的总流入。在分析收入构成时应注意主营业务收入和其他业务收入之间的关系、企业确认收入的正当性、关联交易对收入的影响以及部门或地方行政当局对企业收入的影响等。在收入变动分析中，首先由销售数量分析可知：数量是收入的决定因素，而且它具有杠杆作用，因此企业应进行销售数量的提高；通过销售价格的分析可知：价格变动会对数量产生较大影响，从而影响收入额，企业应该需求价格数量的最佳组合，而不能一味涨价；品种结构分析则告诉我们，应该尽可能利用有限资源寻求有利的品种结构，基本思路就是要尽可能提高销售毛利率高的产品的销售比重；市场份额的分析则可查明企业的收入增长与市场需求总量之间的适应程度，既可以更客观地评价企业的市场地位，又能促使企业重视市场占有率的提高。此外，我们还通过对收入按地区和顾客采购量的分析，了解重点销售区域和重点客户，从而有利于企业营销策略的安排；通过收入按销售员贡献的分析，了解销售人员的业绩状况，以有利于业绩评价和业绩管理。

5. 成本费用是指企业在日常活动中发生的、会导致所有者权益减少的、与向所有者分配利润无关的经济利益的总流出。按照费用与收入的关系，费用可以分为营业成本和期间费用。营业成本的分析可分别从其不同时期的趋势比较、同业比较和预算执行情况及其原因分析等方面，评价其状况，寻求降低成本的途径。费用分析则可通过不同时期的比较、实际与预算的比较，尤其是分责任部门的费用预算执行情况分析，揭示费用发生情况，尽可能节约费用。

■ **关键词汇**

经营活动（operating activities）

流动资产（current assets）

固定资产（fixed assets）

总资产周转率（total assets turnover）

流动资产周转率（current assets turnover）

固定资产周转率（fixed assets turnover）
应收账款周转率（accounts receivable turnover）
存货周转率（inventory turnover）
营业收入（operating revenue）
营业成本（operating cost）
销售费用（selling expense）
管理费用（administrative expense）
财务费用（financial expense）

思考题

1. 企业经营活动与财务报表之间存在怎样的关系？
2. 企业资产的构成分析包括哪些内容？
3. 如何评价企业资产的运用效率？
4. 收入分析包括哪些内容？
5. 如何对企业的营业成本和期间费用进行分析评价？

案例分析及讨论

A 公司股票的年报风波就是"计提冲回"的冲突。2013 年 4 月 1~4 日，ST A 股票在 3 天内发布了两份数额相差 1 亿多元的公告。4 月 1 日，ST A 公司公布了公司在 2012 年主营业务收入仅增加 1.58 亿元的情况下，第一次公布的年报却实现了 2.01 亿元的净利润，一举实现扭亏。这些利润引起了注册会计师的质疑。A 公司 2011 年计提坏账准备和存货跌价准备高达 6.87 亿元而出现巨额亏损，但 2012 年大量坏账准备及存货跌价准备的冲回，使管理费用从 2011 年的 9.12 亿元骤降至 0.35 亿元。更值得注意的是，原公司第一大股东所欠的 8.62 亿元债务仍然记在"其他应收款"中，未予冲销。但由于乙会计师事务所在审计报告中出具了保留意见，根据有关规定，公司需自年报刊登之日起，申请股票暂时停牌；4 月 4 日，A 公司又发布了一个实现利润 1.01 亿元的更正公告，股票恢复了交易。在 A 公司的更正公告中，公司净利润减去了不应计入利润的 7 800 万元营业外收入和 2 500 万元不应当期冲回的原材料拨备（即"存货计提"）。然而，即便如此，2012 年 A 公司仍有高达 4.06 亿元的巨额冲回，成了扭亏为盈的功臣。2012 年 A 公司共减少存货跌价准备 2.2104 亿元，转回坏账准备 5 500 万元，冲回广告费 7 900 万元，维修费拨备相对 2011 年度减少计提约 5 000 万元。在这里，计提就像游戏一样。计提的随意性不仅损害了会计信息的连续性和可比性，而且抹杀了会计准则的严肃性。6 月 26 日，A 公司发布澄清公告，对冲回这些减值准备作出了解释。

要求：

（1）说明 A 公司的"管理费用"2011 年和 2012 年所掩藏的秘密，并分析"计提冲回"操作行为对公司经营成果有何影响？

（2）分析 A 公司 3 天内发布的两份公告中，1 亿多元的差异是如何产生的？澄清公告发布后还存在哪些问题？对公司有哪些影响？

本章推荐阅读资料

1. ［美］Stephen Penman：《财务报表分析与证券定价》，中国财政经济出版社 2005 年版。
2. 张先治：《财务分析教学案例》，东北财经大学出版社 2006 年版。
3. ［美］伯恩斯坦等著，许秉岩等译：《财务报表分析》，北京大学出版社 2004 年版。
4. 谢志华：《财务分析》，高等教育出版社 2009 年版。

第 5 章

获利能力分析

学习提要与目标

本章主要介绍了以销售收入为基础的获利能力分析、以资产为基础的获利能力分析、股权投资报酬分析及收益质量分析。

通过本章的学习，应能够：
- 理解获利能力分析的含义、作用和数据基础；
- 掌握以销售收入为基础的获利能力的衡量指标和分析方法；
- 掌握以资产为基础的获利能力的衡量指标和分析方法；
- 掌握股权投资报酬的衡量指标和分析方法；
- 掌握收益质量分析。

在市场经济中，可以说企业存在的最主要目的就是实现利润最大化。企业对利润进行核算的过程，也就是企业利益相关者取得各自相应回报的过程。因为不同的利益相关者在企业价值创造过程中发挥的作用并不相同，收益性质存在差异，从而使企业盈利具有结构性特征，这也是利润表要分层列示利润形成过程的原因。

获利能力分析就是要评价企业在整个价值创造的过程中，企业主体与诸多利益相关者之间是否都实现了正常的交易性回报。如果答案是肯定的，企业才可能正常地发展，否则，企业经营就会出现危机，因此，获利能力体现了企业的综合实力。

第一节 获利能力分析概述

一、获利能力分析的含义

获利能力是指企业赚取利润的能力，反映企业的资金增值能力，是剖析企业经营的核心。获利能力分析就是要从各个方位对企业赚取利润的能力进行定量分析和定性分析。其内容覆盖面非常广泛，主要包括企业从营业收入中获取利润的能力、企业运用资产赚取利润的能力以及股东的投资回报水平三个方面。

企业的获利能力分析是财务报表分析的主要部分，所有的财务报表都与获利能力分析有关，但是其中利润表分析最重要。利润表报告了一个企业一段时期（月度、季度、半年度或年度）的经营成果，在评价企业过去的经营业绩、偿债能力、流动性、风险状况以及评估公司价值等方面起着重要的作用。

利润表与企业基本经济活动的关系如表 5-1 所示。

表 5-1　　　　　　　　利润表与企业基本经济活动的关系

项　目	企业的基本业务活动
一、营业收入	经营活动收入
减：营业成本	经营活动费用
营业税金及附加	经营活动费用
销售费用	经营活动费用
管理费用	经营活动费用
财务费用	筹资活动费用（债权人所得）
资产减值损失	非经营活动损失
加：公允价值变动收益	非经营活动利润或损失
投资收益	投资活动收益
二、营业利润	全部经营活动利润（已扣债权人利息）
加：营业外收入	非经营活动收益
减：营业外支出	非经营活动损失

续表

项　目	企业的基本业务活动
三、利润总额	全部活动净利润（未扣除政府所得）
减：所得税费用	全部活动费用（政府所得）
四、净利润	全部活动净利润（所有者所得）
五、其他综合收益	企业未在当期损益中确认的各项利得和损失扣除所得税影响后的收益
六、综合收益总额	考虑其他综合收益后的全部活动收益

表5-1清楚地反映了利润表与企业基本经济活动之间的关系。在财务报表分析中，区分经常性损益与非经常性损益非常重要。

经常性损益是企业主要的、有目的的、经常性业务活动创造的利润或造成的亏损，与企业经营管理的水平密切相关，可以反映企业的获利能力，因此，在利润表中列示在前面。在具体列示时，经常性业务所带来的收入与其相应的耗费要相互配比，并且，耗费是按照其与收入形成的相关性程度进行排序的。譬如，在营业利润的计算过程中，营业收入是企业最重要的收入来源，故列示在利息收入和手续费及佣金收入之前。再譬如，营业成本就是列示在期间费用之前，而在期间费用内部，销售费用因与企业主营业务收入的相关性较高而列示在前面，管理费用次之，财务费用在三者中列示在最后。

非经常性损益是指企业发生的、与经营业务无直接关系，或者虽与经营业务相关，但由于其性质、金额或发生频率，影响了真实、公允地反映公司正常获利能力的各项收入和支出。企业经营活动可能涉及的非经常性损益项目包括企业经营活动中显失公允的关联方交易产生的损益、公允价值变动损益、资产的处置或置换损益以及债务重组损失、资产的盘盈或盘亏，等等。企业投资活动可能涉及的非经常性损益项目如公司转让持有的长期投资属于特殊业务，由此而产生的损益应该全部作为非经常性损益处理。因为非经常性损益并非企业预定目的的损益，与经营管理水平联系不密切，所以，它不能代表企业的获利能力。譬如，一个濒临破产的企业，其经常性损益会表现为逐年减少，而非经常性损益的比重会逐步增加。一个获利能力下降的企业，一般会千方百计地粉饰企业的财务报表，经常通过诸如证券买卖、资产置换、债务重组、企业并购等非经常性业务"制造"利润。

在获利能力分析时，以一些基础的百分比形式来衡量利润比用绝对数来衡量更有意义，这些基础的百分比可以是销售额、生产性资产或股东及债权人投入的资本。

通常，基本财务比率分析中用到的利润只包括企业正常经营活动赚取的利润，必须剔除非正常因素对利润的影响，因为这些因素具有偶发性、不稳定性和非连续性。当然，如果这些非正常因素对利润的影响额很小，可以忽略。这些非正常因素主要有：（1）非正常或非经常项目；（2）已经或将要停止经营的项目；（3）非常项目；（4）会计准则和财务制度变更带来的累计影响。

二、获利能力分析的作用

获利能力分析对于所有会计报表使用者都非常重要。

首先,企业的获利能力与股东财富直接挂钩,也是企业价值评估的数据基础。因为股东的直接利益来源于所投资净资产的增值程度,并且,利润通常是证券价值变动的重要决定因素。例如,股东以股利形式获取的收入来自于企业实现的利润,并且,企业利润增长能引起股价的上涨,从而使股东获得资本收益。为此,股东要分析企业获利能力的大小、稳定持久性及其未来的发展趋势,计量和预计利润,为企业价值的评估提供基础数据。

其次,企业的获利能力影响债权人的债务安全。因为利润和经营活动现金流量是利息和本金偿付的重要来源。为此,企业的短期债权人主要关心企业本期的获利能力及盈利情况下的现金支付能力,企业的长期债权人则关心企业是否有高水平、稳定持久的获利能力基础,以预计长期借款本息足额收回的可靠性。

再其次,企业的获利能力直接反映管理者的经营业绩。企业各项管理活动的出发点和归宿点就是获取利润,更确切地说是价值增值,所以,企业管理部门所做出的经营决策都是以企业收益水平的高低、收益的稳定持久性及收益潜力分析为前提。

最后,企业的获利能力对其他利益相关者也具有重要意义。例如,有关的市场及政府管理部门需要通过考察企业的收益数额多少,分析企业获利能力对市场和其他社会环境的影响,并取得财政收入;利润还是企业职工取得劳动收入、福利保障和取得深造和发展机会的资金来源。

需要强调的是,由于会计准则的灵活性,有时要想取得企业真实的利润数据十分困难。归纳起来,必须考虑的影响企业会计报表利润计量结果的因素主要有以下几项:(1)会计估计。(2)会计处理方法选择。(3)会计信息披露的动机。(4)会计信息使用者的多样性。

> **小组讨论**
>
> 1. 叙述企业编制利润表的作用,其格式与各项目的排列顺序,利润表的层次是如何划分的?各构成项目之间存在怎样的关系?
>
>   提示:你可以查阅《企业会计准则第30号——财务报表列报》的相关规定和解读。
>
> 2. 叙述利润表各项目与企业的经营活动、投资活动和筹资活动的关系,并对经常性业务与非经常性业务对利润表的影响有一基本的认识。
>
>   提示:你可以上网查阅任意一家上市公司的年度利润表,也可以找一份证券报看看。

三、获利能力分析的数据基础

由于获利能力是反映企业赚取利润的能力,也就是说要通过企业投入与产出的关系反映企业的获利能力。由于反映投入水平与产出水平的财务会计指标很多，从不同的角度分析时，要求所采用的投入与产出必须相匹配。所以，在进行企业的获利能力分析之前，必须将分析的数据基础界定清楚。

获利能力分析涉及的收益（即产出）数据主要有：营业收入、销售毛利、营业利润、投资收益、营业外收入、营业外支出、非经营活动损益、息税前利润、息税前利润加折旧、税前利润（或利润总额）、应纳税所得额、净利润、属于普通股的收益、其他综合收益、综合收益、贡献毛益（边际贡献）、扣除非经常性损益后的净利润、可向股东分配的利润、经济增加值（EVA）等。

与收益数据相匹配的投入数据主要有：营业成本、营业费用、管理费用、财务费用、各类资产（如总资产、流动资产、对外投资、固定资产）、股东权益、发行在外的普通股股数等。

需要强调的是，由于会计准则的灵活性，有时要想取得企业真实的利润数据十分困难。归纳起来，必须考虑的影响企业会计报表利润计量结果的因素主要有以下几项：

（1）会计估计。会计处理中存在大量的估计事项，这些估计完全来自于判断力和可能性。它们要求将收入和费用在当期和未来期间进行分摊，并涉及到判定许多资产类型在未来的有用性以及对未来的负债和责任的估计。

（2）会计处理方法选择。会计处理方法选择反映了对不同利益者之间的协调和对各种收益计量观点的协调，将会计标准应用于各种不同的经济环境时存在充分的自由度。这样分析者必须对诸如坏账、折旧、研究费用、广告费以及非常或非经常性的收益和损失等进行调整，如果与其他公司进行可比性分析需要做同样的调整。

（3）会计信息披露的动机。从理论上讲会计应当是中立的，并在不带个人主观色彩的前提下表述及反映经营事项。但是，在实务中，企业披露相关信息时，能从可供选择的会计原则中进行选择，而这种选择取决于其披露的动机，无论这些信息对使用者决策产生有利影响还是不利影响。这些动机产生的压力导致了企业可能选择"可接受"的会计处理方法而非在给定经营环境下"合适"的会计处理方法。分析者必须明确这些动机并对收益做出相应评价。

（4）会计信息使用者的多样性。企业对外报送的会计报告是满足使用者各种各样需要的通用报告，一个简单的收益数据不可能对所有使用者均有用。所以，报表分析人员只能将收益作为获利能力分析的原始计量。此外，我们还得利用来自会计报表附注及其他来源的信息，对收益进行适当调整，以实现分析目标。

> **小组讨论**　**要求**：叙述什么是获利能力？获利能力分析主要分为哪三个视角？进行获利能力分析时应如何看待正常经济活动产生的利润和非正常因素产生的利润？获利能力分析对于不同的报表使用者具有怎样的作用？
>
> **提示**：查阅几家ST公司扭亏年度的利润表，重点关注它们从事正常经营活动产生的利润与非正常因素产生的利润的构成状况。

第二节 销售获利能力分析

实现收入是企业获利的基础,因为从销售收入获取收益的能力反映了企业产品(或劳务)的竞争能力。销售收入反映企业的商品经营,是相对于资产经营和资本经营而言的,不考虑企业的投资和筹资问题,只研究利润与收入或成本之间的财务关系。

一、以销售收入为基础的利润率指标

以销售收入为基础的获利能力衡量指标主要有三个,分别是销售毛利率、销售利润率和销售净利润率。

(一)销售毛利率

销售毛利率是销售毛利与销售收入之比。销售毛利率的计算公式为:

$$销售毛利率 = \frac{销售毛利}{销售收入} \times 100\%$$

其中,销售毛利 = 销售收入 – 销售成本,销售收入取自利润表中的销售收入,销售成本取自利润表中的营业成本。

销售毛利率可反映每1元销售收入扣除销售成本后,有多少现金可以用于补偿各项期间费用并形成盈利。该指标之所以有着重要的分析价值,是因为销售成本通常是工商企业最大的成本要素,因此,销售毛利是企业实现净利润和综合收益的条件和基础。虽然销售毛利率较高的企业,销售净利率不一定就比较高,但是,如果企业的毛利率非常低,那么,无论如何也不可能有比较理想的销售净利率。并且,企业管理者可按预计的销售毛利率水平来预测企业的未来获利能力,并进行成本水平的判断和控制,因为销售成本率 = 1 – 销售毛利率。

影响营业毛利变动的因素可分为外部因素和内部因素两大方面。外部因素主要是指市场供求变动而导致的销售数量和销售价格的变动以及取得生产要素价格的变动。由于企业对外部市场的驾驭能力有限,通常应适应市场变化,所以,企业更主要的是从内部因素入手寻求增加营业毛利额和销售毛利率的途径。影响营业毛利变动的内部因素包括:开拓市场的意识和能力、成本管理水平(包括存货管理水平、生产管理水平、产品结构决策、企业战略要求)以及存货盘盈或盘亏(指在定期实地盘存制下)等。

在我国企业的实践中,企业通常会在报表注释中进一步披露企业销售收入中主营业务的收入和成本、主要产品的收入和成本、企业经营所涉及主要行业的收入和成本、企业销售所涉及主要地区的收入和成本等,这些数据将有助于我们得到更有决策意义的销售毛利率指标。所以,在销售毛利率的计算和分析上,也表现为多层次性,应该取得更

多的决策有用的销售毛利率信息,即,可以进一步计算和分析企业主营业务的销售毛利率、企业主要产品的销售毛利率、企业经营所涉及主要行业的销售毛利率以及企业销售所涉及主要地区的销售毛利率等,从而全面评价企业产品的竞争能力。

例 5-1 GL 公司是一家主营家用电器类的上市公司,根据 GL 公司 2014 年的利润表,其当年的销售收入为 4 245 777.29 万元,销售成本为 3 195 597.94 万元,试计算该公司的销售毛利率。

GL 公司 2014 年的销售毛利率为:

$$销售毛利率 = \frac{4\ 245\ 777.29 - 3\ 195\ 597.94}{4\ 245\ 777.29} \times 100\% = 24.73\%$$

GL 公司 2014 年的销售毛利率为 24.73%,说明公司每 100 元销售收入在扣除营业成本后,有 24.73 元的现金可以用于补偿各项期间费用并形成盈利。

根据 GL 公司 2014 年的报表注释,我们可以进一步计算分析 GL 公司 2014 年主营业务的销售毛利率、主要产品的销售毛利率、企业经营所涉及主要行业的销售毛利率以及企业销售所涉及主要地区的销售毛利率等指标,从而全面评价 GL 公司在这些重大方面的竞争能力。

当然,要全面分析和评价 GL 公司 2014 年的销售毛利率是高是低,还需要通过同业比较分析和趋势分析进行,具体分析思路和过程可参考销售净利率的分析内容。

(二)销售利润率

销售利润率是指企业实现的经营利润与销售收入之比,其计算公式为:

$$销售利润率 = \frac{息前税前经营利润}{销售收入} \times 100\%$$

其中,息前税前经营利润是指企业正常生产经营业务所带来的、未扣除利息及所得税前的利润。其计算公式如下:

$$息前税前经营利润 = 利润总额 + 利息支出$$

经营利润中之所以要考虑利息支出,是因为企业利息支出的多少取决于负债水平,而负债水平则是由相对独立于企业经营活动的筹资活动决定的。所以,在考察企业的经营过程的盈利能力时,只有尽可能地剔除筹资活动带来的影响,才能更好地说明企业经营过程的绩效。

销售利润率表明每 1 元销售收入与其成本费用之间可以"挤"出来的收益,可用于衡量每百元销售收入中所赚取的收益。该比率越大,企业的盈利能力越强。该指标的分析意义在于:借以恰当地分析企业经营过程的获利水平,从而避免为企业财务杠杆程度所影响,同时也不受投资损益或非常项目的影响。

(三)销售净利率

销售净利润率是指企业实现的净利润与其销售收入之比,其计算公式为:

$$销售净利率 = \frac{净利润}{销售收入} \times 100\%$$

销售净利率可用于衡量每100元销售收入中所赚取的净利润。指标值越大,获利能力越强。将该比率与销售利润率进行比较,可以反映利息、所得税及投资收益对企业获利水平的影响。

例5-2 以GL公司为例,该企业2014年净利润为293 166.55万元,营业收入为4 245 777.29万元,试计算公司的销售净利率。

GL公司2014年的销售净利率为:

$$销售净利率 = \frac{293\ 166.55}{4\ 245\ 777.29} \times 100\% = 6.90\%$$

那么,GL公司2011~2014年的销售净利率是高还是低?下面,我们就将通过趋势分析、同业比较分析和影响因素分析进行深入探讨。

小组讨论 以下是某企业连续三年的销售收入、销售成本和销售毛利数据:

项目	第3年	第2年	第1年
销售收入	5 000 000	4 500 000	4 000 000
销售成本	3 300 000	2 825 000	2 100 000
销售毛利(A)	1 700 000	1 675 000	1 900 000
销售毛利率	34%	37%	45%

要求:你认为造成该公司三年来销售毛利率大幅度下降的原因可能有哪些?

二、销售净利率分析

以销售收入为基础的获利能力的衡量指标——销售毛利率、销售利润率和销售净利率,在分析思路上相似,故本部分就以销售净利率为例,说明对企业以销售收入为基础的获利能力如何进行深入分析。通常情况下,分析主要包括趋势分析、同业比较分析和影响因素分析三部分内容。

(一)趋势分析

销售净利率趋势分析是指对企业最近3~5年的销售净利率指标进行趋势分析,根据该比率的走势,分析把握企业获利能力的变动趋势及其稳定状态。

例5-3 表5-2列示了GL公司2011~2014年的销售净利率,以及所在家电行业的平均销售净利率,试通过销售净利率指标,对企业的获利能力进行分析评价。

表5-2 2011~2014年GL公司销售净利率和行业平均值比较 单位:%

项目	2011年	2012年	2013年	2014年
GL公司销售净利率	2.67	3.39	4.74	6.90
同行业平均销售净利率	4.66	6.97	4.78	7.50

从表 5-2 的历年数据走势可以看出，GL 公司近 4 年的销售净利率一路走高，显示公司产品的销售获利能力一直逐年稳步上升。从 2011 年的 2.67% 上升到 2014 年的 6.90%，上升幅度近 3 倍，说明公司产品的竞争能力在逐年增强。那么，GL 公司近 4 年销售净利率一直逐年稳步上升的状况，是否说明公司在 2014 年已经具有较强的销售获利能力？造成这一结果的原因是内因还是外因，抑或兼而有之呢？要回答上述问题，就需要进行同业比较分析和影响因素分析。

（二）同业比较分析

对单个企业来说，销售净利率指标越大越好，但各行业的竞争能力、经济状况及行业经营的特征，都使得不同行业各企业间的销售净利率大不相同。因此，在使用该指标分析时，还要注意将企业的个别销售净利率指标与同行业的其他企业进行对比分析。通过销售净利率的同业比较分析，可以发现企业获利能力的相对地位，了解引起销售净利润率变化的外部原因，从而更好地评价企业获利能力。

从表 5-2 的历年数据走势可以看出，家电行业的平均销售净利率在 2011~2014 年，除了 2013 年因全球金融危机冲击有所下降外，一直处于上升的势头，整个行业的发展前景是令人看好的。

与同行业相比，GL 公司的销售净利率一直低于行业平均值。GL 公司 2011 年和 2012 年的销售净利率（2.67% 和 3.39%）远低于行业平均值（4.66% 和 6.97%），说明 GL 公司的产品销售获利能力与行业平均水平还存在较大差距。但是，由于公司自身的不断努力，在面临全球金融危机的 2013 年，公司的销售净利率（4.74%）开始基本接近行业平均值（4.78%），进入行业的中等水平。但是，这一好的发展势头在 2014 年拉开差距，GL 公司的销售净利率（6.90%）再度低于行业平均值（7.50%），但是，差距已经比 2011 年和 2012 年时减少了很多。说明在全球金融危机持续影响的 2014 年，虽然 GL 公司在自身产品销售获利能力上不断提高，但是，同行业企业的平均水平提升更快。显然，GL 公司的销售净利率与同行业相比并不理想，公司必须进一步提高自身产品的销售获利能力，提升生产经营的管理水平，否则，在中国家电企业竞争激励的严酷现实环境下，公司的经营风险非常大。公司应进一步从影响销售净利率的内部因素去找销售净利率低于行业平均水平的原因，并应考虑企业是否存在战略调整情况，以做出客观评价。

（三）销售净利率的影响因素分析

销售净利率的影响因素主要涉及两大方面，即净利润和销售收入。其中，净利润同方向影响销售净利率：净利润越大，销售净利率越高。销售收入则从反方向影响销售净利率，意即：当净利润一定时，销售收入越大，销售净利率越低，说明企业销售业务的获利能力越弱；反之，销售收入越小，净利润越高，说明企业销售业务的获利能力越强。这说明，欲提高销售净利率，必须是用同等的销售收入实现更多的净利润。

通过对销售净利率进行影响因素分析，可以进一步了解引起销售净利率变化的内在原因，从而发现企业管理中的优势与劣势，指出企业未来管理的重点和方向。

例 5-4 已知 GL 公司 2013 年和 2014 年的净利润、营业收入和销售净利率如表 5-3 所示，试对该公司销售净利率的变动进行影响因素分析。

表 5-3　　　　　　　　　　　　　　　　　　　　　　　　　　　　　　单位：万元

项目	2013 年	2014 年
营业收入	4 203 238.8	4 245 777.29
净利润	199 184.95	293 166.55
销售净利率	4.74%	6.90%

由表 5-3 可知，GL 公司 2014 年的销售净利率比 2013 年上升了 2.16%，运用因素分析法分析其原因的过程如下：

由于 2014 年净利润的增加对销售净利率的影响为：

(293 166.55 - 199 184.95) ÷ 4 203 238.8 = 2.23%

由于 2014 年营业收入的增加对销售净利率的影响为：

293 166.55 ÷ 4 245 777.29 - 293 166.55 ÷ 4 203 238.8 = -0.07%

可见，GL 公司在 2014 年由于净利润比 2013 年增加 93 981.6 万元，使得销售净利率增长了 2.24%。由于 2014 年净利润的增幅低于营业收入的增幅，使得销售净利率降低了 0.07%，两个因素共同影响的结果使得公司 2014 年的销售净利率比 2013 年增加了 2.17%。从前面的分析已知，公司 2014 年在营业成本控制方面的成绩还是值得肯定的，说明公司在期间费用的控制方面存在薄弱环节，应进一步查明原因，明确责任，加大成本费用控制的力度。

> **小组讨论**
>
> **要求**：请你任选一家竞争激烈的制造类上市公司的年报资料，利用本部分所学习的方法，计算该公司 2010~2015 年度的销售毛利率和销售净利率，并进行趋势分析、同业比较分析和影响因素分析。
>
> **提示**：你可以从交易所网站或证券报上选取查阅上市公司的年度财务报告，从国泰安等数据库中获得行业均值数据。

三、影响获利能力的关键因素分析

影响企业获利能力的关键因素是营业收入和营业成本费用两大方面，在企业的正常经营活动中，它们通常对企业的净利润具有决定性的影响，营业收入扣除营业成本费用等后的营业利润是企业利润最重要的组成部分。为了从根本上把握企业的获利能力，企业管理者还必须利用充分的内部报表资料，对收入状况和可控成本进行更为详细的分析。由于分析时经常要用到不能对外公开的数据，如销售数量、销售价格、单位成本和费用明细等，所以，该项分析一般更适用于企业的内部管理决策。

(一) 营业收入对获利能力的影响分析

营业收入作为影响销售净利额最主要的正影响因素,对企业获利能力具有决定性影响。由于营业收入受销售数量、销售价格和品种结构等因素的影响,所以,可以从这几个方面入手,采用因素分析法分析它们对销售净利的影响,以帮助决策者进行相关经营及战略决策。

1. 销售数量变动的影响

销售数量是获取收入、实现利润的首要因素,销售数量的变动将正比例影响营业收入,销售数量变动对销售净利的影响额则可用公式表示如下:

$$\text{销售数量变动对销售净利的影响额} = \left(\text{实际销售数量} - \text{基期或预计销售数量}\right) \times \text{基期或预计单位贡献毛益}$$

其中:

$$\text{单位贡献毛益} = \text{单价} - \text{单位变动成本}$$

2. 销售价格变动的影响

销售价格变动只对营业收入产生影响,销售价格变动对收入及销售净利的影响额可用公式计算如下:

$$\text{销售价格变动对收入和销售净利的影响额} = \left(\text{实际售价} - \text{基期或预计售价}\right) \times \text{实际销售数量}$$

3. 品种结构变动的影响

为了分散投资经营的风险,越来越多的企业采用多元化经营或生产多样化产品的经营模式。如何从品种结构变动对销售毛利的影响分析入手,研究在有限资源条件下谋取更大的获利能力,是企业管理者必须考虑的一个重要问题。各产品销售比重即品种结构,当销售总量、价格、成本水平一定时,各种产品之间的品种结构就是影响销售毛利的重要因素。它们之间的关系可表述为:

$$\text{销售毛利} = \sum\left[\text{某产品销售数量} \times \left(\text{该产品销售单价} - \text{该产品单位销售成本}\right)\right]$$

或

$$= \sum\left(\text{企业销售总额} \times \text{各产品销售比重} \times \text{各该产品毛利率}\right)$$

其中:

$$\sum\left(\text{各产品销售比重} \times \text{各该产品毛利率}\right) = \text{综合毛利率}$$

总之,品种结构变动对企业获利能力具有重大影响,企业应该寻求有利的品种结构,尽可能提高毛利率高的产品的销售比重,以增强企业的获利能力。

(二) 成本费用对获利能力的影响分析

进行成本费用分析的目的就是要找出企业在成本管理中存在哪些问题,原因何在,从而对企业的成本管理水平做出评价。企业成本按可控性划分,可分为可控成本和不可控成本。此处分析的焦点是可控成本。

1. 主营业务成本分析

若不考虑其他因素的变化,主营业务成本对销售净利的影响数额可表示如下:

$$\text{主营业务成本变动对销售净利的影响额} = \text{实际销售数量} \times (\text{基期或预计单位成本} - \text{实际单位成本})$$

或

$$= \text{主营业务收入} \times (\text{基期或预计主营业务成本率} - \text{实际主营业务成本率})$$

上式表明,单位成本或主营业务成本率是影响销售净利的重要因素,成本水平越高,获利能力越低。因此,要增强企业的获利能力,必须在增加销售的同时,降低企业的成本水平。

通常,对于主营业务成本的分析,要从趋势分析、同业比较分析和预算完成情况分析三个方面进行。

2. 各项费用分析

这里的费用主要指企业的期间费用,包括营业费用、管理费用和财务费用。分析三项费用所依据的资料是各项费用明细,通常进行三个方面的分析:(1)趋势分析。可将各项费用明细及其总额的本期实际与前期实际相比较,以了解各项费用额的变动情况;(2)预算完成情况分析。将本期实际与本期预算相比较,以了解费用预算的具体执行情况。通过这些比较,确定差异,并将重大差异费用项目作为进一步分析的重点;(3)费用项目的影响因素分析。以了解费用超支或节约的原因,从而为评价费用管理工作、进一步寻求节约费用开支的措施提供依据。同时,由于不同费用项目分别由不同部门负责,因此分析时还应按照费用管理的分工确定各项费用的责任部门,分清各部门在费用超支或节约中的责任。具体分析过程请参见第4章相关内容。

> **小组讨论**
> 1. 为什么在讨论销售数量对销售收入的影响时要考虑贡献毛益?
> 2. 销售数量与销售利润间存在怎样的互动关系?原因何在?
> 3. 在企业实务中,销售数量与销售价格之间存在怎样的互动关系?
> 4. 上述结论对企业管理有何启示?

第三节 资产获利能力分析

企业管理者对所有资产的投资获利能力都非常关注。以资产为基础的获利能力是从企业的整体经营来考察全部投入资产形成的收益,称为资产投资报酬。

一、以资产为基础的获利能力的衡量

从企业经营者角度来观察,运用企业的资产获得更好的投资报酬是他们的理财目标。由于企业资产存在多种形式,在指标的设计上应遵循重要性原则和成本效益原

则，以提高分析的效率和质量。所以，通常采用最主要的营运资产项目和类别作为总资产收益率的代表。同时，我们还要考虑企业长期资本的获利能力。所以，以资产为基础的获利能力的具体衡量指标包括总资产收益率、总资产净利率、投资收益率和经营资产收益率等。

（一）总资产收益率

总资产收益率也称总资产报酬率，是企业一定期限内实现的息税前利润额与该时期企业总资产平均余额的比率。它是评价企业资产综合利用效果、企业总资产获利能力以及企业经济效益的核心指标。其计算公式如下：

$$总资产收益率 = \frac{息税前利润}{总资产平均余额} \times 100\%$$

其中，息税前利润＝利润总额＋利息支出。

之所以分子采用息税前利润，是因为它是由企业所拥有的全部资产创造的收益，其中，利息是债权人提供贷款所实现的报酬，而由债权人提供贷款所投资的部分，已包括在分母"总资产"之中。所得税费用是企业创造的、由于国家需要调节收入分配而需要支付给国家的收益。如果上市公司对外不明确披露利息支出，则可用财务费用来替代利息支出，即息税前利润＝利润总额＋财务费用。

目前，不少上市公司由于拥有从事金融性活动的财务公司，根据会计准则的要求，在其合并利润报表中，既要单独披露集团公司发生的、除财务公司以外的其他分公司和子公司的财务费用，还要单独披露该下属财务公司的利息支出。那么，如果公司在会计报表注释中披露了财务费用明细表，其中包括利息支出，则息税前利润的取值应该是：息税前利润＝利润总额＋利息支出（在注释中的财务费用明细表中列示的）＋利息支出（在合并利润表中列示的）。如果公司在会计报表注释中没有披露财务费用明细表，则息税前利润的取值应该是：息税前利润＝利润总额＋财务费用（在合并利润表中列示的）＋利息支出（在合并利润表中列示的）。在美国等市场经济发达国家，公司通常要对外披露全部利息支出。在我国，全面披露利息支出已经是一种趋势。

通常，一个企业的总资产收益率越高，表明其运用全部资产进行经营管理的效益越好，企业的财务管理水平越高，企业的获利能力也越强。反之，总资产收益率越低，说明企业资产的利用效率不高，利用资产创造的利润越少，企业的获利能力也就越差，财务管理水平也越低。

总资产收益率分析的重要意义体现在：总资产收益率指标集中体现了资产运用效率和资金利用效果之间的关系；总资产收益率指标将过去、现在及未来预测的收益与总投资联系起来，因此可以通过对企业过去、现在的总资产收益率的分析，来进行盈利预测，确定企业所面临的风险；总资产收益率还可以用于计划、预算、协调、评价和控制企业各部门、各环节的工作效率和工作质量；总资产收益率的分子采用的是息税前利润，是排除利息和税收影响的收益，是企业经营中所创造的全部收益，排除了公司负债水平的差异对这一指标的影响，因此，总资产收益率是不受筹资活动影响的企业的真实盈利的反映，使得这一比率更具有普遍性，便于同社会平均的资本收益率或资本成本率相比较。

例5-5 已知GL公司2013年末的资产总额为3 056 471.89万元，2014年末的资产总额为5 153 025.07万元，公司2014年度实现的利润总额为338 027.55万元，发生的利息支出为1 576.49万元，财务费用为-9 702.19万元。试计算该公司的总资产收益率。

GL公司2014年度实现的息税前利润 = 338 027.55 + 1 576.49 = 339 604.04（万元）

总资产收益率 = [339 604.04 ÷ (3 056 471.89 + 5 153 025.07) ÷ 2] × 100%

　　　　　　 = [339 604.04 ÷ 4 104 748.48] × 100%

　　　　　　 = 8.27%

说明GL公司在2014年运用的每100元资产可赚取8.27元的息税前利润额，但仅有总资产收益率数据，尚无法对企业运用全部资产的获利能力强弱进行评价。要分析企业总资产的获利能力强弱，还需要进一步进行趋势分析、同业比较分析和影响因素分析，这部分分析的内容将在本节的第二个问题中进行详细阐述，对以下几个指标深入分析的思路类同。

（二）总资产净利率

总资产净利率是指税后利润与总资产平均余额的比率，它反映每1元资产所创造的净利润。其计算公式为：

$$总资产净利率 = \frac{净利润}{总资产平均余额} \times 100\%$$

其中，税后利润是扣除利息和所得税之后的利润，应该包括投资收益，但仍然不应该包括非常项目。通常，总资产净利率越高，说明企业总资产的获利能力越强；反之亦然。

例5-6 续上例，根据GL公司的财务报表数据，2014年公司实现的净利润为293 166.55万元，则该公司的总资产净利率为：

总资产净利率 = [293 166.55 ÷ (3 056 471.89 + 5 153 025.07) ÷ 2] × 100%

　　　　　　 = [293 166.55 ÷ 4 104 748.48] × 100%

　　　　　　 = 7.14%

说明GL公司在2014年运用的每100元资产可赚取7.14元的净利润。

总资产净利率是企业盈利能力的关键。虽然股东报酬由总资产净利率和财务杠杆共同决定，但是，提高财务杠杆会同时增加企业风险，有时可能并不增加企业价值。此外，提高企业的财务杠杆并不是可以随时进行的，存在很多限制。企业常常处于财务杠杆不可能再提高的状态。因此，驱动净资产收益率的基本动力是总资产净利率，而影响总资产净利率的驱动因素是销售净利率和总资产周转率，对该问题的深入分析可参见第7章"财务报表综合分析"部分的杜邦分析法，此处不再赘述。总之，总资产净利率是杜邦分析法的重要财务评价指标，将该比率与总资产收益率进行比较时，可以反映利息、所得税及非常项目对企业资产获利水平的影响。

（三）投资收益率

投资收益率是指息税前利润与投资的比率，其计算公式为：

$$投资收益率 = \frac{息税前利润}{投资}$$

其中，投资是指所有者权益与计息负债之和，即总资产扣除不计息负债（自然负债）后的差额。不计息负债一般是指企业在经营活动中自发产生的负债，主要包括应付账款、应付票据等。对于这类不计息的负债，企业是免费使用的，所以，企业无需为这部分资金实现报酬。通常，投资收益率越高，说明企业对投资的运作水平越高，企业投资的获利能力越强；反之亦然。但要注意的是，对于那些自然负债比较多的企业，其投资收益率将会明显高于总资产收益率。

需要注意的是，在下面两种情况下，企业的自然负债将不再是免费的：（1）因为利用应付账款融资而放弃了现金折扣；（2）因为超过了信用期仍未付款而引发的企业信用破坏。当企业的大部分自然负债都是由于上述两种原因形成的情况下，对投资收益率进行分析的意义就大大降低了。

（四）经营资产收益率

经营资产收益率是指经营性利润与年平均经营资产的比率，即：

$$经营资产收益率 = \frac{经营性利润}{平均经营资产}$$

其中，经营性利润是指不包括投资收益和非常项目的净利润。经营资产是指从总资产中扣除投资、无形资产及其他资产后的余额。

经营资产收益率反映企业投入生产经营的资产的获利水平。将其与总资产净利率进行比较，可以发现企业利润是否主要来自经营资产的有效利用。当投资和无形资产等占总资产的比例比较大的时候，分析该比率方能发现企业主营业务上所配置资金的回报水平。

在分析企业的资产投资回报时，还可采用流动资产收益率和固定资产收益率等更为细化的指标。

二、以资产为基础的获利能力分析

企业资产的获利能力究竟如何？如何评价企业资产的获利能力水平？下面，就以总资产收益率为例，说明如何对企业投入全部资产的获利能力进行深入分析。

（一）总资产收益率的趋势分析

由于单期的收益可能包含着非正常因素的影响，一些行业周期明显的企业，其销售利润率上下波动，会影响总资产收益率；而且总资产的占用额也具有一定的偶然性。因此，单独对企业某一个会计年度的总资产收益率进行分析，不足以对企业的资产报酬做出全面的评价，应该进行连续多年的趋势分析，并在此基础上再进行同业比较分析，有利于发现企业自身全部资产在获利能力方面存在的问题，为企业管理指出问题和方向。

例 5-7 已知 GL 公司有关数据如表 5-4 所示，试对该公司的总资产收益率进行趋势分析。

表 5-4　　　GL 公司 2011~2014 年度总资产收益率趋势分析　　　单位：万元

项　目	2011 年	2012 年	2013 年	2014 年
利息支出	33.04	763.10	1 219.84	1 576.49
财务费用	-444.11	-974.22	8 499.54	-9 702.19
利润总额	84 875.34	142 636.70	240 625.48	338 027.55
息税前利润	84 908.38	143 399.80	250 344.86	339 604.04
资产总额	1 663 457.75	2 554 795.54	3 056 471.89	5 153 025.07
总资产平均余额		2 109 126.65	2 805 633.72	4 104 748.48
GL 公司总资产收益率		6.80%	8.92%	8.27%

注：因 GL 公司 2011 年、2012 年和 2014 年的财务费用为负，故在计算息税前利润时不予考虑。

表 5-4 显示，GL 公司 2012~2014 年度的总资产收益率走势呈先升后降。2013 年度的总资产收益率（8.92%）比 2012 年度（6.80%）增加了 2.12%。主要原因是虽然我国空调行业在 2013 年度的经营受到了很大的冲击，家电行业内企业间竞争更加激烈，但是，由于国家在 2013 年度相继出台了 4 万亿元的经济刺激计划、轻工振兴规划和家电下乡补贴等多项有利于刺激空调需求的政策。同时，GL 公司依靠自身在技术、质量、营销网络等方面的优势，通过改善出口业务流程，缩短了收款周期，使得公司在 2013 年度实现营业总收入 422.00 亿元，较 2012 年的 380.41 亿元增长了 10.93%。而 2013 年度的材料价格却比预计有所下跌，最终使得公司息税前利润的增幅大于资产总额的增幅，使得公司 2013 年度的总资产收益率比 2012 年度有所增加。

到了 2014 年，公司的总资产收益率（8.27%）却比 2013 年度（8.92%）降低了 0.65%。主要原因是，由于金融危机给公司经营带来了极大的困难与严峻的挑战，公司出口下降，内销不旺，最终，导致公司息税前利润的增幅小于资产总额的增幅，使得公司 2014 年度的总资产收益率比 2012 年度有所下降。

由于 GL 公司过去一直在行业内都经营得不错，故该公司未来总资产收益率的走势尚需结合公司自身的发展战略和行业的发展势头做进一步的分析。

（二）总资产收益率的同业比较分析

由于我们采用的同行业各公司的总资产收益率均值数据来自国泰安数据库，其息税前利润的取值为：息税前利润 = 利润总额 + 财务费用，没有考虑目前上市公司利润表中新出现的"利息支出"项目,所以,在进行总资产收益率的同业比较分析时,为了保持计算口径的一致性,要对 GL 公司总资产收益率的分子进行调整。

例 5-8 GL 公司总资产收益率与所在行业的数据如表 5-5 所示。

表 5-5　　　GL 公司 2011~2014 年度总资产收益率同业比较分析　　单位:%

项　目	2012 年	2013 年	2014 年
GL 公司总资产收益率	6.76	8.88	8.24
行业平均总资产收益率	5.28	3.39	7.10

表 5-5 显示,GL 公司 2012 年、2013 年和 2014 年的总资产收益率与行业平均水平相比,均高于行业平均值,特别是在 2013 年,公司的总资产收益率比行业平均水平高了 5.49%(2.6 倍多)。并且,GL 公司总资产收益率的走势(先升后降)与行业总资产收益率平均水平(先降后升)不一致,说明在金融危机的持续影响下,虽然我国空调行业出口下滑严重,行业内的企业间竞争更加激烈,市场集中度也进一步得到提高,但是,GL 公司却靠自身的努力取得了佳绩,GL 公司的竞争优势地位比较明显,但这种优势在 2014 年有削弱的趋势,GL 公司重点需要在促进销售和成本费用损失的控制方面加大管理的力度。

(三) 总资产收益率的影响因素分析

根据前述总资产收益率的计算公式可知,企业的息税前利润和总资产占用额是两个重要的影响因素,直接影响到总资产收益率的高低。

为了便于深入分析影响总资产收益率变动的原因,明确企业管理的重点和方向,可对总资产收益率的原始计算公式进行分解,找出重要的影响因素。由于仅仅通过总资产收益率计算公式中涉及的两个因素——收益总额和资产总额进行影响因素分析,尚难以发现企业经营管理中的问题,故需要对该计算公式进行分解,以找出更有管理意义的影响因素。具体分解过程如下:

$$总资产收益率 = \frac{息税前利润}{总资产平均余额} \times 100\%$$

$$= \frac{息税前利润}{营业收入} \times \frac{营业收入}{总资产平均余额} \times 100\%$$

$$= 销售利润率 \times 总资产周转率$$

分解后的公式显示,企业的销售利润率和总资产周转率直接影响总资产收益率。总资产周转率反映企业的资产运营效率和管理水平,它与资产构成有关,从而可分析企业资产构成是否合理,是否存在资产闲置,是否适应企业竞争的需要,是否有助于企业的可持续发展。销售利润率反映企业产品的竞争能力,营业收入增加,企业的息税前利润会增加更多。总之,企业的资产运用效率越好,资产周转率越快,销售利润率越高,总资产收益率就越高;反之,资产运用效率越差,总资产周转率越慢,则资产平均占用额越多,销售利润率下降,总资产收益率也随之下降。

例 5-9 续前例，GL 公司 2014 年的总资产平均余额为 4 104 748.48 万元，息税前利润额为 339 604.04 万元；2013 年的总资产平均余额为 2 805 633.72 万元，息税前利润额为 250 344.86 万元；公司 2013 年、2014 年的营业收入分别为 4 203 238.80 万元和 4 245 777.29 万元。试对 GL 公司 2014 年的总资产收益率进行影响因素分析。

对 GL 公司 2014 年总资产收益率进行影响因素分析的具体过程如下：

（1）从息税前利润和总资产平均余额的角度进行分析。

GL 公司 2013 年度和 2014 年度的总资产收益率分别为：

2014 年总资产收益率 = 339 604.04/4 104 748.48 = 8.27%

2013 年总资产收益率 = 250 344.86/2 805 633.72 = 8.92%

公司 2014 年度的总资产收益率比 2013 年降低了 0.65%。其中，由于息税前利润增加的影响值为：

(339 604.04 - 250 344.86)/2 805 633.72 = 3.18%

由于总资产平均余额增加的影响值为：

(339 604.04/4 104 748.48) - (339 604.04/2 805 633.72) = -3.83%

GL 公司 2014 年度的总资产收益率与 2013 年相比，看似下降不多（0.65%）。但是，通过影响因素分析，可以发现其两个重要的影响因素却发生了较大的变化，公司的资产总额在 2014 年增加得较快，总资产平均余额增加了 46.3%，该因素的变动使得 GL 公司的总资产收益率降低了 3.83%；而息税前利润虽然也增加，但是，由于其增幅（36.65%）比资产总额的增幅低了 10.65%，使得公司总资产收益率提高了 3.18%。两因素共同影响的结果，使总资产收益率降低了 0.65%。

（2）从公司的销售利润率和总资产周转率的角度进行分析。

$$总资产收益率 = 销售利润率 \times 总资产周转率$$

$$销售利润率 = (息税前利润/营业收入) \times 100\%$$

公司 2013 年度和 2014 年度的指标如下：

$$2013 年的总资产收益率 = \frac{250\ 344.86}{4\ 203\ 238.80} \times \frac{4\ 203\ 238.80}{2\ 805\ 633.72}$$

$$= 5.96\% \times 1.4981$$

$$= 8.92\%$$

$$2014 年的总资产收益率 = \frac{339\ 604.04}{4\ 245\ 777.29} \times \frac{4\ 245\ 777.29}{4\ 104\ 748.48}$$

$$= 8.00\% \times 1.0344$$

$$= 8.27\%$$

从上面的数据可以看出，导致 GL 公司 2014 年总资产收益率比 2013 年低的主要原因是总资产周转率下降。在 2014 年营业收入略增的情况下，公司 2014 年销售利润率比 2013 年增长了 34.30%，公司产品的竞争实力和销售业绩是非常值得肯定的。但是，公司 2014 年总资产周转率却比 2013 年下降较多（30.96%），主要原因就是公司的总资产增加过快（46.3%）。因此，公司的管理重点应集中在总资产周转率的提高方面，例如，由于家电行业竞争激烈，公司必须进一步加大销售的力度，加强产品的研发和创新，降低无发展前途的投资项目，等等。

对总资产净利率、投资收益率和经营资产收益率等其他获利能力指标的深入分析思路与上述总资产收益率的分析相似。

> **小组讨论** 以你在前一节小组讨论中选择的竞争激烈的制造类上市公司的年报资料为依据,利用本部分所学习的方法,计算该公司2010~2015年度的总资产收益率,并对其进行趋势分析、同业比较分析和影响因素分析。

第四节 股东投资报酬分析

对于股东而言,投资报酬是他们投入权益资本获得的回报。衡量股东投资报酬的财务指标主要采用净资产收益率和每股收益两个指标。

一、以股东投资为基础的获利能力的衡量

以股东投资为基础的获利能力的衡量指标主要有净资产收益率、每股收益和市盈率、市净率等其他与股东投资收益直接相关的财务指标。

(一)净资产收益率的计算

净资产收益率也称为权益报酬率或净值报酬率,是净利润与平均所有者权益(或净资产、股东权益)之比,表明企业所有者权益投入所获得的投资报酬。其计算公式为:

$$净资产收益率 = \frac{净利润}{平均所有者权益} \times 100\%$$

式中,平均所有者权益 = (期初所有者权益 + 期末所有者权益) ÷ 2

例5-10 GL公司2014年实现净利润293 166.55万元,试计算GL公司的净资产收益率。

根据公司的利润表,2014年初公司的所有者权益总额为759 104.86万元,2014年末的所有者权益总额为1 065 268.53万元,公司2014年度的平均所有者权益为912 186.70万元,则2014年GL公司的净资产收益率为:

$$2014年GL公司的净资产收益率 = \frac{293\ 166.55}{912\ 186.70} \times 100\% = 32.14\%$$

净资产收益率是最具综合性的评价指标。该指标不受行业的限制,不受公司规模的限制,适用范围较广,从股东的角度来考核其投资报酬,反映资本的增值能力及股东投资报酬的实现程度,因而它是最被股东所关注的指标,净资产收益率指标还影响着企业的筹资方式、筹资规模,进而影响企业的未来发展战略。该指标值越大,说明企业的获利能力越强。该指标可以与社会平均利润率、行业平均利润率或者资金成本相比较。

（二）每股收益

每股收益是指普通股股东每持有一股普通股所能享有的企业净利润或需承担的企业净亏损。每股收益用于反映企业的经营成果，衡量普通股的投资回报及投资风险，是股东、债权人等信息使用者据以评价企业盈利能力、预测企业成长潜力、确定企业股票价格进而做出相关经济决策的一项重要的财务指标。

每股收益包括基本每股收益和稀释每股收益两类。根据会计准则的规定，上市公司必须在利润表中披露基本每股收益和稀释每股收益的信息。

1. 基本每股收益

基本每股收益只考虑当期实际发行在外的普通股股份，按照归属于普通股股东的当期净利润，除以当期实际发行在外普通股的加权平均数计算确定。每股收益反映企业为每一普通股份所实现的税后净利润。其计算公式如下：

$$基本每股收益 = \frac{净利润 - 优先股股利}{当期实际发行在外普通股加权平均数}$$

其中：

$$\begin{aligned}当期实际发行在外\\普通股加权平均数\end{aligned} = 期初发行在外普通股股数 + 当期新发行普通股股数 \times \left(\frac{已发行时间}{报告期时间}\right) \\ - 当期回购普通股股数 \times \left(\frac{已回购时间}{报告期时间}\right)$$

例 5 -11 已知 A 公司 2014 年度实现净利润为 1 625 万元，公司股票的变动情况如表 5 -6 所示，假定该公司按月数计算每股收益的时间权重。试计算 A 公司 2014 年度的基本每股收益。

表 5 -6　　　　　　A 公司 2014 年度公司股票的变动情况表　　　　　单位：万股

时间	已发行股数	新发行股数	回购股数	发行在外股数
2014 年 1 月 1 日	1 500			1 500
2014 年 3 月 31 日		500		2 000
2014 年 6 月 30 日			200	1 800
2014 年 12 月 31 日	1 500	2 000	200	1 800

A 公司 2014 年度基本每股收益的计算如下：

$$发行在外普通股加权平均数 = 1\,500 \times \left(\frac{12}{12}\right) + 500 \times \left(\frac{9}{12}\right) - 200 \times \left(\frac{6}{12}\right) = 1\,775 （万股）$$

则，A 公司的基本每股收益 = 1 625/1 775 = 0.92（元/股）

2. 稀释每股收益

稀释每股收益是以基本每股收益为基础，假设企业所有发行在外的稀释性潜在普通股均已转换为普通股，从而分别调整归属于普通股股东的当期净利润以及发行在外普通股的加权平均数计算而得的每股收益。即，稀释每股收益要考虑到当期所有发行在外的稀释性潜在普通股的影响。

(1) 潜在普通股。

潜在普通股是指赋予其持有者在报告期或以后期间享有取得普通股股利的一种金融工具或其他合同。目前，我国企业发行的潜在普通股主要有可转换公司债券、认股权证、股份期权等。这些证券的发行条款允许其持有者成为普通股股东，因此它们有可能在将来增加公司流通在外的普通股股数，因而都是潜在的普通股。所以，在它们没有真正转化为普通股之前，可以算是"准普通股"。这些证券的存在，意味着将来会导致普通股每股收益的稀释。当这种潜在的稀释作用相当显著时，就有必要调整计算每股收益。当认股权证和股份期权等的行权价格低于当期普通股平均市场价格时，可以认为股东肯定会行使权力，流通股数会增加，这样就会对每股收益产生稀释性。

(2) 稀释每股收益的计算。

计算稀释每股收益的目的是考虑到当期所有发行在外的稀释性潜在普通股的影响。当企业存在稀释性潜在普通股时，应当根据具有稀释性的潜在普通股影响，分别调整归属于普通股股东的当期净利润和发行在外普通股的加权平均数，并据以计算稀释每股收益。稀释每股收益的计算公式为：

$$\text{稀释每股收益} = \frac{\text{调整后的归属于普通股股东的当期净利润}}{\text{计算基本每股收益时普通股加权平均数} + \text{假定稀释性潜在普通股转换为已发行普通股而增加的普通股股数的加权平均数}}$$

计算稀释每股收益时，要注意以下几个方面：

① 计算稀释性潜在普通股转换为已发行普通股而增加的普通股股数的加权平均数时，以前期间发行的稀释性潜在普通股，应当假设在当期期初转换；当期发行的稀释性潜在普通股，应当假设在发行日转换。

② 对归属于普通股股东的当期净利润的调整。之所以要调整，是因为当潜在普通股转换成普通股以后，新的普通股将有权参与分配归属于母公司普通股股东的权益。准则规定计算稀释每股收益，应当根据下列事项对归属于普通股股东的当期净利润进行调整：a. 当期已确认为费用的稀释性潜在普通股的利息；b. 稀释性潜在普通股转换时将产生的收益或费用。其中，当期已确认为费用的稀释性潜在普通股的利息和减少利息的税后金额会增加归属于普通股股东的利润；稀释性潜在普通股转换时产生的收益会增加归属于普通股股东的利润；稀释性潜在普通股转换时产生的费用会减少归属于普通股股东的利润。

这里需要注意的是，在调整归属于普通股股东的当期净利润时应当考虑相关的所得税影响。例如，丙公司 2014 年净利润 1 500 万元，发行可转换债券当年利息费用（包括折价发行的摊销额）20 万元，所得税税率为 30%，则调整后净利润为 1 500 + 20 − 20 × 30% = 1 514（万元）。

③ 关于股数的计算。计算稀释每股收益时，当期发行在外普通股的加权平均数应当为计算基本每股收益时普通股的加权平均数与假定稀释性潜在普通股转换为已发行普通股而增加的普通股股数的加权平均数之和。计算稀释性潜在普通股转换为已发行普通股而增加的普通股股数的加权平均数时，以前期间发行的稀释性潜在普通股，

应当假设其已在当期期初转换为普通股;当期发行的稀释性潜在普通股,应当假设其在发行日转换为普通股。例如,某公司2014年,年初流通在外的普通股股数100万股,有在2013年发行的60万份可转换债券,有在2014年10月1日发行的80万认股权证。则计算稀释的每股收益时普通股股数 = 100 + 60 + 80 × 3 ÷ 12 = 180(万股)。

(三) 其他与股东投资收益直接相关的财务指标

除了每股收益外,与股东利益直接相关的重要财务指标还有市盈率、市净率、留存收益率、股利支付率、股票获利率等。其中,市盈率和市净率主要用于企业价值评估。

1. 市盈率

市盈率是指普通股每股市价与每股收益的比率,它反映了普通股股东愿意为每1元净利润支付的价格。其中,每股收益反映每只普通股当年创造的净利润。市盈率的计算公式为:

$$市盈率 = \frac{每股市价}{每股收益}$$

市盈率既可以用来分析说明公司未来的获利前景,也可以用来分析说明投资于公司股票的风险。它是市场对公司的共同期望指标,市盈率越高,表明市场对公司的未来越看好。在市价确定的情况下,每股收益越高,市盈率越低,投资风险越小;反之亦然。在每股收益确定的情况下,市价越高,市盈率越高,风险越大;反之亦然。仅从市盈率高低的横向比较看,高市盈率说明公司能够获得社会信赖,具有良好的前景;反之亦然。

例 5 - 12 假设甲公司2014年的每股收益为0.5元/股,每股市价为8元,则:该公司2014年的市盈率 = 8 ÷ 0.5 = 16

2. 市净率

市净率是指普通股每股市价与每股净资产的比率,它反映普通股股东愿意为每1元净资产支付的价格。其中,每股净资产(也称为每股账面价值)是指普通股股东权益与流通在外普通股加权平均股数的比率,它反映普通股每股享有的净资产。市净率的计算公式如下:

$$市净率 = 每股市价 ÷ 每股净资产$$

与市盈率类似,市净率的高低也有着双重含义,既可能代表公司未来获利的大小,也可能代表公司股票投资风险的大小。市净率越高,可能意味着公司未来的盈利前景越好,也可能意味着股票价格被高估,严重地背离了净资产价值。

例 5 - 13 假设甲公司2014年的每股净资产为1.5元/股,每股市价为8元,则:该公司的市净率 = 8 ÷ 1.5 = 5.33

每股净资产在理论上提供了股票的最低价值。如果公司的股票价格低于净资产的账面值,账面值又接近变现价值,说明公司已无存在价值,清算是股东最好的选择。把每股净资产和每股市价联系起来,可以说明市场对公司资产质量的评价。

3. 留存收益率

留存盈利比率是指留存收益与净利润的比率。

$$留存收益率 = (净利润 - 全部股利) \div 净利润 \times 100\%$$

留存收益比率的高低，反映企业的理财方针。如果企业认为有必要从内部积累资金，以便扩大经营规模，经股东大会同意可以采用较高的留存收益比率。如果企业不需要资金或者可以用其他方式筹资，为满足股东取得现金股利的要求，可降低留存收益的比率。显然，提高留存收益比率必然降低股利支付率。

4. 股利支付率

股利支付率是指普通股净收益中股利所占的比重，它反映公司的股利分配政策和支付股利的能力。其计算公式如下：

$$股利支付率 = (普通股每股股利 \div 普通股每股收益) \times 100\%$$

在使用每股收益时，应注意计算每股股利与每股收益采用的并不是同一个股份数。

5. 股票获利率

股票获利率是指每股股利与股票市价的比率，亦称市价股利比率。其计算公式为：

$$股票获利率 = (普通股每股股利 \div 普通股每股市价) \times 100\%$$

股票获利率反映股利和股价的比例关系。只有股票持有人认为股价将上升，才会接受较低的股票获利率。如果预期股价不能上升，股票获利率就成了衡量股票投资价值的主要依据。股票获利率主要应用于非上市公司的少数股权。

二、以股东投资为基础的获利能力分析

（一）净资产收益率的分析

对净资产收益率的深入分析评价，可以从因素分析法、趋势分析法和同业比较分析法三个视角展开。

1. 净资产收益率的影响因素分析

直接按净资产收益率的计算公式进行影响因素分析，不能为报表使用者提供更有用的信息。我们可以通过杜邦分析法和财务杠杆分析法两种方法对净资产收益率的原始计算公式进行分解。

（1）按杜邦分析法对净资产收益率的分解分析。

杜邦分析法，又称杜邦财务分析体系，简称杜邦体系，是利用三种主要财务比率指标（即销售净利率、总资产周转率和权益乘数）之间的内在联系，对企业财务状况及经济效益进行综合系统分析评价的方法。由于这部分内容将在第7章进行详细阐述，所以，此处不再赘述。

（2）按财务杠杆分析法对净资产收益率的分解分析。

财务杠杆源于负债中固定利息（包括优先股股息）的存在，企业既可以利用财务杠杆正的效应提高净资产收益率，也可能由于财务杠杆负的效应遭到沉重打击。

按财务杠杆对净资产收益率可进行如下分解：

由于：

净利润 =（总资产收益率 × 总资产 − 负债利息率 × 负债）×（1 − 所得税税率）

= [总资产收益率 ×（净资产 + 负债）− 负债利息率 × 负债] ×（1 − 所得税税率）

= [总资产收益率 × 净资产 +（总资产收益率 − 负债利息率）× 负债]
　× （1 − 所得税税率）

因而，可将整个公司净资产收益率的计算公式分解为：

$$净资产收益率 = \left[\left(总资产收益率 + \frac{总资产收益率 - 负债利息率}{ }\right) \times \frac{负债}{净资产}\right] \times \left(1 - 所得税税率\right)$$

从上述公式可以看到，净资产收益率与总资产收益率、公司的资本构成之间存在密切联系。

反映公司财务杠杆效应高低的指标是财务杠杆系数，其计算公式为：

$$财务杠杆系数 = \frac{息税前利润}{息税前利润 - 利息费用}$$

以下举例说明财务杠杆与净资产收益率和总资产收益率的关系。

例 5−14 假定甲公司的总资产为 2 000 万元，息税前利润为 300 万元，公司采用不同的资本构成，形成不同的财务杠杆效应，取得的净资产收益率也不同，比较结果如表 5−7 所示。

表 5−7　　　　　　不同财务杠杆系数对净资产收益率的影响

项目	行次	负债比率		
		0%	50%	80%
总资产额	①	2 000	2 000	2 000
其中：负债	② = ① × 负债比率	0	1 000	1 600
权益资本	③ = ① − ②	2 000	1 000	400
息税前利润	④	300	300	300
总资产收益率	⑤ = ④/①	15%	15%	15%
利息费用	⑥ = ② × 10%	0	100	160
税前利润	⑦ = ④ − ⑤	300	200	140
所得税费用	⑧ = ⑥ × 33%	99	66	46
税后净利	⑨ = ⑦ − ⑧	201	134	94
净资产收益率	⑩ = ⑨/③	11%	13%	24%
财务杠杆系数	⑪ = ④/⑦	1	1.5	2.14

假定企业没有实现预期的利润，息税前利润仅为160万元，其他条件不变，则净资产收益率计算如表5-8所示。

表5-8　　　　　　　不同财务杠杆系数对净资产收益率的影响

项目	行次	负债比率		
		0%	50%	80%
总资产额	①	2 000	2 000	2 000
其中：负债	②=①×负债比率	0	1 000	1 600
权益资本	③=①-②	2 000	1 000	400
息税前利润	④	160	160	160
总资产收益率	⑤=④/①	8%	8%	8%
利息费用	⑥=②×10%	0	100	160
税前利润	⑦=④-⑤	160	60	0
所得税费用	⑧=⑥×33%	53	20	0
税后净利	⑨=⑦-⑧	107	40	0
净资产收益率	⑩=⑨/③	5%	4%	0
财务杠杆系数	⑪=④/⑦	1	2.7	∞

对比表5-7和表5-8可以发现，在总资产收益率为15%的情况下，负债比率越高，所获得财务杠杆利益越大，净资产收益率越高。在总资产收益率为8%的条件下，情况则相反。因此，在总资产收益率下降到某一个特定水平时（总资产收益率等于负债利息率的临界点），财务杠杆作用就会从积极转化为消极。此时，使用财务杠杆，反而降低了在不使用财务杠杆的情况下权益资本本应获得的收益水平，而且越是较多使用财务杠杆，损失越大。在息税前利润为160万元，资产负债率为80%的情况下，财务杠杆系数达到无穷大。如果不使用财务杠杆，就不会产生以上损失，也无财务风险而言。但在经营状况好时，也无法取得杠杆利益。从股东角度而言，只要资产报酬率高于借贷资本利息率，负债比率越高越好。企业的经营者则应审时度势，全面考虑，在制定借入资本决策时，必须充分估计预期的利润和增加的风险，在二者之间权衡，从而做出正确决策。

2. 净资产收益率的趋势分析

例5-15　试根据GL公司2011~2014年的利润表和资产负债表，对该公司的净资产收益率进行趋势分析。

根据GL公司2011~2014年的利润表和资产负债表，该公司2011~2014年各年度净资产收益率的计算结果如表5-9所示。

表 5-9　　　　GL 公司 2011~2014 年度的净资产收益率　　　　单位：万元

项　目	2011 年	2012 年	2013 年	2014 年
净利润	70 203.34	128 723.98	199 184.95	293 166.55
股东权益	354 864.00	586 013.62	759 104.86	1 065 268.53
平均股东权益		470 438.81	672 559.24	912 186.70
净资产收益率（%）		27.36	29.62	32.14

由表 5-9 可知，GL 公司的净资产收益率自 2012 年以后一直处于上升的态势，造成公司净资产收益率上升的主要原因是因为净利润的增幅大于股东权益的增幅，在全球性金融危机的不利外部环境下，GL 公司股东投资的回报一直在逐年提高，说明公司股东投资的获利能力越来越强。但是，是否就可以因此肯定公司在股东投资的获利能力方面做得很好呢？要回答这一问题，需要进行同业比较分析。要了解是什么因素造成的这一结果，应该进行影响因素分析。

3. 净资产收益率的同业比较分析

例 5-16　　表 5-10 列示了 GL 公司与同业的净资产收益率指标，试对 GL 公司的净资产收益率进行同业比较分析。

表 5-10　　　　2011~2014 年度 GL 公司与同业的净资产收益率　　　　单位：%

项　目	2012 年	2013 年	2014 年
GL 公司净资产收益率	27.36	29.62	32.14
同行业平均净资产收益率	16.74	8.43	13.90

由表 5-10 可知，2011~2014 年度 GL 公司的净资产收益率均远远高于同行业平均水平，且与行业的整体走势并不一致，GL 公司的净资产收益率持续增长，而同行业的净资产收益率受金融危机和中国宏观经济政策的冲击，先降后升。所以，GL 公司净资产收益率的上升是由于公司自身努力的结果，公司为股东创造的投资回报在行业内具有显著的优势，其经营业绩值得肯定。

那么，造成上述结果的原因是什么呢？就需要进行影响因素分析，具体方法是杜邦分析法，由于该部分内容会在第 7 章进行详细阐述，所以，此处不再赘述。

（二）每股收益的分析

1. 每股收益的影响因素分析

由每股收益的计算公式可知：每股收益的影响因素涉及净利润和普通股股数两方面。

每股收益与净利润呈正向变动关系。在普通股股数一定的情况下，属于普通股的净利润越大，每股收益越大，股东的投资回报越高。

普通股股数是每股收益的负影响因素。影响普通股股数的变动因素很多，如：增发新股、履行对认股权证承诺发行的普通股、股票分割、可转换债券转为普通股、企业合并、库藏股票的购买与再发行等。可见，普通股股数变动既受到普通股发行状况的影响，又与企业的证券构成有关。

2. 每股收益的比较分析

每股收益反映普通股的获利能力。在分析时,可以进行同业比较分析,以评价企业的相对获利能力;也可以进行趋势分析,了解企业获利能力的变化趋势;还可以进行经营实际业绩与收益预期的比较,掌握企业的管理能力。

例 5-17 GL 公司在 2011~2014 年度没有潜在普通股,已知该公司在 2011~2014 年度的基本每股收益(见表 5-11),试对 GL 公司的每股收益进行分析评价。

GL 公司每股收益分析如表 5-11 所示。

表 5-11　　　　2011~2014 年度 GL 公司每股收益分析

项　目	2014 年	2013 年	2012 年	2011 年
GL 公司基本每股收益(元/股)	1.55	1.05	1.05	0.86
比上年增减幅度(%)	47.62	0.00	22.09	
同行业平均基本每股收益(元)	0.35	0.31	0.33	0.23
差异额(元/股)	1.20	0.74	0.72	0.63

表 5-11 显示,在 2011~2014 年中,GL 公司每股收益一直在持续增长,从 2011 年的 0.86 元/股上升到 2014 年的 1.55 元/股,2014 年的每股收益相对 2013 年的上升幅度最大,高达 47.62%,说明在这 4 年中,公司净利润的增长幅度大于普通股股数的增长幅度,股东的投资回报在不断增加。那么,公司在 2014 年末 1.55 元/股的收益是否就令人满意呢?要回答这个问题,就需要进行同业比较分析,表 5-11 显示,在 2011~2014 年中,GL 公司的每股收益每年都高于同行业的平均水平,并且,这种差距还在逐年拉大,2011 年 GL 公司的每股收益比同行业高 0.63 元/股,到了 2014 年,GL 公司的每股收益已经比同行业高出了 1.20 元/股,说明 GL 公司为股东创造的回报远远高于同行业平均水平,公司的经营成果还是比较令人满意的。

> **小组讨论**　仍以你在前一节小组讨论中选择的竞争激烈的制造类上市公司的年报资料为依据,利用本部分所学习的方法,计算该公司 2006~2010 年度的净资产收益率和基本每股收益,并对企业的净资产收益率和每股收益进行趋势分析、同业比较分析和影响因素分析。

第五节　收益质量分析

在市场上,常常会出现这样的现象:当一些企业利润的数量得到巨额增加时,却发现自己正濒于严重的财务困境;当企业还陶醉于利润持续增长的业绩时,瞬间便被市场无情地抛弃。其中一个很关键的原因就是这些企业在追逐收益数量增长的同时,忽视了对收益质量的重视,致使企业陷入经营危机而无法自拔。因此,在分析获利能力时,不仅要关注收益数量,更要管关注收益质量。

本章的前几节主要对衡量企业获利能力的收益指标进行了分析,目的是分析企业收益能力的强弱，但分析的前提必须是相关数据是真实的。在企业获利能力分析的实践中，有的收益类指标虽然从趋势分析、同业比较分析或影响因素分析等方面看都令人满意，但是，由于收益数据是制度因素和人为因素等多种因素综合作用的结果，所以，企业的收益质量可能并不一定高。再者，会计造假已经成为我国上市公司老生常谈的问题，2005年"中华珠宝第一股"达尔曼因会计造假而退市，2011年"国内绿化行业第一股"绿大地因内部控制失败而遭到处罚，2012年"稻米精深加工第一股"万福生科又被曝出财务造假。所以，本部分讨论的收益质量分析就显得尤为重要。

一、收益质量分析概述

（一）收益质量的含义

所谓收益质量是指报告收益与企业实际业绩的符合程度，它是完整性、可靠性和可预测性的综合。

目前尚没有可以用来衡量收益质量高低的绝对尺度，但从概念上来讲可以对高质量收益和低质量收益两个极端情况作出区分。如果会计报表中的收益是对公司过去、现在和将来经济价值创造能力的可信任和可靠的评价，那么这项收益就被认为是高质量的。反之，如果会计报表中的收益对公司过去的、目前的经济成果以及将来经济前景的描述具有误导性，那么这项收益就被认为是低质量的。

一般认为，收益质量高的公司具有以下几个特点：（1）拥有持续、稳健的会计政策，且该政策对公司财务状况和净利润的计量是谨慎的；（2）公司税前利润是由经常性发生的与公司基本业务相关的交易所带来的，而不是一次性的；（3）会计上反映的销售收入能迅速转化为现金；（4）净利润水平和成长率并不依赖于税率水平的降低，因为这种方式可能会受到一些因素的影响，如未来税法的变动，或者是公司税款准备金或递延税款使用能力的限制；（5）企业的债务水平是适当的并且企业没有使用它的资本结构来操纵每股收益；（6）具有稳定的、可预测的能够反映未来利润水平的利润趋势；（7）在利润创造过程中使用的固定资产维修良好并保存至今；（8）披露的利润数目和使用者的目标相关。而收益质量低的公司则具有相反的特点。

（二）收益质量分析的作用

收益质量分析很重要，它可以帮助分析人员识别报表欺诈、误导性阐述和收益管理行为，可以帮助会计报表使用者做出正确的决策。对企业的收益质量进行评价是财务分析师的一项重要工作。尽管没有可以用来衡量收益质量高低的绝对尺度，但可以通过定量分析和定性分析的有机结合，对企业的收益质量做出评价。

（三）收益质量分析的主要内容

收益质量分析的主要分析内容包括会计质量分析、财务报表分析和危险信号分析三个组成部分。会计质量分析包括的内容主要有公认会计准则的质量、审计质量、公认会计准则应用质量、交易确认时间的质量和披露的质量五个方面。这部分内容在第

2章已做了详细阐述，此处不再赘述。财务报表分析主要对财务报表中与收益有关的项目以及有关的财务比率数据进行分析，目的是找出可以用于收益质量评价的线索。危险信号分析主要寻找最有可能发现企业收益质量有疑点的某些信号。收益质量分析的最终目的是找出可以用于企业收益质量评价的线索和依据。收益质量分析必须采用定性分析方法和定量分析方法相结合的方式。

（四）收益管理[①]

收益管理是指会计报表提供者使用"可接受的"会计政策或者使用欺骗的方式来报告企业在一定时期内特定的业绩。

显然，收益管理与平常我们非常熟悉的进行错误表述的会计信息失真不同。其内容包括两个方面：一是收益管理是指会计报表提供者使用"可接受的"会计政策来报告企业在一定时期内特定的业绩，即会计报表提供者利用选择和运用会计政策的自主权达到目的，这种行为通常是在公认会计原则的框架内进行的，是形式上的问题而不是实质上的问题。收益管理并不影响实际的业务（比如将费用推迟到以后期间以转移收益），但是确实影响了信用的重新建立以及在各期间分摊费用。企业进行收益管理的一个主要目的就是通过把收益从经营效益好的年份转移到经营效益差的年份、将收益在当期和未来之间转移或采取各种合法的方法来缓和各期之间的收益波动。二是收益管理是指会计报表提供者使用欺骗的方式来报告企业在一定时期内特定的业绩，即会计报表披露的收益信息不真实、不充分、不及时、不连续、具有随意性或者不规范。实际中的收益管理有很多种形式。由于反映稳定增长趋势的收益是受人青睐的，所以，收益管理的一个主要动机应该就是影响收益趋势。

企业进行收益管理的动因主要有报酬契约、代理人竞争、管理者收购、债务契约、政府管制、政治敏锐性、股利以及困境企业等几个方面。企业进行收益管理的手段多种多样，其中比较常用的手段有虚假确认收入、虚假确认费用、利用关联方交易、利用非经常性损益、变更会计政策与会计估计等。

国内外会计舞弊案例通常都与收益管理有关，可以说人们对企业收益管理行为的日益关注是推动对收益质量分析进行更加深入研究的一个非常关键的因素。

二、财务报表分析

通过财务报表分析可直接切入企业经营的核心以确认可持续的收益。

（一）资产负债表分析

收益质量分析可以在报告的资产和负债价值中找到线索。通过对财务报表及其附注的审查，可了解会计政策的稳健程度。通常，导致收入最晚报告的会计政策是最稳健的。当一个企业的会计政策比较稳健时，一般认为其收益具有高质量。所以，资产

[①] 收益管理，也可称为盈余管理或利润操纵，目前对其的定义有多种版本，本部分的收益管理定义是我们认为比较科学合理的一种解释。

负债表分析对以获利为基础的分析技术来说是一个重要的补充。

1. 报告资产时的稳健性

资产报告价值同收益质量的相关性是因为这些价值最终会被确认为费用（只有少数例外，例如现金、持有至到期的投资和土地）。一般认为，当资产被高估时，累计的收益也同时被高估，这是因为收益是在减掉使这些资产价值降低到可实现价值所必要的费用之后得到的；反之，当资产被低估时，累计的收益也同时被低估。稳健主义只有在利得实现时才予以确认，大多数资产是按照成本反映，尽管它们的现行价值或可实现价值远远超出了其成本。应特别关注存货、固定资产、无形资产、租赁这几个资产项目。

与收益质量相关的资产负债表分析还有另外的一个层面，这个层面是以揭示与不同资产未来价值实现有关的风险为基础的。这些风险具有不同的概率水平。应收账款未来可变现性通常高于存货成本的可变现性。同理，存货的未来可变现性通常高于商誉或是递延开办费的可变现性。对资产的风险分析可以为评价收益质量提供线索。如果会计报表中产生了未来可变现风险很高的递延支出，那么收益质量就降低了。

2. 报告应计项目和负债时的稳健性

应计项目和负债与收益的联系是：当应计项目和负债被低估时，累计收益被高估——这是因为收益没有承担把应计项目和负债调整到市场价值时所需要承担的费用，比如应计税金、应计产品保修等的低估会导致累计收益的高估。反过来对当前或未来负债和损失的应计高估会导致收益的低估（或高估损失）。对未来成本或损失过多的计提实际上是把成本和费用负担从未来的利润表中转移到当期的利润表中。

（二）收益结构与收益类指标分析

企业的收益结构是指构成企业收益的各项收支及不同性质的收益的有机搭配和比例。它表现为企业收益由什么样的收支项目或怎样的收益项目组成。不同的收支项目和收益项目及其占总收支和总收益的比重，对评价企业获利能力有十分重要的作用和影响。虽然收益构成分析并不直接分析企业获利能力的大小，但可据以确定对企业获利能力产生重要影响的因素，并在此基础上进一步分析这些因素收益能力的高低，从而达到分析企业收益质量（即收益的稳定性和持久性）的目的。

1. 收益结构的内容

企业收益结构的内容主要包括以下几个方面：

（1）收益的收支结构。

企业的收益是由收入抵扣支出以后形成。所谓收益的收支结构就是指不同性质的收入和支出与相应总收入、总支出及企业收益的关系。它反映各个具体的收入和支出项目占总收入和总支出的比重，指出企业的收入和支出是如何通过影响各种收入和支出项目的形成从而影响企业收益的。

通常，企业不同业务收入在企业经营和理财中的作用不同，对企业生存和发展的影响程度也不一样。不同业务取得的收入对企业获利能力的数量和质量都有影响，分析收入结构对于把握这种差别有着重要的作用。

企业的支出也可以按支出的业务性质和期间性质进行分类。期间支出只与时间的长短相联系，凡本期发生的收支都在本期列支；业务支出则与业务量相联系，随着业务量增减变动而相应变动，凡在本期实现的业务量都在本期列支。这种分类揭示了不同收入和支出的配比关系，可以判断企业支出结构的合理性和有效性。在此基础上，还可将这两类支出进一步细分，期间支出可以分为营业费用、管理费用、财务费用等；业务支出可以分为主营业务成本、其他业务成本和费用。通过这种分类结构分析，能够进一步揭示不同业务性质的支出对企业总支出的水平、必要程度及稳定性产生的影响。

(2) 收益的收支习性结构。

收益的收支习性结构就是将形成收益的支出，按其与业务量的关系，分为变动成本费用和固定成本费用。变动成本费用与业务收入呈同方向变动，固定成本费用在相关范围内则与业务量的多少没有直接联系，其绝对额相对不变。通过这种结构的分析，可以从总体上揭示成本费用与业务量的对应关系，以此判明企业进行成本费用管理和控制的能力，从而间接说明企业获利能力的高低。

(3) 收益的业务结构。

收益的业务结构是将盈利直接按业务的性质进行划分，将不同的业务收支归为一类，相应计算不同业务的收益，利润表就是按这种收益分块结构设计的。通过分析收益的业务结构可以揭示不同业务的收益水平和获利能力，判明它们各自对企业总收益水平的影响方向和影响程度。收益的业务结构将同一业务的收支集中归类并反映，而收益的收支结构和收益的收支习性结构只能分散了解不同业务的收入和支出水平。当然，要了解企业一定时期收入和支出的总水平及内部构造，则难以通过企业收益的业务结构分析进行。

(4) 收益的商品（产品或劳务项目）结构。

所谓收益的商品（产品或劳务项目）结构，就是指各类商品（产品或劳务项目）的收益占总收益的比重。企业的收入主要是通过出售商品（产品或劳务项目）而取得的，伴随着这些收入的取得，相应也会发生支出。不同商品的不同收支水平，形成了各类商品的获利能力的差别。因此，当商品（产品或劳务项目）的销售构成发生变化时，就会影响企业收益数额的大小，这种影响正是考察企业收益的商品（产品或劳务项目）结构的意义所在。

收益的商品（产品或劳务项目）结构是分别就品种和商品大类计算的，是对企业收益按业务分类的进一步扩展。由于企业的具体业务都以商品（产品或劳务项目）为对象，所以按该种分类方法进行结构分析，可以掌握影响企业收益水平和获利能力的商品（产品或劳务项目）因素，并从中发现重点，揭示企业盈利水平变动的根本原因。企业分部报告的编制为企业和其他报表使用者进行商品（产品或劳务项目）的收益结构分析提供了依据。

(5) 收益的时效性结构。

收益的时效性也称收益的稳定性，它反映不同收益稳定存在的可能性。譬如，营业利润具有稳定性、持续性和发展性。如果企业的营业利润比重太小，变动频繁，表明企业的正常经营业务已经处于衰落之中。非经常项目，常带有临时波动的性质。

2. 收益结构对企业收益质量的影响

企业的利润总额可以揭示企业的收益总水平，却不能反映这一总收益是怎样形成的，即它无法揭示企业的收益质量。因而，收益质量这一对会计报表使用者来说最为重要的信息，也能通过收益结构分析来满足。收益结构对企业收益质量的影响表现在以下几个方面。

(1) 收益结构对收益水平的影响。

收益水平通常以利润总额反映，它与收益结构之间的内在联系是：

第一，企业生产经营的各种产品（商品）具有不同的获利水平，获利水平相对较高的商品的生产经营比重越大，总收益水平就越高；反之则会越低。

第二，企业的不同生产经营业务有着不同的收益水平，一般而言，营业活动是形成企业利润的主要因素，企业在一定时期内经营业务越扩展，营业利润占总利润的比重越高，则企业的总收益水平也会相应提高。

第三，从收益的收支习性结构来看，企业的收益水平还受企业的固定成本和费用所占比重的影响。如果企业的固定成本和费用所占比重很大，在企业的经营状况良好时，不但不会对企业的经营形成破坏性影响，反而可以获得正的经营杠杆和财务杠杆效应，取得较多的现金流量；但是在企业经营不景气时，过多的固定成本和费用会通过负的经营杠杆和财务杠杆效应，对企业经营直接造成破坏性影响，使收益水平以加速方式下降，从而使企业陷入财务和经营的双重困境。如果企业的固定成本和费用所占比重较低或绝对数较小，在企业的经营状况良好时，企业可以获得正的经营杠杆和财务杠杆效应较少；但是在企业的经营不景气时，企业将会较少受到负的经营杠杆和财务杠杆的加速效应的影响，收益总水平的下降相对较慢，企业财务和经营也就不那么容易陷入困境。

总之，收入水平高而相应成本费用水平较低的商品、业务、项目在收益结构中所占的比重越大，企业现在或未来的获利水平也将较高，反之则会较低。通过对收益结构的分析，我们不仅应把握其变动对收益水平的现实影响，还应预计其对未来收益水平变动趋势的影响。

(2) 收益结构对收益稳定性的影响。

收益的稳定性表现企业获利水平变动的基本态势。有的企业获利水平可能很高，但由于缺乏稳定性，也不能将其视作很好的经营状况。收益的稳定性最终表现为获利水平或利润总额的稳定性，即利润总额始终围绕某一固定数额上下波动或在企业最低获利水平的基点上呈现稳定上升的态势。

第一，收益的稳定性受制于企业收支结构的稳定性。当收支同方向变动时，如果收入增长低于支出增长，或者收入下降高于支出下降，企业财务活动可能会因货币资金短缺而形成周转和付现压力。

第二，收益的稳定性受制于产品或劳务项目的稳定性。长期经营的商品或劳务项目是企业保持获利水平持久或增长的前提，所以，这部分业务所提供的利润占总利润的比重越大，表明企业的获利水平保持持续稳定增长的可能性越大。反之亦然。由上述分析可以看出，企业主营业务的获利水平，从根本上决定了企业收益的多少，如果主营业务经营状况稳定，则主营业务利润也相对稳定。企业的主营业务比重越大，则企业的收益稳定性也会随之提高。

第三，收益的稳定性取决于收支习性结构的稳定性。企业的固定成本和费用所占比重越高，企业收益的稳定性越低，因为高成本费用水平下，一旦企业的收入发生变动，企业的总收益就会随之急剧地上下波动。而在市场经济条件下，收入的变动是不可避免的。因此，固定成本和费用所占比重较低的企业，其盈利的稳定性也相应较强。

收益结构分析的内容在第4章也有所涉及，在学习时，应结合本部分内容进行分析，效果更佳。

3. 收益类指标分析

收益类指标分析主要是通过收益类指标考查企业收益是否存在操纵。具体步骤是首先检查销售收入的质量，然后检查核心费用的操纵，最后检查非常项目。这些收益类指标分析的指标体系如图 5-1 所示。

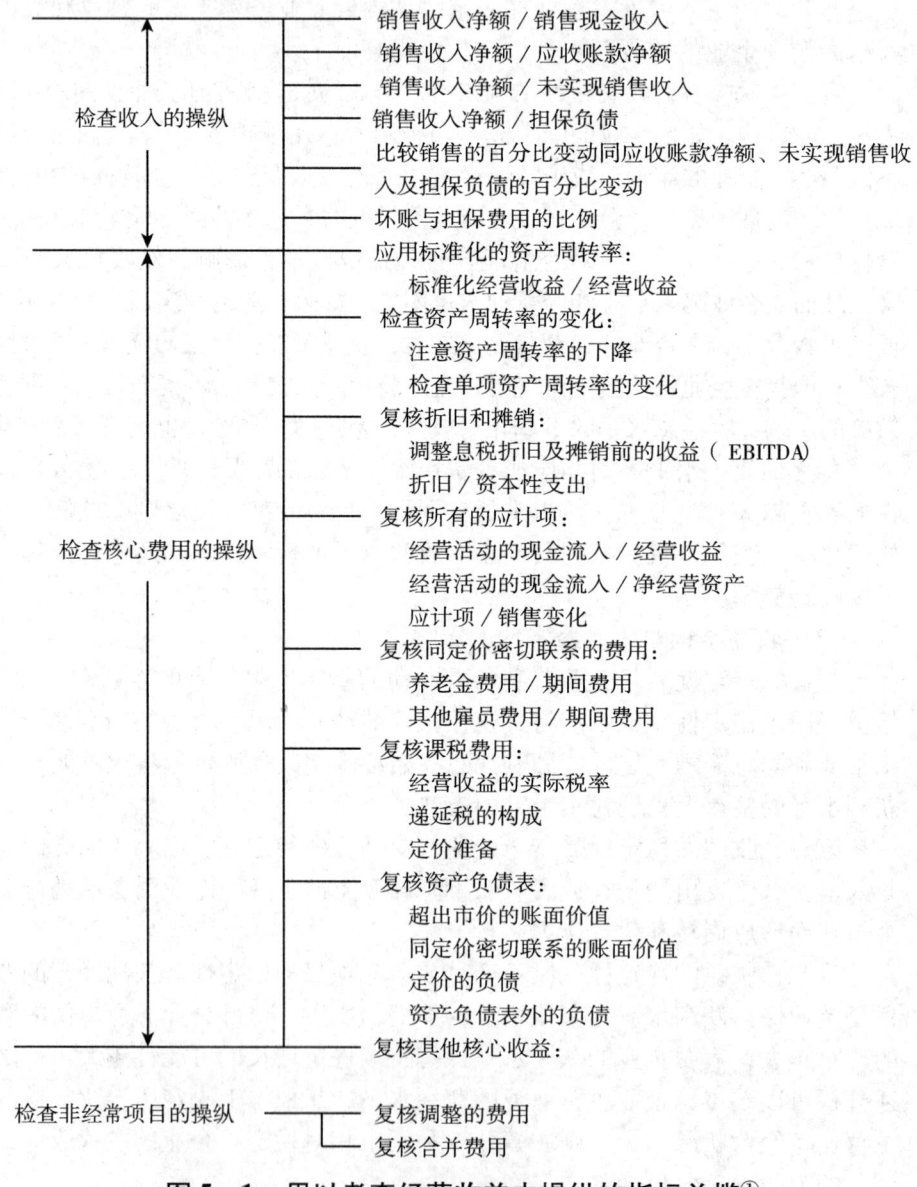

图 5-1 用以考查经营收益中操纵的指标总揽[1]

---

[1] Stephen Penman：《财务报表分析与证券定价》，中国财政经济出版社 2002 年版。

当然，也可以从收益的现金保障程度角度分析收益质量，具体财务指标包括经营收益指数和营运指数，这两个财务指标将在第6章"现金流量分析"中详细阐述。

三、危险信号分析

通常，收益质量分析是一项成本较高的分析性活动。可以降低这项成本的做法是把精力集中于经验表明最有可能发现收益质量下降的某些信号上，这些信号在第2章已经谈及。当然，如果投资者没有把降低成本作为收益质量分析的前提条件，那么，可能表明公司的收益质量下降，并需要进一步分析收益质量的信号[①]有：

（1）审计报告异常；含有异常的措词；提及重要的不确定性；公布日期比正常的日期晚；或者指出审计人员发生变化。这些信号有可能意味着管理当局和注册会计师的意见不一致，这些不一致通常是和那些最终结果具有高度不确定性的交易有关的。

（2）管理费用总额占销售收入的比率下降。为了使公司能够达到它的利润目标，这些费用经常被降低。发生这种情况时，应该对公司长期利益是否受到威胁提出质疑。

（3）会计政策、会计估计的运用方式发生变化。这种会计变化可能是公司经济状况发生变化的一个信号，或者进行会计变化仅仅是为了创造更高的利润增长率。

（4）应收账款的增长与过去的经验不相一致。为了利润目标，公司可能正在使用信贷措施来创造销售额。这些销售可能是提供给那些具有较高风险的客户的，把以后年份的销售提到当年，或者为销售人员制造财务问题。

（5）应付款项的展期信用与过去经验不相一致，或者比正常的商业信用期间长。在资产负债表日，公司喜欢让它们的应付款项表现得具有当期性。

（6）无形资产余额非正常地上升。因为收入不足以弥补应归于当期的支出，公司可能对费用进行资本化。

（7）一次性的收入来源。为了缩小实际利润和预测利润之间的差距，公司可能会进行一项有利润的销售，譬如，销售企业的某项固定资产。

（8）销售毛利率的下降。价格竞争可能正在损害公司，公司成本可能失去了控制，或者公司的产品组合可能正在发生变化。

（9）冲销或转回引起的准备金金额的减少。冲销意味着需要计提准备金的哪个可能事件发生了，或者公司需要转回准备金来创造利润。

（10）依赖于公司核心业务以外的收入来源。表明公司的策略可能正在失灵。

（11）公司借款异常增加。公司在依靠内部产生的资金为它的活动提供资金方面有困难。

（12）年末现金和易变现证券的金额较低。为了提高流动比率，公司可能在一次性的基础上使用它的现金来减少应付款项。

（13）在年末或不同于过去的当年某个时点，公司短期负债处于高峰期。公司可

[①] David F. Hawkins：《公司财务报告与分析教程与案例》，东北财经大学出版社2000年版。

能已经借贷了一笔资金,以达到支持公司信贷,从而使销售收入在年末增长的目的,或者是公司的性质正在发生变化。

(14) 存货周转率变低。公司销售、存货或者生产方面可能存在问题。

> **小组讨论** 假定李某是一家家电制造企业董事会的独立董事。目前李某正为与公司注册会计师的第一次会面做准备。一位股东向李某提出对公司收益质量的关注。李某为履行对股东的受托责任,可能向注册会计师提出什么问题以表达股东的这种关注?

本章小结

获利能力是指企业赚取收益的能力,是财务报表分析的主要部分。要使分析达到目的,必须将定量分析与定性分析相结合。获利能力分析的内容覆盖面非常广泛,本章主要内容如下:

第一,获利能力是指企业赚取利润的能力,主要包括企业从营业收入中获取利润的能力、企业运用资产赚取利润的能力以及股东的投资回报水平三个方面。获利能力分析的作用主要表现在:企业的获利能力与股东财富直接挂钩,也是企业价值评估的数据基础;企业的获利能力影响债权人的债务安全;企业的获利能力直接反映管理者的经营业绩;企业的获利能力对其他利益相关者也具有重要意义。

第二,销售业务反映企业的产品经营,不考虑企业的投资和筹资问题,只研究利润与收入或成本的比率关系。以销售为基础的获利能力分析的衡量指标主要有销售毛利率、营业利润率、销售净利率,销售毛利是企业获利的基础。常用的分析方法有趋势分析、同业比较分析和影响因素分析。影响获利能力的关键因素是营业收入和营业成本、费用。

第三,以资产为基础的获利能力是从企业整体经营来考察企业运用资产赚取收益的能力。资产获利能力分析的衡量指标包括总资产收益率、总资产净利率、投资收益率和经营资产收益率等。常用的分析方法有趋势分析、同业比较分析和影响因素分析分析。

第四,以股东投资为基础的获利能力考察股东投资的回报水平。股东投资获利能力分析的衡量指标包括净资产收益率、每股收益和市盈率等其他与股东投资收益直接相关的财务指标。

第五,企业的收益管理行为是推动人们对收益质量分析进行更加深入研究的十分关键性的因素。收益质量是指报告收益与企业实际业绩的符合程度。如果报告收益能如实反映企业的实际收益,则认为收益质量好。收益质量分析鼓励采用稳健性原则确认收益。收益质量分析的主要内容包括会计质量分析、财务报表分析和危险信号分析,并采用定性分析和定量分析相结合的方式。

■ 关键词汇

获利能力（profitability）
销售毛利率（gross profit margin）
营业利润率（operating profit margin）
销售利润率（net profit margin）
营业收入（operating revenue）
营业成本（operating cost）
销售费用（selling expense）
管理费用（administrative expense）
财务费用（financial expense）
总资产收益率（return on total assets）
净资产收益率（return on net assets）
每股收益（earnings per share）

思考题

1. 利润表与企业基本经济活动之间存在怎样的关系？
2. 销售获利能力分析包括哪些内容？
3. 资产获利能力分析包括哪些内容？
4. 股东投资报酬分析包括哪些内容？
5. 如何评价企业的收益质量？

案例分析与讨论

一、案例简介[①]

万福生科湖南农业开发股份有限公司（以下简称"万福生科"）于2011年9月27日正式登陆创业板。公司主要从事稻米精深加工系列产品的研发、生产和销售，是我国南方稻米精深加工及副产物高效综合利用的循环经济型企业。上市不到一年，即2012年9月18日，万福生科因财务造假被勒令停牌并接受证监会的调查。

二、万福生科操纵公司业绩的主要手段

万福生科是典型的通过会计手段遮掩经营缺陷的例子。其在2012年上半年报中虚增营业收入1.88亿元、虚增营业成本1.46亿元、虚增利润4 023.16万元。上述虚增金额较大，导致公司2012年上半年财务报告盈亏方向发生变化，具体如下表所示。

万福生科2012年半年报数据更正前后变化 单位：亿元

	营业总收入	营业总成本	归属于上市公司股东的利润
更正前	2.7	2.16	0.265
更正后	0.82	0.70	−0.137
虚增	1.88	1.46	0.402

---

① 资料来源：孙艳阳：《万福生科财务造假的背后》，载于《财务与会计（理财版）》2013年第3期。

根据上表深入分析万福生科 2012 年半年度的财务报表数据，可以发现诸多虚假记载、重大遗漏和前后矛盾事项。

首先，资产负债表中存在重大遗漏和虚增资产。"在建工程"项目中对"淀粉糖扩改工程"的投入金额增长了 12.5 倍，但工程进度反而降低了。究其原因，募投项目"循环经济型稻米精深加工生产线项目"所包含的普米生产线、精米生产线和淀粉糖生产线因技改出现了长时间停产，对业务造成了重大影响。但公司并没有及时披露该重大事项，存在重大遗漏。

同时，公司半年报中披露了"污水处理工程"，但招股说明书中披露的"在建工程"并没有包含该项目，虚增了"固定资产"。此外，在公司 2012 年半年报更正前的"预付账款"中记载着预付第一大自然人客户童大全 1 002.71 万元，半年报显示未结算原因为预付工程、设备款，工程尚在建设中。但深入调查发现，客户童大全为万福生科的粮食经纪人，并非工程与设备供应商。可见，公司主要通过选择虚增"在建工程"和"预付账款"来掩人耳目，以达到虚增利润的目的。

其次，利润表中存在虚拟合同和虚增应收账款。万福生科 2012 年半年报更正前，对常德市湘原贸易有限公司、湖南双佳农牧科技有限公司、乐哈哈食品厂、佛山南海娥兴粮油经营部、衡阳市炎健商贸有限责任公司 5 家公司的"应收账款"合计 512.29 万元。但更正后，这前五大欠款客户均从"应收账款"客户名单中消失，导致"营业收入"的前五大客户存在重大变动。

最后，现金流量表补充资料中诸多科目的本期金额不符合实际。由于现金流量表采用收付实现制记账，记录需要相应票据做支撑，造假可能性极小。特别是现金流中的"自由现金流"指标扣除资本支出和营运资本增加之后，一般与"净利润"的增长趋势一致。在万福生科的现金流量表补充资料中，"存货的减少"、"经营性应收项目的减少"和"经营性应付项目的增加"这三个主要项目本期金额均为零，与正常经营的企业极为不符。而且，万福生科的"净利润"和"自由现金流"增长趋势出现严重背离趋势。万福生科 2009～2011 年年报中的"净利润"分别为 3 956 万元、5 555 万元、6 026 万元，呈现逐年递增的趋势。而"自由现金流"分别为 332 万元、-3 997 万元、-10 276 万元，连年大幅下滑。

进一步深究发现，万福生科从 IPO 时就存在诸多问题。在其 2011 年 9 月 27 日登录创业板前的材料申报中就涉嫌虚构交易和虚增销售收入，如万福生科 IPO 时公布的第一大客户东莞市常平湘盈粮油经营部从 2009 年至 2011 年 6 月 30 日累计进货 7 571 万元，然而该经营部 2008 年才成立，注册资本仅为 2 万元。

此外，根据万福生科的招股书，公司 2008～2010 年向大客户中意糖果麦芽糖浆的销售金额分别为 2 307.06 万元、2 189.14 万元、3 102.67 万元。同期，万福生科麦芽糖浆历年的销售均价为 2.60 元/公斤、2.66 元/公斤、2.67 元/公斤。由此推算，中意糖果从万福生科采购的麦芽糖浆为 8 873.31 吨、8 229.85 吨、11 620.49 吨。据专业人士提供的糖果生产合理使用麦芽糖浆比例测算，中意糖果 2010 年的麦芽糖浆合理耗用量仅为 4 300 吨。但万福生科对中意糖果的麦芽糖销量则高达 11 620.49 吨，为其合理用量的 2.7 倍。而且，2012 年半年报更正前的前五大客户在万福生科上市前三年的报告期内均为其大客户。可见，万福生科可能在 IPO 报告期内就存在虚增销售收入。

三、要求

请运用本章所学的收益质量分析方法,详细阐述在 2012 年 9 月 18 日万福生科因财务造假被勒令停牌并接受证监会的调查事件曝光之前,你可以怎样发现该公司可能存在的会计舞弊线索,并对该公司的收益质量做出评价(注:如果分析时,发现上面所提供的资料不足以支持最后的结论,请自行收集相关资料)。

本章推荐阅读资料

1. [美] Stephen Penman:《财务报表分析与证券定价》,中国财政经济出版社 2005 年版。
2. [美] 克里舍·G·佩普等:《运用财务报表进行企业分析与估价》,中信出版社 2004 年版。
3. [美] 克莱德·P·斯蒂克尼、保罗·R·布朗:《战略的观点 财务报告与报表分析》,中信出版社 2004 年版。
4. 谢志华:《财务分析》,高等教育出版社 2009 年版。

第6章 现金流量分析

学习提要与目标

本章主要介绍现金流量表的分析。包括现金流量表的初步分析、现金流量的结构分析与趋势分析、现金流量的财务比率分析。

通过本章的学习，应能够：
- 理解现金流量表给报表使用人提供的主要信息及含义；
- 掌握现金流量的趋势分析和结构分析方法；
- 掌握现金流量主要财务比率的计算和使用。

现金流量表是综合反映企业一定会计期间内有关现金和现金等价物的流入和流出信息的会计报表。现金流量分析是财务报表分析的重要组成部分，对于投资人、债权人和企业的管理当局都具有重要意义。现金流量分析可以分为初步分析、结构分析与趋势分析、比率分析三部分。

初步分析也称会计分析，是指阅读和理解资金流量表的数据，比较前后期变化，以及解释变化的原因。通过初步分析，应能回答以下问题：（1）本期现金从何而来；（2）本期的现金用向何处；（3）经营活动现金净增加额为什么与净利润不同；（4）有哪些不涉及现金的投资活动和筹资活动。

现金流量的结构分析是以现金流量表的某一总量指标为基础进行的结构分析，目的是分析现金流量表项目的构成比率。现金流量表的趋势分析是对现金流量的变动幅度和趋势作出的判断。

现金流量的比率分析，是指通过有关的财务比率的计算和比较，对企业的偿债能力、获利能力、收益质量和财务弹性进行评价。现金流量的比率分析，是对以利润表和资产负债表为基础的比率分析的补充。

现金流量分析的主要作用有：

第一，对获取现金的能力作出评价。一个正常经营的企业，在获取利润的同时还应获取现金收益。"现金及现金等价物净增加额"是由经营活动、投资活动和筹资活动这三类产生的现金流量净额所组成的，因此，必须进一步分析是由哪一类活动产生的，各类活动产生的现金流量净额是多少。一般来说，经营活动产生的现金流量净额最能反映企业获取现金的能力。通过对现金流入来源进行分析，可以对企业获取现金的能力作出评价，并可对企业未来获取现金能力作出预测。

第二，对偿债能力作出评价。现金流量信息可以从现金角度对企业偿还短期债务能力作出更全面的评价。一个企业获取了较多的利润，同时又产生了较多的现金流量净额，就具有了较强的偿债与支付能力。如果这个企业在获取了较多利润的同时，大量进行固定资产投资，同样会出现现金短缺，降低偿债能力和支付能力。相反，如果获取利润不多，但由于处置和变卖固定资产，或增加了直接融资等，增加了现金流量净额，也可以保持较强的偿债能力和支付能力。因此，通过对三类活动所产生的现金流入信息和流出信息的分析，可以对企业的偿债能力和支付能力作出更准确、更可靠的评价。

第三，对收益的质量作出评价。在利润表中，企业的净利润是以权责发生制为基础计算出来的，而现金流量是以收付实现制为基础的。一般说来，净利润增加，现金流量净额也增加。但在某些情况下，比如虽然大量销售商品，但货款没有按时收回；又比如由于净利润增加而增加的现金用于别的方面，从而造成净利润增加而现金短缺的局面，这就是收益的质量不佳。因此通过现金流量和净利润的比较分析，可以对收益的质量作出评价。

第四，对投资活动和筹资活动作出评价。企业的投资、筹资和经营活动都以增加企业价值和股东财富为目标，相互之间密切联系，又相互矛盾。经营活动以投资为前提，而为了投资和经营必须筹资。搞好经营活动，不仅可以为投资提供现金来源，也使得从外部筹资变得更加容易。但是，从现金的分配来看，三类活动又相互矛盾，过度的投资会使日常营运的资金不足而失去盈利机会，过度的筹资会提高资本成本并加重经营活动的负担。因此，企业必须统筹兼顾，使三项决策相互协调。通过分析现金流量表关于三类活动的现金流量信息，可以评价投资活动和筹资活动与经营活动的协调性，为投资决策和筹资决策提供依据。

第一节　现金流量表初步分析

一、现金流量的有关概念

（一）现金及现金等价物

现金流量表中的"现金"，是指企业的库存现金以及可以随时用于支付的存款，包括现金、可以随时用于支付的银行存款和其他货币资金。

现金流量表中的"现金等价物"，是指企业持有的期限短、流动性强、易于转换为已知金额现金、价值变动风险很小的投资。现金等价物虽然不是现金，但其支付能力与现金的差别不大，因此可将其视为现金。一项投资被确认为现金等价物必须同时具备四个条件：期限短、流动性强、易于转换为已知金额现金、价值变动风险很小。

企业管理者将其持有的现金投资于"现金等价物"项目，目的不在于从事谋求高于利息流入的风险报酬，而仅仅是利用暂时闲置的资金赚取超过持有现金的收益。企业将现金投资于期限短、流动性高的投资项目的行为，往往是其对现金进行有效管理的一种方式，既可以获得一定收益，又不妨碍在需要时将其迅速转换为现金。

（二）现金流量

现金流量是指企业一定时期的现金和现金等价物的流入和流出。需要指出的是，现金各种形式之间的转换不形成现金的流入和流出，如企业从银行提取现金；同样，现金与现金等价物之间的转换也不形成现金的流入和流出，如企业用现金购买将于3个月内到期的国库券，并不改变企业的支付能力，不构成报告期的现金流动。

1. 现金流量的分类

在现金流量表中，将现金流量分为三大类：经营活动现金流量、投资活动现金流量和筹资活动现金流量。

经营活动，是指投资活动和筹资活动以外的所有交易和事项。通常，经营活动是指直接进行产品生产、商品销售或劳务提供的活动，它们是企业取得净收益的主要交易和事项。但是，现金流量表中的"经营活动"不限于此，还包括不属于投资、筹资活动的其他交易和事项。

投资活动，是指长期资产的购建和不包括现金等价物范围内的投资及其处置活动。例如购置设备、处理设备、长期股权投资。这里的投资活动不仅包括对外投资，还包括对内投资，实际上是长期资产的取得和处置活动。

筹资活动，是指导致企业资本及债务规模和构成发生变化的活动。例如吸收资本、资本溢价、分配利润等。这里的"债务"，是指借入的短期或长期款项而非一切债权。筹资活动不包括应付账款的发生和归还、应交税金的形成和交付等,它们属于经营活动现金流量。

现金流量表按照经营活动、投资活动和筹资活动进行分类报告,目的是便于报表使用人了解各类活动对企业财务状况的影响,以及预测未来的现金流量。

在上述划分的基础上,又将每大类活动的现金流量分为现金流入量和现金流出两类,即经营活动现金流入、经营活动现金流出、投资活动现金流入、投资活动现金流出、筹资活动现金流入、筹资活动现金流出。每类现金流入或流出又包括若干具体项目(见表6-1)。

表 6-1　　　　　　　　　　　现金流量表的结构

正表部分的项目	数据关系
一、经营活动 经营活动现金流入 经营活动现金流出 经营活动现金流量净额	此处用"直接法"计算的"经营活动现金流量净额"; 可与补充资料部分用"间接法"计算的"经营活动现金流量净额"核对
二、投资活动 投资活动现金流入 投资活动现金流出 投资活动现金流量净额	与资产负债表的非经营性资产(长期资产等)有内在联系,但无直接核对关系; 与利润表的投资收益有内在联系,但无直接核对关系
三、筹资活动 筹资活动现金流入 筹资活动现金流出 筹资活动现金流量净额	与资产负债表的短期借款、长期负债、所有者权益有内在联系,但无直接核对关系
四、汇率变动影响	
五、现金及现金等价物净增加额	此处按"流量法"计算现金及现金等价物净增加额 = 第一项 + 第二项 + 第三项 + 第四项 可与补充资料部分按"存量法"计算的"现金及现金等价物净增加额"核对
六、期末现金及现金等价物余额	期末现金及现金等价物余额 = 第五项 + 期初现金及现金等价物余额
附注部分项目:	
1. 净利润调节为经营活动现金流量	经营活动现金流量 = 净利润 - 非经营活动损益 + 非付现费用 - (经营性资产增加 - 经营性负债增加) = 经营利润 + 非付现费用 - 营运资金净增加 = 经营活动现金收益 - 营运资金净增加 = 经营活动现金净流量 可与正表部分按直接法计算的"经营活动现金流量净额"核对(具体内容见《企业会计准则第31号——现金流量表》应用指南)

正表部分的项目	数据关系
2. 不涉及现金收支的重大投资和筹资活动	与其他部分没有核对关系
3. 现金及现金等价物	按存量法计算的"现金及现金等价物余额"＝资产负债表现金及现金等价物"期末数"－"期初数" 可与正表部分第六项的数额核对

2. 现金流量总额、净额与现金净流量

现金流量表的各项目，一般按报告年度的现金流入或流出的总金额反映。所谓"总额"，是指流入和流出没有互相抵销的金额，例如，交纳的税费和返还的税费，要分别列示，而不要按相抵以后的数额报告。这样做的目的，是全面揭示企业现金流量的方向、规模和结构。但是周转快、金额大、期限短的项目应按净额报告。例如，代客户收取或支付的款项、证券公司代收的客户买卖交割费和印花税、银行发放的短期贷款和吸收的活期存款等。这些现金流量按总额反映的意义不大，按净额反映更为有用。

现金净流量是指现金流入与现金流出的差额。现金净流量可能是正数，也可能是负数。如果是正数，则为净流入；如果是负数，则为净流出。现金净流量反映了企业各类活动形成的现金流量的最终结果，即企业在一定时期内，现金流入大于现金流出，还是现金流出大于现金流入。现金净流量是现金流量表要反映的一个重要指标。

二、现金流量表

现金流量表是反映企业在一定会计期内有关现金和现金等价物的流入和流出信息的报表。

(一) 现金流量表的产生

现金流量表的出现，比资产负债表和利润表晚了许多年。

现金流量表的前身是资金来源和运用表。1963年，美国会计原则委员会建议企业在编制资产负债表和利润表的同时，编制资金流量表。1971年，该委员会又发表意见书，明确要求企业编报能反映会计期间财务状况变动的报表，并且将这张表的名称改为财务状况变动表。该表可以营运资金为基础编制，也可以现金流量为基础编制。1987年，美国财务会计委员会要求以现金流量表代替财务状况变动表。

除美国外，国际会计准则委员会于1989年发布了第7号国际会计准则《现金流量表》取代《财务状况变动表》。英国会计准则委员会于1991年发布了《财务报告准则第1号——现金流量表》。现金流量表取代财务状况变动表已成为国际会计发展的趋势。

我国财政部于1992年发布《企业会计准则》规定，企业可以编制财务状况变动表，也可以编制现金流量表。1998年，财政部发布《企业会计准则——现金流量表》，要求所有企业从1998年起编制现金流量表，以代替财务状况变动表。2006年财政部对该准则进行修订，发布了《企业会计准则第31号——现金流量表》。

（二）现金流量表的结构

现金流量表主要回答以下三个问题：

1. 本期现金从何而来

现金流量表首先要回答的就是本期所取得的现金来自何方。比如，某企业当年共取得现金1 000万元，这1 000万元现金中有多少来自企业经营活动，又有多少来自投资活动，或者筹资活动及非常项目。从经营活动中取得的现金，有多少来自于销售商品、提供劳务，有多少来自于增值税额等。

2. 本期现金用向何方

在回答现金的来源后，现金流量表还必须回答现金的运用去向，即企业当年的现金都用到哪里去了。比如，企业在当年现金支出800万元，这800万元中有多少用于企业的经营活动，又有多少用于企业的投资活动，还有多少用于筹资活动。在用于经营活动的现金中，有多少用于购买货物，又有多少用于借款的利息，有多少用于缴纳税金，有多少用于支付工资，又有多少用于支付其他营业费用，等等。

3. 现金余额发生了什么变化

现金流量表除了反映现金从何而来、本期现金用向何处以外，还反映本期现金余额的增减变化。比如某企业当年收到现金1 000万元，这1 000万元全年收支相抵后，现金增加了200万元，这200万元净增加的现金中，有多少是经营活动带来的，有多少是投资活动带来的，又有多少是筹资活动带来的，等等。

除上述三个方面外，现金流量表还包括其他有关内容，比如不涉及现金的投资活动和筹资活动等。现金流量表分为正表和附注两部分，如表6-1所示。

现金流量表的正表部分包括六个项目，其基本数据关系如下：

$$\text{经营活动现金流量净额} + \text{投资活动现金流量净额} + \text{筹资活动资金流量净额} + \text{汇率变动对现金的影响} = \text{现金及现金等价物净增加额}$$

$$\text{期末现金及现金等价物余额} = \text{现金及现金等价物净增加额} + \text{期初现金及现金等价物余额}$$

其中：

$$\text{经营活动现金流量净额} = \text{经营活动现金流入} - \text{经营活动现金流出}$$
$$\text{投资活动现金流量净额} = \text{投资活动现金流入} - \text{投资活动现金流出}$$
$$\text{筹资活动现金流量净额} = \text{筹资活动现金流入} - \text{筹资活动现金流出}$$

现金流量表附注部分包括三项内容：

（1）将净利润调整为经营活动的现金流量。这部分是根据间接法计算的经营活动现金净流量，其数据关系如下：

$$\text{净利润} - \text{非经营损益} + \text{非付现费用} + \text{经营性流动资产减少} + \text{经营性流动负债增加} + \text{递延所得税资产减少（或递延所得税负债增加）} = \text{经营活动现金净流量}$$

它与正表部分按"直接法"列示的"经营活动现金净流量"数额应当相等,可以相互核对。

(2) 不涉及现金收支的重大投资和筹资活动。有些重大投资和筹资活动不涉及现金收支,但是对于报表使用人了解企业的理财活动又很重要,因此在本表中单独列示。它们包括债务转资本、融资租入固定资产、一年内到期的可转换公司债等。其项目可以根据实际情况增减。该部分数额与报表其他部分没有核对关系。

(3) 按"存量法"计算的现金及现金等价物净增加额。所谓"存量法"是指根据期初、期末的存量变化计量本期净增加(减少)额的方法。它的对称方法是"流量法",也就是根据本期增加额和本期减少额的差额确定本期净增加额的方法。

存量法:

$$本期净增加额 = 期末余额 - 期初余额$$

正表的第五项,是按"流量法"计算的现金及现金等价物净增加额:

流量法:

$$本期净增加额 = 本期增加 - 本期减少$$

"流量法"与"存量法"的计算结果应当一样,可以起到相互核对的作用。

三、经营活动现金流量的初步分析

(一) 直接法经营活动现金流量

我国现金流量表正表部分的"经营活动现金流量"是按照直接法列示的。直接法是指通过现金流入和支出的主要类别直接反映来自企业经营活动的现金流量的报告方法。采用直接法报告现金流量,可以揭示企业经营活动现金流量的来源和用途,有助于预测企业未来的现金流量。

本章以 ABC 公司为例说明现金流量的分析。ABC 公司资产负债表、利润表和现金流量表见附录。

ABC 公司 2013 年经营活动产生的现金流量净额为 9 069 万元。它反映经营活动的现金成果,可以被用于投资活动、支付给出资人,或以现金形式持有以应付意外。除了新建企业以外,经营现金流量净额都应当是正值。经营活动产生的现金多少,取决于现金流入和现金流出的差额。

ABC 公司经营活动现金流入是 42 088 万元,主要项目包括:

(1) "销售商品、提供劳务收到的现金"38 174 万元,是指企业销售商品、提供劳务实际收到的现金(包括向购买者收取的增值税额)。它既包括本期销售收到的现金,也包括前期销售本期收到的现金,但要扣除因销售退回本期支出的现金。例如,收回当期的销货款、收回前期应收账款或应收票据、收到的预收账款等,都增加了企业本期的现金,是现金流量来源。

(2) "收到的租金"2.54 万元,是指本期实际收到的经营租赁的租金。该项目也可以不单独列示而并入"收到的其他与经营活动有关的现金"项目。

(3)"收到的税费返还"200.8万元,是指企业收到返还的各种税费,如收到的增值税、消费税、营业税、所得税、教育费附加返还等。

(4)"收到的其他与经营活动有关的现金"3 710.5万元,是指除了前三个项目以外的,收到的与经营活动有关的现金流入,如罚款收入、流动资产损失中由个人赔偿的现金流入等。如果其他现金流入的金额较大,有时在报表中单独增设项目报告。该项支出通常只占总流入的很小部分,该公司的比重偏大,可以通过报表附注查找原因。

ABC公司经营活动现金流出是33 019万元,主要项目包括:

(1)"购买商品、接受劳务支付的现金"27 825万元,是指企业购买材料、商品、接受劳务实际支付的现金。既包括本期购买活动支付的现金(含增值税进项税额),也包括前期购买活动本期偿还应付款的现金,以及预付的购货款项。

(2)经营租赁所支付的现金122万元,是指因经营租入固定资产而实际支付的现金。此项目也可以不单独列示。

(3)"支付给职工以及为职工支付的现金"857万元,是指实际支付给职工的现金,既包括本期支付的工资、奖金、津贴和补贴等,也包括为职工支付的其他费用,如养老、失业等社会保险基金、补充养老保险、住房公积金、支付给职工的住房困难补助等。该项目不包括支付给退休人员和在建工程人员的现金,它们在另外的项目中报告。

(4)"支付的各项税费"总计2 596元,是指企业按规定支付的各种税费,既包括本期发生并支付的税费,也包括预交的税费和本期支付前期发生的税费。

(5)"支付的其他与经营活动有关的现金"1 619万元,是指除前面四项以外的其他与经营活动有关的现金流出,例如差旅费、业务招待费、罚款支出、保险费等。

通过阅读报表数据获得对企业经营活动现金流动的总体印象,包括现金的取得来源、支出去向以及两者的差额。与上年比较,经营活动产生的现金流量净额有大幅度增加,为8 074万元(9 069 - 995),其原因主要是经营现金流入增加18 545万元(42 088 - 23 543),而经营现金流出增加(33 019 - 22 548)10 471万元;经营现金流入增加中,"销售商品、提供劳务收到的现金"占了绝大部分。

(二)间接法经营活动现金流量

采用间接法报告的现金流量,在现金流量表附注中披露。间接法是在企业当期取得的净利润的基础上,通过有关项目的调整,从而确定出经营活动的现金流量,可以揭示净利润与净现金流量的差别,有利于分析收益的质量和企业的营运资金管理状况。

为了把"净利润"调整成为"经营活动现金净额",需要进行以下两个步骤的调整:

1. 将全部股东净利润调整为经营活动收益

净利润是企业全部活动的、按权责发生制计算的损益,它的形成包括经营活动、筹资活动和投资活动三部分。扣除投资和筹资活动的损益后,可以得到经营活动的收益。

筹资活动的损益反映在"财务费用"项目中，是 8 764 420.53 元。

投资活动的损益包括：

（1）处置固定资产、无形资产、其他长期资产的损失，是 3 244.08 元；

（2）固定资产报废损失，本年没有发生额；

（3）投资收益，是 24 908 663 元。

净利润扣除"非经营活动收益"后，得出的是"经营活动收益"。

经营活动收益 = 净利润 − 非经营活动收益（损失为" + "）

= 80 706 963.13 − (− 8 764 420.53 − 3 244.08 + 24 908 663)

= 80 706 963.13 − 16 140 998.39

= 64 565 964.74（元）

2. 将"经营活动收益"调整为"经营活动现金净流量"

经营活动收益与经营活动现金净流量的差别，是两个原因造成的：一是某些费用没有支付现金（如折旧），以及某些收入没有取得现金（如应收款）；二是经营性资产变动使现金变动而不影响损益，以及经营性负债变动使现金变动而不影响损益。

因此，要想使经营活动收益调整为经营活动现金净流量，需要通过以下调整：

首先，调整不支付现金的费用：

（1）计提的资产减值准备 811 040.54 元。

（2）计提固定资产折旧 4 857 258.04 元。

（3）无形资产摊销、长期待摊费用摊销 1 297 029.42 元。

这三项费用本期没有支付现金，但减少了利润，将其加回，可以得到经营活动的现金损益：

经营活动现金收益 = 经营活动收益 + 不付现金的费用

= 64 565 964.74 + (811 040.54 + 4 857 258.04 + 1 297 029.42)

= 64 565 964.74 + 6 965 328

= 71 531 292.74（元）

其次，经营性流动资产净变动：

（4）存货减少（减：增加） − 29 104 406.53 元。

（5）经营性应收项目减少（减：增加） − 66 310 246.00 元。经营性应收项目包括应收票据、应收账款、预付账款、其他应收款。

（6）其他流动资产项目的减少（减：增加） − 229 531.52 元。

这三个项目是流动资产项目，它们的增加是企业对营运资金投资，会减少现金；它们的减少是企业收回营运资金，会增加现金。

经营性流动资产增加 = − 229 531.52 − 29 104 406.53 − 66 310 246.00

= − 95 644 184.05（元）

再其次，经营性流动负债净变动：

（7）经营性应付项目增加（减：减少） 114 365 773.18 元。营运性应收项目包括应付票据、应付账款、其他应付款、应付职工薪酬、应交税金。

（8）其他流动负债项目增加（减：减少） 438 844.17 元。

这两个项目是流动负债项目,它们的增加,是企业自发性筹资增加,会减少企业营运资金投资,是增加现金的因素;它们的减少,需要使用现金,会引起现金流出。

经营性流动负债净变动 = 438 844.17 + 114 365 773.18
$$= 114\ 804\ 617.35（元）$$

以上 8 个项目会引起现金流量的增加或减少,但不影响利润。

最后,递延所得税资产(或递延所得税负债),该项目的性质比较特殊,也是一个影响本期利润但不影响现金流量的项目,也有必要进行调整。

$$\frac{经营现金}{净流量} = \frac{经营活动}{现金收益} + \frac{营运资产}{净减少} + \frac{递延所得税资产减少}{（或递延所得税负债增加）}$$

$$= \frac{经营活动}{现金收益} + \frac{经营性流动}{资产减少} + \frac{经营性流动}{负债增加} + \frac{延所得税资产减少}{（或递延所得税负债增加）}$$

$$= 71\ 531\ 292.74 + (-95\ 644\ 184.05) + 114\ 804\ 617.35 + 0$$
$$= 71\ 531\ 292.74 + 19\ 160\ 433.30$$
$$= 90\ 691\ 726.04（元）$$

流动资产和流动负债项目变动,不一定都与经营活动有关。需要调整的是"经营性"应收项目和应付项目,不包括非经营原因引起的变动。由于资产负债表项目是按流动与非流动分类的,而没有区分经营与非经营项目,在编制现金流量时正确区分经营与非经营项目就变得非常重要。

对间接法经营现金流量数据进行初步分析可以看出:

ABC 公司净利润是 8 070 万元,而经营活动现金净流量是 9 069 万元,两者相差 999 万元。差异形成的原因是:

净利润	8 070 万元
减:非经营活动收益	−1 614 万元
经营活动收益	6 456 万元
加:非付现的费用	+697 万元
经营活动现金收益	7 153 万元
加:营运资金减少	+1 916 万元
经营活动现金增加净额	9 069 万元

可见,ABC 公司的经营活动现金净增加大部分来自经营活动的现金盈余;从营运资金收回的也占有相当比例。

四、投资活动现金流量的分析

现金流量表中投资活动部分所包括的现金流入和现金流出项目,见附录所示。

(一)投资活动引起的现金流入

投资活动的现金流入项目有:

(1) 收回投资所收到的现金 2 012 万元，反映出售或到期收回除现金等价物以外的投资而收到的现金。

(2) 取得投资收益所收到的现金 3.49 万元，是指因投资而取得的现金股利、利息，以及从子公司、联营企业和合资企业分回利润而收到的现金。

(3) 处置固定资产、无形资产和其他长期资产所收到的现金 0.14 万元，是指企业处置这些资产所取得的现金，减去为处置这些资产而支付的有关费用后的净额。由于自然灾害所造成的固定资产等长期资产损失而收到的保险赔偿流入现金，也在本项目反映。

(4) 收到的其他与投资活动有关的现金 1 165 万元，是指除了上述各项以外，收到的其他与投资活动有关的现金流入。

（二）投资活动引起的现金流出

投资活动的现金流出项目有：

(1) 购建固定资产、无形资产和其他长期资产所支付的现金 2 336 万元，是指取得这些资产支付的现金。不包括为购建固定资产而发生的借款利息资本化的部分，以及融资租入固定资产的租赁费，它们属于筹资活动的现金流出。

(2) 投资所支付的现金，是指企业投资所支付的现金，总计 1 041 万元。

(3) 支付的其他与投资活动有关的现金 1 500 万元，是指除上述各项以外，支付的与投资活动有关的现金流出。

通过阅读以上各项可知，投资活动总流入 3 181 万元，总流出 4 877 万元，现金流量净额是负数即流出大于流入 1 696 万元。投资流出大于流入，是企业规模扩大的重要特征。处于初创期或成长期的企业，投资现金流量净额通常是负数；处于成熟期的企业，投资现金流量净额是正负相间的；处于衰退期的企业，投资现金流量净额通常是正数。

五、筹资活动的现金流量分析

现金流量表中筹资活动的现金流量项目见附录所示。

（一）筹资活动引起的现金流入

筹资活动的现金流入项目包括：

(1) 吸收投资所收到的现金 624 万元，是指收到投资人的现金，包括以发行股票、债券等方式筹集的资金实际收到款项净额（已扣除发行机构的佣金等发行费用）。不扣除本企业直接支付的审计费和咨询费等，它们在"支付的其他与筹资活动有关的现金"项目中反映。

(2) 借款收到的现金 39 180 万元，是指举借各种短期、长期借款收到的现金。

(3) 收到的其他与筹资活动有关的现金，是指除上述项目以外的，收到的其他与筹资活动有关的现金。

（二）筹资活动引起的现金流出

筹资活动的现金流出项目包括：

(1) 偿还债务所支付的现金 15 975 万元，是指企业以现金偿还债务的本金。

(2) 分配股利、利润或偿付利息所支付的现金 1 073 万元，是指实际支付的现金股利，支付给其他投资单位的利润以及支付借款利息、债券利息等。

(3) 支付的其他与筹资活动有关的现金，是指除上述项目外，支付的其他与筹资活动有关的现金流出，例如捐赠现金支出、融资租入固定资产支付的租赁费、发生筹资费用支付的现金、减少注册资本支付的现金等。

通过阅读以上各项可知，筹资活动现金流入 39 804 万元，筹资活动流出现金 17 048 万元，流入大于流出 22 756 万元，即为本期筹资活动提供的现金。

筹资活动的净现金变化规律与投资活动相反：处于初创期或成长期的企业，筹资现金流量净额通常是正数；处于成熟期的企业，筹资现金流量净额是正负相间的；处于衰退期的企业，筹资现金流量净额通常是负数。

六、现金流量的平衡关系

任何会计报表，都存在某种平衡关系。现金流量表的平衡关系是：

$$现金流入-现金流出=本期现金净增加额$$

把现金流入和现金流出都划分为经营活动、投资活动和筹资活动三类以后：

$$经营现金净额+筹资现金净额+投资现金净额=本期现金净增加额$$

通过该平衡关系，可以了解企业现金在三项基本活动之间的流动情况，反映谁提供现金和谁吸收现金。(1) 经营所得现金到哪里去了（用于投资活动还是返还筹资来源），或经营活动现金亏空用什么弥补（筹资还是投资流入）；(2) 投资活动所需现金从哪里来（来自经营活动还是筹资活动）；或投资活动产生的现金用于何处（弥补经营现金亏空还是返还筹资来源）；(3) 筹集的资金用于何处（用于投资活动还是弥补经营活动的现金亏空），或者向筹资来源返还的现金从哪里来（来自经营活动还是投资活动）。

例如，ABC 公司的现金平衡情况如下：

提供现金 = 经营活动提供现金 + 筹资活动提供现金
= 9 069 + 22 756
= 31 825（万元）

吸收现金 = 投资活动吸收现金 + 现金及现金等价物净增加
= 1 697 + 30 128
= 31 825（万元）

这说明，经营活动和筹资活动提供了现金，一部分用于投资活动，另一部分以现金及现金等价物形式持有。

通常，在企业保持必要现金的基础上，企业经营活动提供的现金如果不能满足投资需要，企业就会进行对外筹资；如果经营活动提供的现金超出投资需要，企业就会向筹资来源返还现金。ABC 公司经营活动提供的现金，远远大于投资活动需要，本来不需要另外筹集资金。公司筹集巨额现金准备要干什么呢？这就需要在会计报表附注中查找原因。

> **小组讨论**　1. 请你和你的同学讨论现金流量表提供了哪些信息？现金流量分析有哪些作用？
>
> 2. 有人说：现金流量表是连接资产负债表和利润表的桥梁。请你和你的同学谈谈现金流量表是如何解释资产负债表和利润表的。

第二节　现金流量的结构分析与趋势分析

对现金流量的进一步分析，主要是结构分析和趋势分析。

一、现金流量的结构分析

现金流量表的结构分析，有两种常见的结构基础：一种是以总现金流入为基础的结构分析，目的是分析在总流入中各种来源的构成比例和各项流出占总流入的比重；另一种是以经营现金流入为基础的结构分析，目的是重点分析经营现金流入来源的构成比例，以及各项支出占流入的比例。

（一）总流入的结构分析

总流入的结构是指现金流量表各项目占现金总流入的百分比。总流入是指经营现金流入、投资现金流入和筹资现金流入之和。在现金流量表中，没有列示总流入，而只有分项的流入合计，需要分析人自己计算。ABC 公司的现金总流入结构如表 6-2 所示。

表 6-2　　　　　　　　现金总流入的结构

项　目	2013 年	2012 年	2013 年结构	2012 年结构
一、经营活动产生的现金流量				
销售商品、提供劳务收到的现金（元）	381 739 623.68	234 407 717.18	44.87%	62.02%
收到的租金（元）	25 400.00	40 199.00	0.00%	0.01%
收到税费返还（元）	2 008 488.25	711 928.46	0.24%	0.19%
收到的与其他经营活动有关的现金（元）	37 105 147.19	268 017.38	4.36%	0.07%
现金流入小计（元）	420 878 659.12	235 427 862.02	49.47%	62.29%

续表

项　目	2013年	2012年	2013年结构	2012年结构
购买商品、接受劳务支付的现金（元）	278 253 345.49	210 697 171.20	32.71%	55.74%
经营租赁所支付的现金（元）	1 220 320.72	—	0.14%	0.00%
支付给职工以及为职工支付的现金（元）	8 570 651.71	4 797 916.35	1.01%	1.27%
支付的各项税费（元）	25 957 074.53	16 783 925.79	3.05%	1.79%
支付的其他与经营活动有关的现金（元）	16 185 540.62	3 198 294.33	1.90%	0.85%
现金流出小计（元）	330 186 933.07	225 478 117.67	38.81%	59.66%
经营活动产生的现金流量净额（元）	90 691 726.05	9 949 744.35	10.66%	2.63%
二、投资活动产生的现金流量				
收回投资所收到的现金（元）	20 118 805.54	7 340 388.09	2.36%	1.94%
取得投资收益收到的现金（元）	34 878.40	3 694 291.91	0.00%	0.98%
处置固定资产、无形资产和其他长期资产而收到的现金净额（元）	1 350.00	—	0.00%	0.00%
收到的其他与投资活动有关的现金（元）	11 650 000.00	—	1.37%	0.00%
现金流入小计（元）	31 805 033.94	11 034 680.00	3.74%	2.92%
购建固定资产、无形资产和其他长期资产所支付的现金（元）	23 361 143.92	4 812 573.37	2.75%	1.27%
投资所支付的现金（元）	10 412 310.52	18 831 212.00	1.22%	4.98%
支付的其他与投资活动有关的现金（元）	15 000 000.00		1.76%	0.00%
现金流出小计（元）	48 773 454.44	23 643 785.37	5.73%	6.26%
投资活动所产生的现金流量净额（元）	-16 968 420.50	-12 609 105.37	-1.99%	-3.34%
三、筹资活动产生的现金流量				
吸收投资所收到的现金（元）	6 243 353.45	—	0.73%	0.00%
借款所收到的现金（元）	391 800 000.00	131 500 000.00	46.06%	34.79%
收到的其他与筹资活动有关的现金（元）	—		0.00%	0.00%
现金流入小计（元）	398 043 353.45	131 500 000.00	46.79%	34.79%
偿还债务所支付的现金（元）	159 750 000.00	117 000 000.00	18.78%	30.96%
分配股利、利润支付的现金（元）	—	488 737.75	0.00%	0.13%
偿付利息所支付的现金（元）	10 732 279.26	4 979 867.01	1.26%	1.32%
支付的其他与筹资活动有关的现金（元）	—	—	0.00%	0.00%
现金流出小计（元）	170 482 279.26	122 468 604.76	20.04%	32.40%

续表

项目	2013年	2012年	2013年结构	2012年结构
筹资活动产生的现金流量净额（元）	227 561 074.19	9 031 395.24	26.75%	2.39%
四、汇率变动对现金的影响额（元）	-5 391.27	5 113.57	0.00%	0.00%
五、现金及现金等价物净增加额（元）	301 278 988.47	6 377 147.79	35.41%	1.69%
全年总流入	850 721 655.24	377 967 655.59	100.00%	100.00%

根据表6-2可以进行以下两项分析：

1. 现金来源结构分析

该公司2013年现金总流入为85 072万元，其中经营现金流入占49.47%，投资现金流入占3.74%，筹资现金流入占46.79%。2012年现金总流入37 797万元，其中经营现金流入占62.29%，投资现金流入占2.92%，筹资现金流入占34.79%。两年相比，筹资现金比例增加，经营现金流入比例下降，投资现金流入比例基本稳定。可见，该公司进一步加大了外部筹资力度。

2. 现金使用结构分析

该公司2013年取得的现金总计85 072万元，其中经营使用现金占38.81%，投资使用现金占5.73%，筹资使用现金占20.04%，增加现金余额占35.41%。2012年现金流入37 797万元，经营使用现金占59.66%，投资使用现金占6.26%，筹资使用现金占32.40%，增加现金余额占1.69%。两年相比，经营活动和筹资活动使用现金比重减少，增加现金余额的部分大幅度提高。可见，该公司积蓄了超过1/3的现金流入，是重要理财活动的前奏。

（二）经营现金流入结构分析

经营现金流入的结构，是指以经营活动产生现金的各项目占现金总流入的百分比。ABC公司的经营现金流入结构如表6-3所示。

表6-3　　　　　　　　经营活动现金结构分析

项目	2013年	2012年	2013年结构	2012年结构
一、经营活动产生的现金流量				
销售商品、提供劳务收到的现金（元）	381 739 623.68	34 407 717.18	90.70%	99.57%
收到的租金（元）	25 400.00	40 199.00	0.01%	0.02%
收到的税费返还（元）	2 008 488.25	711 928.46	0.48%	0.30%
收到的与其他经营活动有关的现金（元）	37 105 147.19	268 017.38	8.82%	0.11%
现金流入小计（元）	420 878 659.12	235 427 862.02	100.00%	100.00%

项目	2013年	2012年	2013年结构	2012年结构
购买商品、接受劳务支付的现金（元）	278 253 345.49	210 697 171.20	66.11%	89.50%
经营租赁所支付的现金（元）	1 220 320.72	—	0.29%	0.00%
支付给职工以及为职工支付的现金（元）	8 570 651.71	4 797 916.35	2.04%	2.04%
支付的各项税费（元）	25 957 074.53	16 783 925.79	6.17%	2.88%
支付的其他与经营活动有关的现金（元）	16 185 540.62	3 198 294.33	3.85%	1.36%
现金流出小计（元）	330 186 933.07	225 478 117.67	78.45%	95.77%
经营活动产生的现金流量净额（元）	90 691 726.05	9 949 744.35	21.55%	4.23%

从表6-3可以看出，该公司2013年的经营现金流入，有90%来自营业收入，其他经营现金流入占10%。2012年的经营现金流入，几乎都来自销售商品和提供劳务。企业的大部分经营现金来自销售商品和劳务，是健康的表现。

从支出结构看，2013年经营现金流入的66%用于购买商品和接受劳务，2.02%被用于职工，6.17%被用于支付税款，3.85%被用于其他经营支出，21.55%是经营现金剩余。与2012年相比，购买活动支出比重下降，剩余现金比重增加，这表明经营活动产生现金的能力增强，而消耗现金减少。支出结构反映了获取每一元现金需要的现金投入和结余。

二、现金流量的趋势分析

现金流量趋势分析的具体方法有许多种，最常见的是指数分析。

指数分析时需要选择某一年为基年，此年的现金流量指数为1，其他年度的现金流量数据用对基年的倍数表示。通过观察历年指数的变化，可以排除不同年度规模的差异，了解各项目的相对变化。

表6-4是ABC公司2011~2013年用指数表示的现金流量。

表6-4　　　　　　　　现金流量的指数分析

项目	金额（元）			指数		
	2011年	2012年	2013年	2011年	2012年	2013年
一、经营活动产生的现金流量						
销售商品、提供劳务收到的现金	133 480 402	234 407 717	381 739 624	1.00	1.76	2.86
经营活动现金流入小计	140 408 788	235 427 862	420 878 659	1.00	1.68	3.00

续表

项目	金额（元）			指数		
	2011年	2012年	2013年	2011年	2012年	2013年
购买商品、接受劳务支付的现金	110 897 449	210 697 171	278 253 345	1.00	1.90	2.51
支付给职工以及为职工支付的现金	2 011 968	4 797 916	8 570 652	1.00	2.38	4.26
实际支付的税款	9 087 802.91	16 783 925.79	25 957 074.53	1.00	1.85	2.86
经营活动现金流出小计	131 148 100	225 478 118	330 186 933	1.00	1.72	2.52
经营活动产生的现金流量净额	9 260 688	9 949 744	90 691 726	1.00	1.07	9.79
二、投资活动产生的现金流量：						
收回投资所收到的现金	5 993 333	7 340 388	20 118 806	1.00	1.22	3.36
现金流入小计	10 252 102	11 034 680	31 805 034	1.00	1.08	3.10
购建固定资产、无形资产和其他长期资产所支付的现金	10 978 790	4 812 573	23 361 144	1.00	0.44	2.13
投资支付的现金	32 065 430	18 831 212	10 412 311	1.00	0.59	0.32
现金流出小计	43 044 220	23 643 785	48 773 454	1.00	0.55	1.13
投资活动所产生的现金流量净额	-32 792 118	-12 609 105	-16 968 421	1.00	0.38	0.52
三、筹资活动产生的现金流量：						
借款所收到的现金	29 000 000	131 500 000	391 800 000	1.00	4.53	13.51
筹资活动现金流入小计	43 621 307	131 500 000	398 043 353	1.00	3.01	9.12
偿还债务支付的现金		117 000 000	159 750 000			
偿付利息所支付的现金	3 458 152	4 979 867	10 732 279	1.00	1.44	3.10
筹资活动现金流出小计	3 458 152	122 468 605	170 482 279	1.00	35.41	49.30

续表

项目	金额（元）			指数		
	2011年	2012年	2013年	2011年	2012年	2013年
筹资活动产生的现金流量净额	40 163 156	9 031 395	227 561 074	1.00	0.22	5.67
五、现金及现金等价物净增加额	16 638 434	6 377 148	301 278 988	1.00	0.38	18.11

通过表6-4可以看出，该公司的经营现金净流入逐年增加，并且增幅大于现金流出，使得净流入有快速增长。这无疑是个好现象，但是经营现金流入增幅很大，是不正常的，需要注意。非正常变化需要通过分析得到解释。如果不能解释，就要怀疑是否存在报表欺诈、利润操纵或错误。该公司经营现金快速增长的原因有可能是销售收入快速增长，也有可能是今年增加了报表合并范围。

该公司的投资活动在2012年明显减少，是个低谷，2013年又增加了投资力度。从投资的净流出量看，投资增量在减少，值得注意。这可能与宏观经济发展速度减缓有关，也可能是本公司缺少好的投资机会。

该公司筹资活动的明显变化，是增加了借款筹资。结合分析资产负债表可知，公司的负债率由30%左右已逐步提高到60%。这种资本结构的转换，对提高报告利润是有益的。其背景可能是市场的借款利率在逐年降低，利用借款可以得到利息抵税的好处，从而提高股价。

公司积蓄大量现金，明显超出经营周转的正常需要。应进一步了解其用途。

在进行趋势分析时应注意以下问题：

（1）分析不应包括全部现金流量项目，而应当去掉金额较小的、不重要的项目，以便突出重要的项目。

（2）指数或百分比的分析，要结合金额进行。例如，"偿还债务支付的现金"的基期数字为零，无法计算其他年份的指数。有时基期数字很小，例如为1元；后期金额的很小变化，例如100元；会使指数高达100（倍），给人以故弄玄虚的印象。同时列示金额，可以避免这种误解。

（3）现金流量的趋势分析要结合资产负债表和利润表。现金的变换原因，只能由现金以外的变化来解释。

（4）对非正常的变化，要设法寻找原因。解释是分析的核心内容之一，分析就是解释原因的过程。

（5）图示可以改善趋势分析的效果。图6-1和图6-2，是ABC公司经营现金流量和全部现金流量的趋势分析图。

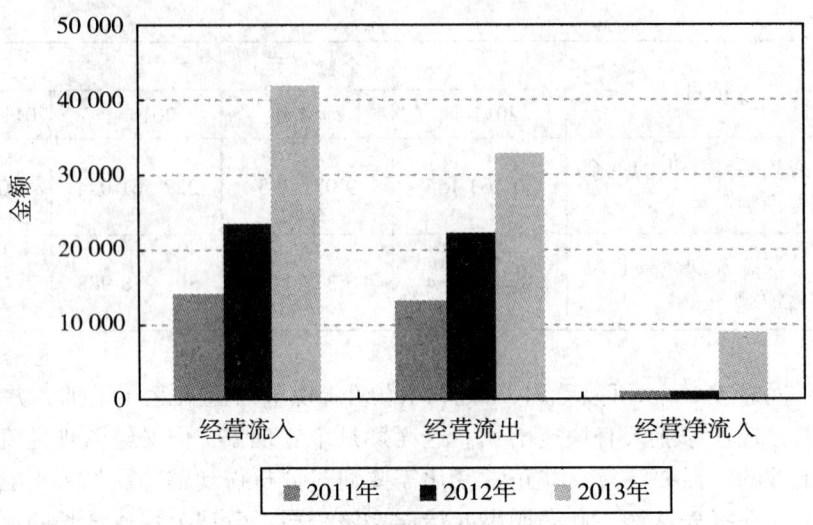

图 6-1 经营现金流量趋势分析

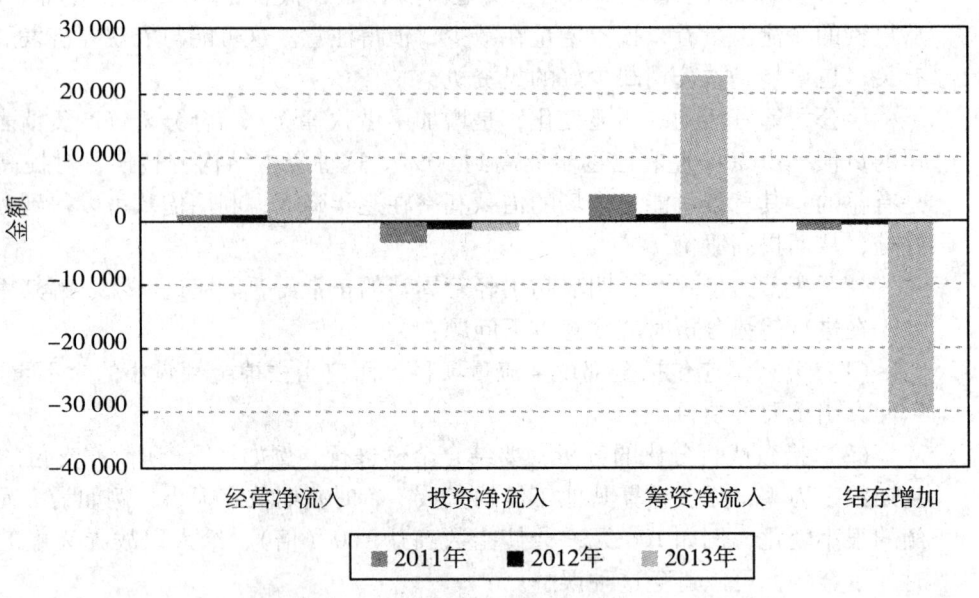

图 6-2 全部现金流量趋势分析

小组讨论 在进行现金流量结构变动和趋势变动原因分析时,除了使用现金流量表的有关数据,还应该参考哪些其他方面的信息?

第三节 现金流量的财务比率

现金流量表出现以后,人们提出了若干财务比率,用于评价企业的收益和风险。

这些财务比率，与前面讲过的财务比率相比，出现得较晚，其公认性、一致性不如其他财务比率。

一、现金偿债比率

经营现金与债务比率，可以反映企业的偿债能力，其一般公式如下：

$$现金流量比率 = \frac{经营活动现金净流量}{债务} \times 100\%$$

对于公式中的分子即"经营活动现金净流量"，人们的认识是一致的，但对分母的选择有许多种，并由此形成不同的经营现金债务比率。

（一）经营现金与流动负债比

如果上述公式的分母选择"流动负债"，则计算的结果是"经营现金与流动负债比率"。此时，该比率反映经营现金对流动负债的偿还保障程度。

$$经营现金与流动负债比率 = \frac{经营活动现金净流量}{流动负债} \times 100\%$$

以 ABC 公司为例，经营现金净流量是 9 069 万元，期末流动负债是 48 127 万元，则：

$$经营现金与流动负债比率 = \frac{9\,069}{48\,127} \times 100\% = 18.8\%$$

经营活动现金净流量是全年的净流入，如果它具有代表性，明年也将陆续取得同样多的现金，可以用于偿还流动负债。流动负债是期末余额，这些债务将在一年内陆续到期。现金是陆续取得的，而负债也是陆续到期的，不断产生的现金用于不断出现的到期债务。那么，是不是经营现金净流入必须大于流动负债呢？不是的。新的流动负债也在不断提供新的资金，经营现金需要满足的只是周转所需的现金。通常认为，运作比较好的公司其现金流量比率应大于 40%。该指标数值越高，企业偿还短期债务的能力越强。ABC 公司的经营现金与流动负债的比率较低。但是，考虑到公司持有巨额现金（33 256 万元）这一特殊情况，可以认为其偿债能力还是很强的。

（二）经营现金与债务总额比

如果上述公式的分母选择"债务总额"，则计算结果是"经营现金与债务总额比"。

$$经营现金与债务总额比 = \frac{经营活动现金净流量}{债务总额} \times 100\%$$

以 ABC 公司为例，经营现金净流量是 9 069 万元，期末债务总额 49 230 万元，则：

$$经营现金与债务总额比率 = \frac{9\,069}{49\,230} \times 100\% = 18.4\%$$

该比率反映经营现金流量偿付所有债务的能力。该比率越高，企业承担债务总额的能力越强。这个比率，是一个收益与债务结合的比率，现金净收益是债务利息的保障。在利息率高达 18.4% 的情况下，公司仍能付息。既然公司能够按时付息，就可以维持当前债务规模，包括借新债还旧债的能力。因此，债权人是可以放心的。如果该比率低于银行贷款利率，情况就不妙了。

（三）经营现金与到期债务比

如果上述公式的分母选择"本期到期的长期债务 + 本期应付票据"，计算结果是"经营现金与到期债务比"。

$$经营现金与到期债务比 = \frac{经营活动现金净流量}{本期到期的长期债务 + 本期应付票据} \times 100\%$$

该比率反映企业偿还到期债务的能力，该比率越高，则偿还能力越好。由于长期债务和应付票据到期时，不一定有继起的长期债务和应付票据接续，必须靠经营活动现金净流入偿还，因此经营现金净流量与到期债务的偿还有内在联系。

二、现金收益比率

经营现金净流入和净利润有类似性，只不过后者是按权责发生制计算的，而前者是按收付实现制计算的。因此，以利润为基础计算的财务比率，同样可以使用于现金流量。

（一）每元销售现金净流入

每元销售现金净流入，是指经营活动现金净流量与营业收入的比值，它反映企业通过销售获取现金的能力。

$$每元销售现金净流入 = \frac{经营活动现金净流量}{营业收入}$$

以 ABC 公司为例，经营活动现金净流量为 9 069 万元，营业收入为 27 572 万元，则：

$$每元销售现金净流入 = \frac{9\ 069}{27\ 572} = 0.3289（元）$$

该公司每元销售可以提供 0.33 元的现金净流入。用它与同业的水平相比，可以评价公司获取现金能力的强弱；与历史的水平相比，可以评价公司获取现金能力的变化趋势。

（二）每股经营现金流量

每股经营现金流量是反映每股发行在外的普通股票所平均占有的现金流量，或者说是反映公司为每一普通股获取的现金流入量。其计算公式为：

$$每股经营现金流量 = \frac{经营活动现金净流量 - 优先股股利}{发行在外的普通股股数}$$

以 ABC 公司为例，经营活动现金净流入为 9 069 万元，发行在外的普通股为 14 764 万股：

每股经营现金流量 = 9 069/14 764 = 0.61（元/股）

该指标实质上表达的是作为每股盈利的支付保障的现金流量，因而每股经营现金流量指标越高，越为股东们所乐意接受。

每股经营现金流量反映了每股流通在外的普通股的现金流量。它通常高于每股收益，因为现金流量中没有减去折旧等非付现成本。

（三）全部资产现金回收率

全部资产现金回收率，是指经营现金净流量与全部资产的比值，反映企业运用全部资产获取现金的能力。

$$全部资产现金回收率 = \frac{经营现金净流量}{全部资产} \times 100\%$$

以 ABC 公司为例，经营现金净流入为 9 069 万元，全部资产为 82 097 万元，则：

$$全部资产现金回收率 = \frac{9\ 069}{82\ 097} = 11\%$$

该比率表明，ABC 公司的每百元投资可以产生 11 元现金。在大约 9 年的时间里，可以依靠主营业务收回全部投资。该指标与同业水平相比，可以评价每百元资产获取现金的能力；与本企业历史水平相比，可以看出获取现金能力的变化。

三、财务弹性分析

所谓财务弹性，是指企业自身产生的现金与现金需求之间的适合程度。如果自身产生的现金大大少于现金需求，企业的资金不足，只好从外部筹资。如果这是一种暂时现象，还没有大问题，但企业不可能长期靠从外部筹资生存。在出现投资机会时，财务弹性小的企业由于筹资困难往往不能迅速筹集必要的资金，失去盈利的机会。如果自身产生的现金能基本满足需要，筹资的压力就小得多，并可以保持较大的筹资能力。

反映财务弹性的财务比率主要有现金流量适合率、现金满足投资比率和现金股利保障倍数。

（一）现金流量适合比率

现金流量适合比率，是指经营活动现金净流入与资本支出、存货购置及发放现金股利的比值，它反映经营活动现金满足主要现金需求的程度。其计算公式为：

$$现金流量适合比率 = \frac{一定时期经营活动产生的现金净流量}{同期资本支出 + 同期存货净投资额 + 同期现金股利}$$

以 ABC 公司为例，本年经营活动现金流量净额为 9 069 万元，同期资本支出为 2 336 万元，存货净投资额 2 910 万元，没有支付现金股利：

$$现金流量适合比率 = \frac{9\ 069}{4\ 877 + 2\ 910} = 1.16$$

如果现金流量适合率大于 1，表明企业经营活动所形成的现金流量能够满足企业日常基本需要，不需要外部筹资；若该比率计算结果小于 1，说明企业现金来源不能满足股利和经营增长的水平，不足的现金靠减少现金余额或外部筹资提供。某一年的现金适合率，不一定能说明问题，用 5 年或 5 年以上的总和计算，可以剔除周期性和随机性影响，得出更有意义的结论。如果一个企业的现金适合率长期小于 1，则其理财政策没有可持续性。

（二）现金再投资比率

现金再投资比率，是指经营现金净流量减去股利和利息支出后的余额，与企业总投资之间的比率。总投资是指固定资产总额、对外投资、其他长期资产和营运资金之和。这个比率反映有多少现金留下来，并投入公司用于资产更新和企业发展。

$$现金再投资比率 = \frac{经营活动现金净流量 - 股利和利息}{固定资产原值 + 对外投资 + 其他资产 + 营运资金} \times 100\%$$

ABC 公司的经营现金净流量为 9 069 万元，未支付现金股利，利息支出 1 073 万元，固定资产原值 11 559 万元，投资 5 801 万元，无形资产及其他资产合计 1 128 万元，营运资金 44 740 万元（流动资产 63 874 万元 - 流动负债 19 134 万元），则：

$$现金再投资比率 = \frac{9\ 069 - 5\ 801}{11\ 559 + 5\ 801 + 1\ 128 + 44\ 740} \times 100\% = \frac{3\ 268}{63\ 228} \times 100\%$$
$$= 5.16\%$$

现金再投资比率的行业比较有重要意义。通常，它应当在 7%～11% 之间，其理由是资产的平均持续年限在 10 年左右，各行业有区别。同一企业的不同年份有区别，高速扩张的年份低一些，稳定发展的年份高一些。该公司本年的经营现金再投资率不足，是权宜之计。为了更全面地了解企业的理财情况，该比率最好是根据 5 年以上的平均数计算。

（三）现金股利保障倍数

现金股利保障倍数，是指经营活动净现金流量与现金股利支付额之比，反映企业支付现金股利的能力。现金股利保障倍数越高，说明企业的现金股利占获取的经营现金的比重越小，企业支付现金股利越有保障。其计算公式如下：

$$现金股利保障倍数 = \frac{经营活动净现金流量}{现金股利额}$$

用 5 年或者更长时间的总数计算该比率，可以剔除股利政策变化的影响。

四、收益质量分析

收益质量分析涉及内容非常广泛,现金流量分析只是其中的一个方面。这里只讨论与现金流量表有关的收益质量分析问题,主要是经营收益指数分析和营运指数分析。

(一) 经营收益指数分析

经营收益指数,是指经营活动收益与全部净收益的比重。这种方法假设,经营活动收益是企业最本质的收益来源,代表了企业的获利能力,而其他活动损益具有偶然性和特殊性,是不可持续的或变动性很大。

$$经营收益指数 = \frac{经营活动收益}{全部净收益}$$

其中:

$$经营活动收益 = 净收益 - 非经营活动收益(损失为"+")$$

$$非经营活动收益 = 投资收益 + 公允价值变动收益 + 处置长期资产收益 - 固定资产报废损失 - 财务费用$$

$$全部净收益 = 净利润$$

经营收益指数越大,说明收益质量越好。从公式可以直观看出,该指标强调的是经营收益在全部净收益中的比重。全部净收益一定的情况下,非经营收益越多,经营收益指数就越小,收益质量便越差。这是因为,非经营收益不是公司的主要收益来源,不反映公司的核心能力,其可持续性低,不能代表企业真正的收益能力。

企业经营收益营运指数的高低,可以通过同业比较分析和趋势分析进行。

ABC 公司经营收益指数 (2013 年) 计算如下:

非经营活动收益 = 2 490.8 + (-0.3) - 0 - 876.4 = 1 614.1 (万元)

全部净收益 = 8 070.7 (万元)

经营活动收益 = 8 070.7 - 1 614.1 = 6 456.6 (万元)

经营收益指数 (2013) = 6 458/8 071 = 0.8

该公司的净收益有 80% 来自经营活动。经营收益指数越大,收益质量越好。经营收益质量绝对水平的评价,需要通过与本行业带头企业的经营收益指数比较来进行;相对水平的评价,需要通过与本企业历史水平比较来进行。

例如,该公司 2012 年的经营收益指数计算如下:

全部净收益 = 1 863 (万元)

非经营活动收益 = 503 + 0 - 0 - 468 = 35 (万元)

经营活动收益 = 1 863 - 35 = 1 828 (万元)

经营收益指数 (2012) = 1 828/1 863 = 0.98

与上年相比,2013 年该公司的净收益有大幅度增加,但是收益的质量下降了。

（二）营运指数分析

营运指数是指经营活动现金净流量与经营活动现金收益的比值。这种评价方法假设，在营运质量不变的情况下，经营活动现金收益应全部收回现金；未收回的现金被营运资金占用，而营运资金的相对增加是营运质量下降的表现。有些项目如固定资产折旧、资产摊销、信用政策等虽不影响经营活动的现金流量，但会影响公司的收益，使当期会计收益与经营活动产生的现金流量不一致。因此，通过对公司营运指数进行计算分析，若现金营运指数大于或等于100%，说明会计收益的收现能力较强，收益质量较好；若营运指数小于100%，则说明会计收益质量较差，有虚盈实亏的可能性，必须进一步分析会计方法或会计估计的影响。

$$营运指数 = \frac{经营活动现金净流量}{经营活动现金收益}$$

其中：

$$\frac{经营活动}{现金收益} = \frac{经营活}{动收益} + \frac{非付现}{费用} = \frac{经营活}{动收益} + \frac{资产减}{值准备} + \frac{计提固定}{资产折旧} + \frac{长期资}{产摊销}$$

ABC公司营运指数（2013年）的计算如下：

经营活动现金净流量 = 9 069（万元）

经营活动现金收益 = 6 456.6 + 81 + 486 + 130 = 7 153.6（万元）

营运指数（2013）= 9 069/7 153.6 = 1.27

该公司2012年的营运指数计算如下：

经营活动现金净流量 = 995（万元）

经营活动现金收益 = 1 828 + 43 + 107 + 96 = 2 074（万元）

营运指数 = 995/2 074 = 0.48

该公司2012年的营运质量不好，经营活动应当得到的现金是2 074万元，大部分都占用在营运资金上。没有收回现金的利润，其质量低于收回现金的利润。因此，可以认为该公司2013年营运质量比上年有较大改善。

> **小组讨论**　1. 处于不同生命周期的企业，现金流量会表现出不同的特征。请你和你的同学选择两家处于不同生命周期的企业，计算现金流量的财务比率，分析评价它们的收益与风险。
>
> 2. 分析一家上市公司的现金流量时，为什么要结合公司所在行业甚至所在地区进行横向比较分析？

本章小结

现金流量分析就是以现金流量表为主要依据，利用多种分析方法，进一步揭示现金流量信息所反映的企业基本活动，并从现金流量角度对企业状况作出评价。进行现金流量分析是评价企业的财务状况和经营绩效的一项重要内容。本章以现金流量表为依据，讨论现金流量分析的内容和方法。

1. 现金流量分析以现金流量表为主要资料，同时结合资产负债表、利润表等会计报表进行。现金流量的分析可以对企业获取现金的能力作出评价，并且使偿债能力和收益能力评价更全面。

2. 现金流量分析要着重掌握现金流量、现金流入、现金流出以及现金净流量等概念。现金流量是指企业一定时期的现金和现金等价物的流入和流出的数量。现金流量可以分为经营活动现金流量、投资活动现金流量和筹资活动现金流量。

3. 现金流量分析使用的主要方法是结构分析和趋势分析。以总现金流入为基础的结构分析，目的是分析在总流入中各种来源的构成比例和各项流出占总流入的比重；以经营现金流入为基础的结构分析，目的是分析经营现金流入来源的构成比例，以及各项支出占流入的比例。现金流量的趋势分析通常是采用指数分析，目的是观察现金流量的变化趋势。

4. 有关现金流量财务比率，主要包括反映偿债能力的现金流量与当期债务比和债务保障率；反映获取现金能力的每元销售现金净流入、每股经营现金流量和全部资产现金回收率；反映财务弹性的现金流量适合率和现金再投资比率；反映收益质量的是经营收益指数和营运指数。

■关键词汇

现金（cash）
现金等价物（cash equivalents）
现金流量（cash flow）
经营活动现金流量（cash flow from operating activites）
投资活动现金流量（cash flow from investment activites）
筹资活动现金流量（cash flow from financing activites）
经营活动现金净流量（net cash flow from operating activites）
经营活动损益（profit from operating activites）
经营活动现金损益（cash profit from operating activites）

思考题

1. 简述现金流量分析的作用。
2. 如何进行现金流量的初步分析？
3. 如何对企业进行财务弹性分析？
4. 简述用现金流量评价收益质量的原因。

案例分析与讨论

资料：YT公司是一家上市公司，主营业务为汽车制造，该公司2011年、2012年和2013年的现金流量表主表如下表所示：

YT公司现金流量表

单位：万元

项目	2013年	2012年	2011年
一、经营活动产生的现金流量			
销售商品、提供劳务收到的现金	2 081 390.00	1 561 790.00	1 610 860.00
收到的税费返还	8 612.60	9 492.16	2 047.72
收到的其他与经营活动有关的现金	23 203.40	48 467.40	12 026.00
经营活动现金流入小计	2 113 206.00	1 619 749.56	1 624 933.72
购买商品、接受劳务支付的现金	1 558 220.00	1 178 410.00	1 225 660.00
支付给职工以及为职工支付的现金	120 430.00	94 572.80	75 259.20
支付的各项税费	101 082.00	81 771.40	69 760.20
支付的其他与经营活动有关的现金	139 784.00	127 785.00	109 630.00
经营活动现金流出小计	1 919 516.00	1 482 539.20	1 480 309.40
经营活动产生的现金流量净额	193 690.00	137 210.36	144 624.32
二、投资活动产生的现金流量			
收回投资所收到的现金	1 063 220.00	669 571.00	178 696.00
取得投资收益所收到的现金	243.7	89.89	1 324.36
处置固定资产、无形资产和其他长期资产所收回的现金净额	361.78	123.34	125.3
处置子公司及其他营业单位收到的现金净额	—	—	4 484.25
收到的其他与投资活动有关的现金	80 000.00	—	—
投资活动现金流入小计	1 143 825.48	669 784.23	184 629.91
购建固定资产、无形资产和其他长期资产所支付的现金	92 143.10	189 584.00	99 238.60
投资所支付的现金	1 062 060.00	711 833.00	182 328.00
取得子公司及其他营业单位支付的现金净额	—	—	2 975.53
支付的其他与投资活动有关的现金	—	—	—
投资活动现金流出小计	1 154 203.1	901 417.00	284 542.13
投资活动产生的现金流量净额	−10 377.62	−231 632.77	−99 912.22
三、筹资活动产生的现金流量			
吸收投资收到的现金	7 126.99	259 367.00	—
其中：子公司吸收少数股东投资收到的现金	—	—	—
取得借款收到的现金	21 516.60	51 983.70	7 560.13
发行债券收到的现金	—	—	—

续表

项目	2013 年	2012 年	2011 年
收到其他与筹资活动有关的现金	4 169.36	7 988.07	21 037.7
筹资活动现金流入小计	32 812.95	319 338.77	28 597.83
偿还债务支付的现金	46 977.10	7 703.42	13 645.20
分配股利、利润或偿付利息所支付的现金	49 696.90	21 524.90	15 921.00
支付其他与筹资活动有关的现金	1 698.55	4 169.36	—
筹资活动现金流出小计	98 372.55	33 397.68	29 566.2
筹资活动产生的现金流量净额	−65 559.60	285 941.09	−968.37
四、汇率变动对现金及现金等价物的影响额	−78.27	649.3	−568.39
五、现金及现金等价物净增加额	117 674.51	192 167.98	43 175.34
加：年初现金及现金等价物余额	301 285.00	109 112.00	65 936.40
六、年末现金及现金等价物余额	418 959.51	301 279.98	109 111.74

要求：
1. 对 YT 公司 2012 年和 2013 年的现金流量表进行结构分析。
2. 对 YT 公司近 3 年的现金流量表进行趋势分析。

本章推荐阅读资料

1. ［美］戴维·霍金斯：《公司财务报告与分析》，东北财经大学出版社 2002 年版。
2. ［美］克莱德·P·斯蒂克尼：《财务报告与报表分析》，中信出版社 2004 年版。

第 7 章

企业价值分析

学习提要与目标

本章主要介绍财务报表综合分析、预计财务报表编制与企业价值分析的各种方法。财务报表综合分析的一般方法有杜邦分析法、沃尔比重评分法等。企业价值分析离不开对未来财务状况和经营成果的预测,预计财务报表的编制是进行企业价值分析的基础。企业价值判断常用的方法有现金流量折现法、经济利润法和相对价值法。

通过本章的学习,应能够:
- 掌握财务报表综合分析的方法;
- 了解预计报表的编制方法和程序;
- 掌握价值评估的基本方法及其应用。

第一节 财务报表综合分析

财务报表分析的一个重要目的就是要全方位地分析企业经营理财状况，进而对企业的经济效益做出正确合理的判断。因此，必须进行多种指标的相关分析或者采用适当的标准进行综合分析，才能从整体角度对企业的财务状况和经营成果进行客观评价。财务综合分析的方法主要有杜邦分析法、沃尔比重评分法等，下面分别讲解杜邦分析法、沃尔比重评分法的概念、体系和案例运用。

一、杜邦分析法

(一) 杜邦分析法的基本原理

杜邦财务分析法，又称杜邦分析体系，是利用各种主要财务比率指标间的内在联系，对企业财务状况及经营成果进行综合、系统分析与评价的方法。该方法以净资产收益率为龙头，以总资产净利率和权益乘数为核心，重点揭示企业获利能力、资产投资收益能力及权益乘数对净资产收益率的影响，以及各相关指标间的相互影响作用关系。因其最初由美国杜邦公司成功应用，所以得名。杜邦分析等式如下：

$$净资产收益率 = 销售净利率 \times 总资产周转率 \times 权益乘数$$

其公式推导过程如下：

$$\begin{aligned}净资产收益率 &= 净利润 \div 平均净资产 \\ &= \left(\frac{净利润}{平均总资产}\right) \times \left(\frac{平均总资产}{平均净资产}\right) \\ &= 总资产净利率 \times 权益乘数 \end{aligned} \quad (1)$$

总资产净利率又可表达为：

$$\begin{aligned}总资产净利率 &= \left(\frac{净利润}{销售收入}\right) \times \left(\frac{销售收入}{平均总资产}\right) \\ &= 销售净利润率 \times 总资产周转率 \end{aligned} \quad (2)$$

综合公式（1）和公式（2），可以得出净资产收益率的杜邦等式：

$$\begin{aligned}净资产收益率 &= \left(\frac{净利润}{销售收入}\right) \times \left(\frac{销售收入}{平均总资产}\right) \times \left(\frac{平均总资产}{平均净资产}\right) \\ &= 销售净利率 \times 总资产周转率 \times 权益乘数\end{aligned}$$

其中，权益乘数是平均资产与平均所有者权益的比率。

利用这种方法进行综合分析时，可把各项财务指标间的关系绘制成杜邦分析图（见图7-1）。

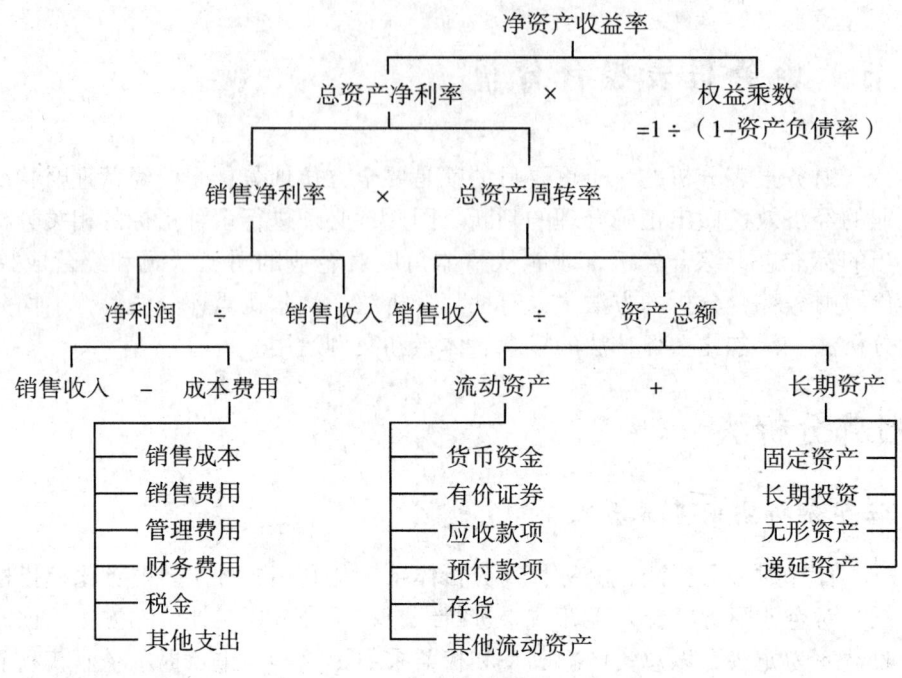

图 7-1 杜邦分析图

杜邦分析图的左边部分，主要分析公司的盈利能力和营运能力，并展示出公司盈利能力和营运能力两者之间的内在联系；杜邦分析图的右边部分，主要分析公司的资本结构。资产投资收益能力和资本结构共同影响净资产收益率的水平。因此，净资产收益率是杜邦财务分析体系的核心，是一个综合性最强的指标，反映着公司财务管理目标的实现情况。

（二）杜邦分析法的应用

利用杜邦等式和图 7-1，可以帮助管理层更加清晰地看到净资产收益率的决定因素，以及销售净利润率与总资产周转率、资本结构之间的相互关联，给管理层提供了一张考察企业资产管理是否使股东投资回报最大化的路线图。

杜邦分析法是对企业财务状况的综合分析。它通过几种主要财务比率之间的相互关系，全面、系统、直观地反映出企业的财务状况，从而大大节省了财务报表使用者的时间。利用杜邦分析图分析需要从以下几点进行：

（1）净资产收益率是一个综合性最强的财务分析指标，是杜邦分析系统的龙头。财务管理的目标是使股东财富最大化，净资产收益率反映企业所有者投入资本的获利能力，说明企业筹资、投资、资产营运等各项财务及其管理活动的效率，不断提高净资产报酬率是使股东财富最大化的基本保证。所以，这一财务分析指标是企业所有者、经营者都十分关心的。而净资产收益率高低的决定因素主要有三个方面，即销售净利率、资产周转率和权益乘数。这样分解之后，就可以将净资产收益率这一综合指标发生升降变化的原因具体化，比只用一项综合性指标更能说明问题。

（2）销售利润率反映企业利润与销售收入的关系，它的高低取决于销售收入与成本总额的高低。要想提高销售利润率,一是要扩大销售收入;二是要降低成本费用。扩大销售收入具有重要意义,它既有利于提高销售利润率,又可提高总资产周转率。降低成本费用是提高销售利润率的一个重要因素,从杜邦分析图可以看出成本费用的基本结构是否合理,从而找出降低成本费用的途径和加强成本费用控制的办法,如果企业财务费用支出过高,就要进一步分析其负债比率是否过高;如果是管理费用过高,就要进一步分析其资产周转情况,等等。为了详细了解企业成本费用的发生情况,在具体列示成本总额时,还可根据重要性原则,将那些影响较大的费用单独列示(如利息费用等),以便为寻求降低成本的途径提供依据。

(3) 影响资产周转率的一个重要因素是资产总额。它是由流动资产与长期资产组成的。它们的结构合理与否将直接影响资产的周转速度。一般来说,流动资产直接体现企业的偿债能力和变现能力,而长期资产则体现企业的经营规模和发展潜力。两者之间有一个合理的比率关系。如果发现某项资产比重过大,影响资金周转,就应深入分析原因,例如企业持有的货币资金超过业务需要,就会影响企业的盈利能力;如果企业占有过多的存货和应收账款,则既会影响获利能力,又会影响偿债能力。因此,还应进一步分析各项资产的占用数额和周转速度。

(4) 权益乘数主要受资产负债率指标的影响。负债比率越大,权益乘数就越高,说明企业的负债程度比较高,给企业带来了较多的杠杆利益。同时,也带来了较多的风险。对权益乘数的分析要联系销售收入分析企业的资产使用是否合理,联系权益结构分析企业的偿债能力。在资产总额不变的条件下,适当开展负债经营,可以减少所有者权益所占的份额,从而达到提高净资产收益率的目的;在权益总额及权益结构相对稳定的情况下,加速资金周转也可以提高企业的偿债能力和盈利能力。

杜邦分析法的作用是解释指标变动的原因,为采取措施指明方向。应当指出,杜邦分析体系是一种分解财务比率的方法,而并不是另外建立新的财务指标,因而它可以用于各种财务比率的分析。也就是说,杜邦分析方法和其他财务分析方法一样,关键不在于指标的计算,而在于对指标的理解和运用。通过杜邦分析体系自上而下地分析,不仅可以了解企业财务状况的全貌以及各项财务分析指标间的结构关系,还可以查明各项主要财务指标增减变动的影响因素及存在问题。杜邦分析体系提供的上述财务信息,较好地解释了指标变动的原因,不仅为进一步采取具体措施指明了方向,而且还为决策者优化资产结构和资本结构,提高企业偿债能力和经营效益提供了基本思路,即提高净资产收益率的根本途径在于扩大销售、改善资产结构,节约成本费用开支,合理资源配置,加速资金周转,优化资本结构等。

从杜邦分析图中可以发现提高净资产收益率的四种途径:(1) 使销售收入增长幅度高于成本和费用的增加幅度;(2) 减少公司的销货成本或经营费用;(3) 提高总资产周转率,即在现有资产基础上,增加销售收入,或者减少企业资产;(4) 在不危及企业财务安全前提下,增加债务规模,提高负债比率。

(三) **实例分析**

例7-1 下面以 ABC 公司为例,说明杜邦分析法的运用。

ABC 公司的基本财务数据如表 7-1、表 7-2 所示：

表 7-1　　　　　　　　　　　　　　　　　　　　　　　　　　　　　　单位：万元

年份 \ 项目	净利润	销售收入	资产总额	负债总额	全部成本
2012	1 863.3	21 053.5	28 924.3	11 300.0	17 489.6
2013	8 071.7	27 571.6	82 097.3	49 229.8	17 398.6

表 7-2　　　　　　　　　　　公司财务比率

年份 \ 项目	2012	2013
净资产收益率（%）	10.57	24.56
权益乘数	1.64	2.50
资产负债率（%）	39.1	60.00
资产净利率（%）	6.44	9.83
销售净利率（%）	8.85	29.28
总资产周转率	0.73	0.34

1. 对净资产收益率的分析

净资产收益率指标是衡量企业利用净资产获取利润能力的指标。净资产收益率充分考虑了筹资方式对企业获利能力的影响，因此它所反映的获利能力是企业经营能力、财务决策和筹资方式等多种因素综合作用的结果。

该公司的净资产收益率在 2012～2013 年间出现了很大的提高，从 2012 年的 10.57% 增加至 2013 年的 24.56%。企业的投资者在很大程度上依据这个指标来判断是否投资或是否转让股份，考察经营者业绩和决定股利分配政策。这些指标对公司的管理者也至关重要。

2. 分解分析过程

公司经理们为改善财务决策而进行财务分析，他们可以将净资产收益率分解为权益乘数和资产净利率，以找到问题产生的原因。净资产收益率分解如下：

净资产收益率 = 资产净利率 × 权益乘数

2012 年 10.57% = 6.44% × 1.64

2013 年 24.56% = 9.83% × 2.50

经过分解表明，2013 年净资产收益率的提高主要是资产净利率和权益乘数二者的提高带来的。那么，我们继续对资产净利率进行分解：

资产净利率 = 销售净利率 × 总资产周转率

2012 年 6.44% = 8.85% × 0.73

2013 年 9.83% = 29.28% × 0.34

通过分解可以看出，2013 年资产净利率提高主要是销售净利率提高带来的，说明公司的销售状况好于上年,且大大地好于往年。事实上,如果发生这种情况是值得报表分析人员注意的。为什么企业的销售净利率提高会如此明显?是企业开发出了新产品,引起了新的生产技术,还是出现了其他重大的利好消息?同一行业内的其他企业是否也有类似的情况发生?如果上述问题通过公司的公开报表无法给出肯定回答的话,那么就应该考虑公司进行虚假披露或者通过与关联方交易操纵利润的可能性了。如果进一步的分析发现公司销售利润率的巨大提高是正常的,那么下面继续对销售净利率进行分解:

销售净利率 = 净利润 ÷ 销售收入
2012 年 8.85% = 1 863.3 ÷ 21 053.5
2013 年 29.28% = 8 071.7 ÷ 27 571.6

该公司 2013 年净利润大幅度提高,但是与之相对应的销售收入的提高幅度却很小,表明企业利润的提高主要是因为单位销售贡献的利润增加了。

该公司资本结构在 2012~2013 年发生了变动,2013 年的权益乘数较 2012 年有所提高。权益乘数越大,企业负债程度越高,偿还债务能力越弱,财务风险程度越高。这个指标同时也反映了财务杠杆对利润水平的影响。财务杠杆具有正反两方面的作用。在收益较好的年度,它可以使股东获得的潜在报酬增加,但股东要承担因负债增加而引起的风险;在收益不好的年度,则可能使股东潜在的报酬下降。该公司的权益乘数一直处于 1.64~2.5 之间,也即负债率在 39.1%~60% 之间,属于激进战略型企业。管理者应该准确把握公司所处的环境,准确预测利润,合理控制负债带来的风险。

综上所述,杜邦分析法以净资产收益率为主线,将企业在某一时期的销售成果以及资产营运状况全面联系在一起,层层分解,逐步深入,构成一个完整的分析体系。它能较好地帮助管理者发现企业财务和经营管理中存在的问题,能够为改善企业经营管理提供十分有价值的信息,因而得到普遍的认同,并在实际工作中得到广泛的应用。

该方法作为一种综合分析方法,从结果倒推原因,若与其他分析方法结合,不仅可以弥补自身的缺陷和不足,而且也弥补了其他方法的缺点,使得分析结果更完整、更科学。比如以杜邦分析为基础,结合专项分析,进行一些后续分析,对有关问题形成的原因作更深更细致的分析了解;也可结合比较分析法和趋势分析法,将不同时期的杜邦分析结果进行对比趋势化,从而形成动态分析,找出变化的规律,为预测、决策提供依据;或者与一些企业财务风险分析方法结合,进行必要的风险分析,为管理者提供依据。从企业绩效评价的角度来看,杜邦分析法只包括财务方面的信息,不能全面反映企业的实力,有很大的局限性,在实际运用中需要加以注意,分析时必须结合企业的其他信息。杜邦分析法的缺陷主要表现在以下方面:

(1) 对短期财务结果过分重视,有可能助长公司管理层的短期行为,忽略企业长期的价值创造。

(2) 财务指标反映的是企业过去的经营业绩,衡量工业时代的企业能够满足要求,但在目前的信息时代,顾客、供应商、雇员、技术创新等因素对企业经营业绩的影响越来越大,而杜邦分析法在这些方面是无能为力的。

> **小组讨论**　寻找一家上市公司作为研究对象,利用其年度财务报表进行杜邦分析。交流分析结果并指出杜邦分析法的优缺点。

二、沃尔比重分析法

在进行财务分析时,人们常遇到的一个主要困难是在计算出各项财务比率后,无法判定其是偏高还是偏低。将实际比率与本企业的历史水平或预算指标相比,也只能看出本企业自身的变化,很难评价其在市场竞争中的优劣地位。为了弥补这些缺点,亚历山大·沃尔在其20世纪初编写的《信用晴雨表研究》和《财务报表比率分析》中,提出了信用能力指数的概念。他把选定的流动比率、产权比率、固定资产比率、存货周转率、应收账款周转率、固定资产周转率、主权(即所有者权益)资本周转率等七项财务比率用线性关系结合起来,并分别给定各自的分数比重,总和为100分。然后通过与标准比率进行比较,确定各项指标的得分及总体指标的累计分数,从而对企业的财务状况作出综合评价。评分过程分三步,即:

(1) 计算相对比率。相对比率 = (实际值 ÷ 标准值)

(2) 计算某比率得分。某项比率的分数 = 标准值评分 × 该指标的相对比率

(3) 计算综合得分。企业综合得分 = $\sum$ 各项比率的分数

例 7-2　下面用沃尔的方法,给 ABC 公司 2013 年的信用状况评分,结果如表 7-3 所示。

表 7-3

财务比率	比重	标准比率	实际比率	相对比率	评分
	1	2	3	4 = 3/2	5 = 1 × 4
流动比率	25	2	1.33	0.67	16.63
净资产/负债	25	1.5	0.67	0.45	11.17
资产/固定资产	15	2.5	3.77	1.51	22.62
销售成本/存货	10	8	2	0.25	2.50
销售额/应收账款	10	6	3.83	0.64	6.38
销售额/固定资产	10	4	3.17	0.79	7.93
销售额/净资产	5	3	0.84	0.28	1.40
合计	100				68.62

沃尔评分法从理论上讲有一个明显的问题,就是未能证明为什么要选择这七个指标,而不是更多或更少些,或者选择别的财务比率,以及未能证明每个指标所占比重的合理性。这个问题至今仍然没有从理论上得到解决。

尽管沃尔的方法在理论上还有待证明,在技术上也不完善,但它在实践中仍然被

广泛应用。耐人寻味的是，很多理论上相当完善的经济计量模型在实践中往往很难应用，而企业实际使用并行之有效的模型却又在理论上无法证明。这可能是人类对经济变量之间数量关系的认识还相当肤浅造成的。

三、综合分析原理

受沃尔比重评分法的启发，后来有许多人研究将多个指标综合起来的评价方法。综合评价的原理不仅用于信用评价，也被用于整个企业的财务评价，甚至扩展到财务以外的领域。

综合评价的主要问题是指标的选取、权重的分配、比较标准的设定，以及指标的综合。

（一）指标的选取

综合评分的首要问题是确定选择指标。现代社会与沃尔的时代相比，已有很大变化。当时的财务分析主要是为银行家服务，偿债能力被放在首位。现在人们更重视盈利能力，盈利能力决定了偿债能力，尤其是长期偿债能力。因此，在综合评价时盈利能力是最重要的，其次才是偿债能力。

1. 反映盈利能力的指标

反映盈利能力的财务比率有许多，选择哪个或哪几个比率参加评价，是一个尚未很好解决的问题。不过，好在盈利的表达只有三种基本形式，在评价时都应予以考量：

（1）产品盈利能力：营业利润/销售收入，它与资产的周转无关；

（2）总资产盈利能力：息税前利润/总资产，它与资产周转有关，但与资本结构无关；

（3）股权投资的盈利能力：税后净利/所有者权益，它综合了企业的全部盈利能力。

2. 反映偿债能力的指标

反映偿债能力的指标主要是：

（1）流动比率：流动资产/流动负债，反映短期偿债能力；

（2）利息保障倍数：息税前利润/利息费用，反映长期偿债能力；

（3）资本结构：净资产/总资产，反映长期偿债能力。

3. 反映资产运用效率的指标

资产的周转情况，既影响盈利能力，也影响偿债能力，应当纳入评价范围。其中，最重要的是应收账款和存货的周转情况。

（1）应收账款周转率：销售收入/期末应收账款余额（或平均应收账款）；

（2）存货周转率：销售收入（或成本）/期末存货余额（或平均存货）。

4. 反映成长能力的指标

成长能力日益受到重视。企业的"过去"已经成为历史，企业的"今天"也将成为"过去"，只有未来才是最重要的。从计算股价的股利折现模型看，增长率是决定股价的重要因素。

成长能力有三种常见的计量方法：
(1) 销售增长率：（本期销售 – 基期销售）÷基期销售
(2) 净利增长率：（本期净利 – 基期净利）÷基期净利
(3) 人均净利增长率：（本期人均净利 – 基期人均净利）÷基期人均净利

（二）权重的分配

纳入评价范围指标的权重如何分配，也会影响评价的结果。可以根据各项比率的重要程度，确立其重要性系数。各项比率指标的重要性系数之和应等于1。重要程度的判断，可根据企业的经营状况、管理要求、发展趋势及分析的目的等具体情况而定。

通常，盈利能力在四类指标中最重要，应对其分配比较大的比重；其他指标相对的重要性较差，占的比重较小。分配的权重可以根据评价目的调整，特别关心偿债能力的人可以加大偿债能力指标的权重。这种分配是主观判断的结果。

（三）标准比率的确定

标准比率通常应以本行业的平均数为基础，适当进行理论修正。行业的平均财务比率可以通过政府机构、行业协会或专业评价机构获得。如果是内部评价，也可以使用预算数据。

（四）评价指标的综合

评价指标的综合，主要是解决从差异到评分的换算问题。为了克服沃尔评分法个别指标异常变动对总分影响过大的缺点，可以采取两个办法：一是为差异规定上限和下限，以减少个别指标对总分的不合理影响。上限可规定为正常值的一定倍数，如1.5倍，下限为正常值的1/2。二是给分时不采用"乘"的关系，而采用"加"的关系处理。

例如，总资产净利率行业平均值为10%，标准评分为20分；行业最高比率为20%，最高得分为30分，则每分的财务比率差额为1%。

（20% – 10%）÷（30分 – 20分）=1%

例7–3 表7–4列示了C公司的主要财务指标（均为百分数），试采用上述方法对C公司的财务情况进行综合评价。

表7–4　　　　　　　　　C公司财务业绩综合评分

指标	实际比率	标准比率	差异	每分比率	调整分	标准评分值	得分
项目关系	1	2	3 = 1 – 2	4	5 = 3/4	6	7 = 5 + 6
盈利能力：							
销售利润率	8	10	–2	1	–2	20	18
资产报酬率	5	4	1	1.6	0.625	20	20.63

续表

指　　标	实际比率	标准比率	差异	每分比率	调整分	标准评分值	得分
净资产收益率	15	16	-1	0.8	-1.25	10	8.75
偿债能力：							
自有资本比率	50	40	10	15	0.67	8	8.67
流动比率	200	150	50	75	0.67	8	8.67
应收账款周转率	900	600	300	150	2	8	10
存货周转率	1 000	800	200	100	2	8	10
成长能力：							
销售增长率	7.5	15	-7.5	5	-1.5	6	4.5
净利增长率	-10	10	-20	3.3	-6.06	6	-0.06
人均净利增长率	-15	10	-25	3.3	-7.58	6	-1.58
合　计						100	87.58

该企业综合得分为87.58分。与标准值100有一定的差距，反映出该企业综合财务状况低于行业水平。进一步观察可发现，该企业偿债能力高于行业平均水平，盈利能力略低于行业平均水平，但成长能力很差，得分为负值，说明成长能力方面存在的问题是造成综合得分小于100的主要原因。

综合分析方法具有一定的局限性，这是财务比率分析自身的局限性所造成的，主要表现在：

（1）当企业业务多元化时，往往很难确定企业应当属于哪个行业范畴。因此，常常需要分析者自己进行行业归类并制定行业比较标准。

（2）现有公布的行业平均值，仅仅给使用者提供了一般性指导，而且选择什么企业作为样本，对平均值的影响很大。

（3）企业之间的会计方法可能差异很大，从而导致比率计算上的差异。例如，在价格上涨期间，采用后进先出法进行存货计价的企业的存货价值会低于采用先进先出法的企业，而存货周转率则会相对较高。此外，不同企业还可能选择不同的固定资产折旧方法。

（4）行业平均值可能并没有提供一个合适的目标比率或标准。此时，可以把自己选出的一组企业作为比较对象，甚至只与构成竞争对手关系的企业进行比较。

（5）许多企业的经营具有季节性，因此，资产负债表以及相关的比率会因制表时间的不同而产生差异。为避免这种问题，应当选择反映企业经营季节特征的期限（如几个月或几个季度）计算财务比率并进行比较，而不是机械地以年为计算和比较期限。例如，当一家企业的销售季节性很强时，其存货投资相应也有很强的季节性，此时，最好采用平均月末存货余额来计算存货周转率。

四、企业绩效评价

2006 年 4 月国资委颁布《中央企业综合绩效评价管理暂行办法》,制定该办法的目的是"为加强对国务院国有资产监督管理委员会履行出资人职责企业(以下简称企业)的财务监督,规范企业综合绩效评价工作,综合反映企业资产运营质量,促进提高资本回报水平,正确引导企业经营行为",同年 9 月,国资委制定了《中央企业综合绩效评价实施细则》。

(一)评价的主体和对象

企业综合绩效评价工作按照产权管理关系进行组织,国资委负责其履行出资人职责企业的综合绩效评价工作,企业集团(总)公司负责其控股子企业的综合绩效评价工作。

(二)评价的方法

企业综合绩效评价是指以投入产出分析为基本方法,通过建立综合评价指标体系,对照相应行业评价标准,对企业特定经营期间的盈利能力、资产质量、债务风险、经营增长以及管理状况等进行的综合评判。企业综合绩效评价根据经济责任审计及财务监督工作需要,分为任期绩效评价和年度绩效评价。

(三)评价的指标体系

企业综合绩效评价由财务绩效定量评价和管理绩效定性评价两部分组成。财务绩效定量评价是指对企业一定期间的盈利能力、资产质量、债务风险和经营增长四个方面进行定量对比分析和评判。管理绩效定性评价是指在企业财务绩效定量评价的基础上,通过采取专家评议的方式,对企业一定期间的经营管理水平进行定性分析与综合评判。

财务绩效定量评价的主要内容包括:(1)企业盈利能力分析与评判。主要通过资本及资产报酬水平、成本费用控制水平和经营现金流量状况等方面的财务指标,综合反映企业的投入产出水平以及盈利质量和现金保障状况。(2)企业资产质量分析与评判。主要通过资产周转速度、资产运行状态、资产结构以及资产有效性等方面的财务指标,综合反映企业所占用经济资源的利用效率、资产管理水平与资产的安全性。(3)企业债务风险分析与评判。主要通过债务负担水平、资产负债结构、或有负债情况、现金偿债能力等方面的财务指标,综合反映企业的债务水平、偿债能力及其面临的债务风险。(4)企业经营增长分析与评判。主要通过销售增长、资本积累、效益变化以及技术投入等方面的财务指标,综合反映企业的经营增长水平及发展后劲。

财务绩效定量评价指标依据各项指标的功能作用划分为基本指标和修正指标。基本指标反映企业一定期间内的财务绩效,并得出企业财务绩效定量评价的基本结果。修正指标是根据财务指标的差异性和互补性,对基本指标的评价结果作进一步的补充和校正。

管理绩效定性评价内容包括企业发展战略的确立与执行、经营决策、发展创新、风险控制、基础管理、人力资源、行业影响、社会贡献等方面。

企业财务绩效定量评价指标和管理绩效定性评价指标构成企业综合绩效评价指标体系。各指标的权重，依据评价指标的重要性和各指标的引导功能，通过参照咨询专家意见和组织必要测试进行确定。企业综合绩效评价指标由 22 个财务绩效定量评价指标和 8 个管理绩效定性评价指标组成。表 7-5 是企业绩效评价指标体系与指标权重表。

表 7-5　　　　　　　企业综合绩效评价指标体系与指标权重

评价指标		财务绩效（70%）				管理绩效（30%）	
		基本指标		修正指标		评议指标	
评价内容	权重 100	指标	权重 100	指标	权重 100	指标	权重 100
一、盈利能力状况	34	净资产收益率 总资产报酬率	20 14	销售（营业）利润率 盈余现金保障倍数 成本费用利润率 资本收益率	10 9 8 7	战略管理 发展创新	18 15
二、资产质量状况	22	总资产周转率 应收账款周转率	10 12	不良资产比率 流动资产周转率 资产现金回收率	9 7 6	经营决策 风险控制	16 13
三、债务风险状况	22	资产负债率 已获利息倍数	12 10	速动比率 现金流动负债比率 带息负债比率 或有负债比率	6 6 5 5	基础管理 人力资源	14 8
四、经营增长状况	22	销售（营业）增长率 资本保值增值率	12 10	销售（营业）利润增长率 总资产增长率 技术投入比率	10 7 5	行业影响 社会贡献	8 8

（四）评价计分

企业综合绩效评价计分方法采取功效系数法和综合分析判断法，其中：功效系数法用于财务绩效定量评价指标的计分，综合分析判断法用于管理绩效定性评价指标的计分。

财务绩效定量评价基本指标计分按照功效系数法计分原理，将评价指标实际值对照行业评价标准值，按照规定的计分公式计算各项基本指标得分。

1. 基本指标计分方法

基本指标反映企业的基本情况，是对企业绩效的初步评价。基本公式如下：

（1）单项指标得分的计算。

$$单项基本指标得分 = 本档基础分 + 本档调整分$$

其中：
$$本档基础分 = 指标权数 \times 本档标准系数$$

$$调整分 = 功效系数 \times (上档基础分 - 本档基础分)$$

$$上档基础分 = 指标权数 \times 上档标准系数$$

$$功效系数 = \frac{实际值 - 本档标准值}{上档标准值 - 本档标准值}$$

（2）基本指标总分的计算

$$分类指标得分 = \sum 类内各项基本指标得分$$

$$基本指标总分 = \sum 各类基本指标得分$$

2. 修正指标计分方法

修正指标的计分是在基本指标计分结果的基础上，运用功效系数法原理，分别计算盈利能力、资产质量、债务风险和经营增长四个部分的综合修正系数，再据此计算出修正后的分数。计算公式为：

$$各部分修正后得分 = 各部分基本指标分数 \times 该部分综合修正系数$$

其中：
$$某部分综合修正系数 = \sum 该部分各修正指标加权修正系数$$

$$某指标加权修正系数 = \left(\frac{修正指标权数}{该部分权数}\right) \times 该指标单项修正系数$$

$$某指标单项修正系数 = 1.0 + 本档标准系数 + 功效系数 \times 0.2 - 该部分基本指标分析系数，单项修正系数控制修正幅度为 0.7 \sim 1.3$$

$$某部分基本指标分析系数 = \frac{该部分基本指标得分}{该部分权数}$$

$$修正后总得分 = \sum 各部分修正后得分$$

3. 管理绩效评分

管理绩效定性评价指标的计分一般通过专家评议打分形式完成，聘请的专家应不少于7名；评议专家应当在充分了解企业管理绩效状况的基础上，对照评价参考标准，采取综合分析判断法，对企业管理绩效指标做出分析评议，评判各项指标所处的水平档次，并直接给出评价分数。计分公式为：

$$管理绩效定性评价指标分数 = \sum 单项指标分数$$

其中：
$$单项指标分数 = \frac{\sum 每位专家给定的单项指标分数}{专家人数}$$

任期财务绩效定量评价指标计分，应当运用任期各年度评价标准分别对各年度财务绩效定量指标进行计分，再计算任期平均分数，作为任期财务绩效定量评价分数。

计算公式为：

$$任期财务绩效定量评价分数 = \frac{\sum 任期各年度财务绩效定量评价分数}{任期年份数}$$

4. 企业综合绩效评分

在得出财务绩效定量评价分数和管理绩效定性评价分数后，应当按照规定的权重，耦合形成综合绩效评价分数。计算公式为：

$$企业综合绩效评价分数 = 财务绩效定量评价分数 \times 70\% + 管理绩效定性评价分数 \times 30\%$$

在得出评价分数以后，应当计算年度之间的绩效改进度，以反映企业年度之间经营绩效的变化状况。计算公式为：

$$绩效改进度 = \frac{本期绩效评价分数}{基期绩效评价分数}$$

绩效改进度大于1，说明经营绩效上升；绩效改进度小于1，说明经营绩效下滑。

财务绩效定量评价标准划分为优秀（A）、良好（B）、平均（C）、较低（D）、较差（E）五个档次，管理绩效定性评价标准分为优（A）、良（B）、中（C）、低（D）、差（E）五个档次。对应五档评价标准的标准系数分别为1.0、0.8、0.6、0.4、0.2，差（E）以下为0。标准系数是评价标准的水平参数，反映了评价指标对应评价标准所达到的水平档次。企业财务绩效定量评价标准值的选用，一般根据企业的主营业务领域对照企业综合绩效评价行业基本分类，自下而上逐层遴选被评价企业适用的行业标准值。多业兼营的集团型企业财务绩效指标评价标准值的选用应当区分主业突出和不突出两种情况：（1）存在多个主业板块但某个主业特别突出的集团型企业，应当采用该主业所在行业的标准值。（2）存在多个主业板块但没有突出主业的集团型企业，可对照企业综合绩效评价行业基本分类，采用基本可以覆盖其多种经营业务的上一层次的评价标准值；或者根据其下属企业所属行业，分别选取相关行业标准值进行评价，然后按照各下属企业资产总额占被评价企业集团汇总资产总额的比重，加权形成集团评价得分；也可以根据集团的经营领域，选择有关行业标准值，以各领域的资产总额比例为权重进行加权平均，计算出用于集团评价的标准值。

管理绩效定性评价标准具有行业普遍性和一般性，在进行评价时，应当根据不同行业的经营特点，灵活把握个别指标的标准尺度。对于定性评价标准没有列示，但对被评价企业经营绩效产生重要影响的因素，在评价时也应予以考虑。

（五）评价结果的分级

企业综合绩效评价结果以评价得分、评价类型和评价级别表示。评价类型是根据评价分数对企业综合绩效所划分的水平档次，用文字和字母表示，分为优（A）、良（B）、中（C）、低（D）和差（E）五种类型。评价级别是对每种类型再划分级次，以体现同一评价类型的不同差异，采用在字母后标注"＋、－"号的方式表示。企业综合绩效评价结果以 85 分、70 分、50 分、40 分作为类型判定的分数线。综合评价的结果，用 5 等 10 级制表达（见表 7-6）。

表 7-6 绩效评级表

类型	级别	评价得分
优（A）	A++	100~95
	A+	94~90
	A	89~85
良（B）	B+	84~80
	B	79~75
	B-	74~70
中（C）	C	69~60
	C-	59~50
低（D）	D	49~40
差（E）	E	39 分以下

如果企业综合得分 83 分，其综合效绩等级属于 B+ 级。

小组讨论 根据本节内容寻找 1 家上市公司作为研究对象，利用其年度财务报表进行沃尔比重分析。交流分析结果并指出沃尔比重评分法中如何选择分析指标及其优缺点。

第二节 预计财务报表

在对企业价值进行判断时，必须在分析历史数据的基础上，预测企业未来的财务状况与经营成果，进而获得现金流量信息。为此，需要编制预计资产负债表、预计利润表和预计现金流量表。

一、预计财务报表的编制步骤

预计财务报表的编制主要包括以下步骤。

（一）根据历史信息，计算企业销售收入的历史增长率

公司价值的最终决定因素不是当前现金流量水平，而是预期现金流量。因此，合理估计现金流量的增长率是十分必要的。计算销售收入历史增长率的目的是根据销售收入的历史增长率预测未来销售增长率，并获得未来现金流量的相关信息。计算历史增长率

的方法有算术平均法和几何平均法。算术平均法是对过去增长率的简单平均；几何平均法考虑了复利因素，在增长率变化不确定的时候，几何平均法计算结果更为准确。

（二）预测企业可持续增长率

可持续增长率是指在不增发新股并保持目前经营效率和财务政策的条件下，销售所能增长的最大比率。

企业增长需要动用各方面的财务资源。伴随着销售的增长，必须投入更多的资产才能满足增长的需要。如何提供投入资产所需的资金呢？从影响企业增长的财务因素上分析，增长的主要方式有三种类型：（1）完全依靠企业内部积累资金增长。这里的内部积累资金是指留存收益。由于内部积累资金是有限的，企业增长速度可能会受到限制。（2）完全依靠企业外部资金增长。这里的外部资金是指增加负债筹资与股东投资。增加负债筹资会提高企业的负债水平，加大财务风险；增加股东投资，如发行股票，会分散原有股东的控制权，稀释每股收益，降低股价。（3）平衡增长。平衡增长是指在保持目标资本结构的条件下，按照股东权益的增长速度，增加负债筹资，为企业增长提供资金。由于这种增长不破坏目标资本结构，保持了企业的再筹资能力，被称之为可持续增长。

通常情况下，可持续增长率的计算公式如下：

$$可持续增长率 = \frac{销售净利率 \times 资产周转率 \times 权益乘数 \times 利润留存率}{1 - 销售净利率 \times 资产周转率 \times 权益乘数 \times 利润留存率}$$

从上述公式可以看出：销售净利率、资产周转率、权益乘数和利润留存率是影响企业销售增长率的全部财务因素。

可持续增长率与实际增长率是两个不同的概念，可持续增长率是保持当前经营效率和财务政策的条件下，销售的增长能力。实际增长率是本年销售额比上年增长的百分比。但是，二者之间又有一定的联系。第一，如果某年的经营效率与财务政策不变，即公司将继续保持目前的资本结构和利润留存率，继续维持现有销售净利率水平和总资产周转率，公司不准备通过增发新股筹集资金，负债筹资是其唯一外部筹资来源，则实际增长率等于上年可持续增长率。第二，如果某年的销售净利率、资产周转率、权益乘数和利润留存率中的一个或几个增加，实际增长率将会超过上年可持续增长率。第三，如果某年的销售净利率、资产周转率、权益乘数和利润留存率中的一个或几个降低，实际增长率将会低于上年可持续增长率。

销售净利率体现了企业在销售活动中获取收益的能力，总资产周转率体现了企业资产运用效率，权益乘数和利润留存率的高低是企业财务政策选择的结果，体现了企业承担风险的能力。它们共同决定了可持续增长率的高低。成功企业的增长均表现为长期适度增长，过快或过慢增长都可能毁掉一个企业，增长过慢的企业失去发展机会，可能招致其他企业的并购，增长过快的企业可能产生财务资源匮乏问题，最终因无力承担财务风险而破产。

（三）预测企业未来销售收入增长率

预测企业未来销售收入增长率的主要依据有：

1. 宏观经济因素

宏观经济因素是指宏观经济运行的周期性波动等规律性因素和政府实施的经济政策等政策性因素。一方面，企业是宏观经济运行微观基础中的重要主体；另一方面宏观经济运行状况又作用于企业，对企业的影响是根本性的。宏观经济运行总是体现出周期性，即依次经过萧条、复苏、繁荣和衰退阶段。其变化主要表现为宏观经济统计数据的周期性波动，如国民生产总值、消费总量、投资总量、工业生产指数、失业率、利息率的变化等，其中国民生产总值最常用。分析时应判断宏观经济运行处于哪一个阶段，宏观经济常用指标的预期值，宏观经济政策变动对企业可能产生的影响。如果有消息表明，经济的增长速度将发生变化，就需要重新评估公司未来增长情况。

2. 企业所处行业的周期性特征

行业通常是指一个企业群体，在该群体中，各成员企业由于产品具有较大的可替代性而处于一种彼此联系的状态。行业的发展状况也体现为周期性，行业的生命周期分为初创期、成长期、成熟期和衰退期，初创期是一个行业的起步阶段，市场规模小，企业微利甚至亏损；成长期是一个行业的黄金时期，市场需求迅速增长，成本降低，利润增长迅速；成熟期是一个行业的巅峰时期，也是产业发展的稳定阶段，行业利润达到较高水平；衰退期是一个行业的暮年时期，行业竞争力下降，需求萎缩，销售下降，价格下跌，利润降低。分析时应判断行业所处生命周期，可以利用行业平均增长速度等指标。

3. 企业的市场竞争力

市场经济条件下，由于资本在行业间流动速度加快，每一个行业中的企业都面临日趋激烈的竞争。基本的竞争定位有两种，分别是成本主导型和差异营销型。成本主导型应用低成本竞争战略，可以在同样销售价格下获得高于竞争对手的利润率。差异营销型依靠产品和服务的差异性赢得市场，通常会增加企业的研发费用和广告支出。分析时应关注企业的竞争定位的实施状况，因为选择竞争策略并不意味着获得了竞争优势。通常利用产品市场占有率分析其实施状况。由于市场需求是不断变化的，企业销售增长与市场总量增长可能并不同步，这就会体现在市场占有率的变化上。因此，孤立分析企业销售增长存在一定的局限性。通过分析产品市场占有率可以查明企业销售额增长与市场需求总量之间的适应程度。

4. 企业未来发展战略

企业战略是表明企业如何达到目标，完成使命的综合计划，常常用来描述企业总的方向，如增长速度、开发新产品、开辟新的市场以及引入一个新的行业等。分析时应关注企业制定的未来战略及其实施对财务状况与经营成果的影响。

5. 企业可持续增长率

通过分析历史各期可持续增长率的增减变化及其与实际增长率的差异，可以寻找引起增减变动与差异的原因，为编制预计财务报表提供依据。

6. 企业销售收入的历史增长率

通过销售收入历史增长率的计算与分析，可以获得企业发展速度的信息，甚至可以判断企业处于生命周期的哪个阶段，以便综合其他各项因素，预测未来销售收入增长率。

7. 公司规模的变动

增长率是采用百分制计算的，分析中必须考虑公司规模的影响。因为随着公司规模的增长，保持较高的增长率会变得越来越困难。

8. 报告期收益的质量

收益质量通常是指报告收益与实际收益的符合程度。在预测增长率时研究收益质量是因为数量相同的增长率，其内在质量却有很大差异。比如，与主营业务增长带来的增长率相比，依靠会计政策和并购活动带来的收益增长可靠性就很差。为什么市场上有着相同预期收益增长率的企业，股价却不同？原因就是收益的质量不同，通常情况下，市盈率高的公司收益质量高。影响收益质量的因素非常多，如经济环境、会计政策、经济业务的可重复性、资产的质量等。

（四）估计预测期

价值分析通常是分析企业在持续经营状态下的公平市场价值。理论上讲，预测期应该足够长，但是，又不能无限期地预测。常用的方法是将预测期分为两个阶段，第一阶段是明确的预测期，一般为整个预测期的前5～10年，需要逐年预测；第二阶段为后续期，判断后续期的标准是企业是否进入稳定状态，稳定状态的特征是企业各年现金流量不变。

（五）编制预计利润表

企业价值分析的基本方法是现金流量折现法，现金流量的基础是息前税后利润，必须编制预计利润表、预计资产负债和预计现金流量表。预计利润表的内容、格式与企业对外报告的利润表基本相同，只不过数据是面向价值分析的，因此，需要作一定的加工，如单列折旧、长期资产摊销等非付现费用。编制时，需要综合考虑影响未来销售收入增长率的各项因素以及成本费用的变动。

（六）编制预计资产负债表

编制预计资产负债表的目的是为计算现金流量提供依据，其格式、内容与对外报告的资产负债表相同。编制时，应确定资产水平与销售收入之间的变动关系、资产的运用效率、企业的股利政策、资本结构以及筹资方式等影响资产负债表项目金额的关键因素。

（七）编制预计现金流量表

预计现金流量表能够提供企业价值分析所需的现金流量信息，通常依据预计利润表、预计资产负债表数据，使用间接法编制。

二、预计财务报表编制实例

下面通过一个实例详细说明预计财务报表的编制。

例7-4 JYN公司是一家上市公司，公司过去连续5年的利润表（表中单列折旧费用、长期资产摊销等是为了预计现金流量时使用)、资产负债表如表7-7和表7-8所示。

表7-7 利润表 单位：万元

项目	1	2	3	4	5
一、销售收入	1 000	1 100	1 199	1 330	1 460
减：销售成本	500	561	623	684	770
二、销售利润	500	539	576	646	690
减：营业费用与管理费用	150	165	180	212	226
折旧费用	30	33	36	40	44
长期资产摊销	15	15	15	15	15
财务费用	30	33	37	41	42
加：投资收益	0	12	3	0	0
三、营业利润	275	305	311	338	363
营业外收入	4	0	0	10	7
减：营业外支出	0	0	0	2	7	6
（非销售活动损益合计）	4	12	1	3	1
四、利润总额	279	305	309	341	364
减：所得税	84	92	93	102	109
五、净利润	195	213	216	239	255
加：年初未分配利润	0	136	284	424	560
六、可供分配利润	195	349	500	663	815
减：应付股利	59	65	76	103	100
七、未分配利润	136	284	424	560	715

表7-8 资产负债表 单位：万元

项目	0	1	2	3	4	5
货币资金	72	76	70	91	107	130
交易性金融资产	0	0	30	30	0	0
应收账款	173	185	218	231	236	244
存货	346	370	437	462	472	484
其他流动资产	100	110	120	110	130	111
流动资产合计	691	741	875	924	945	969
长期投资	0	0	100	30	0	0
固定资产原价	971	1 146	1 252	1 482	1 584	1 731
减：累计折旧	24	54	87	123	163	207

续表

项目	0	1	2	3	4	5
固定资产净值	947	1 092	1 265	1 389	1 421	1 524
其他长期资产	132	117	102	87	72	57
长期资产合计	1 079	1 209	1 367	1 476	1 493	1 581
资产总计	1 770	1 950	2 242	2 400	2 438	2 550
短期借款	0	190	220	240	250	260
应付款项	173	90	100	120	130	140
其他流动负债	173	100	120	120	110	100
（无息流动负债）	346	190	220	240	240	240
流动负债合计	346	380	440	480	490	500
长期借款	1 027	1 034	1 084	1 036	932	881
其他长期应付款（无息）	43	46	45	44	40	38
长期负债合计	1 070	1 080	1 129	1 080	972	919
负债合计	1 416	1 460	1 569	1 560	1 462	1 419
股本	354	354	389	416	416	416
留存收益	0	136	284	424	560	715
股东权益合计	354	490	673	840	976	1131
负债及股东权益合计	1 770	1 950	2 242	2 400	2 438	2 550

预计财务报表的编制步骤如下：

1. 计算企业销售收入的历史增长率

该企业销售收入的实际增长率在9%~10.92%之间波动，按算术平均法计算的增长率为9.92%（见表7-9）。

表7-9　　　　　　　　　　JYN公司销售增长率

项目	1	2	3	4	5	平均
销售收入（万元）	1 000	1 100	1 199	1 330	1 460	1 217.8
销售收入增长率（%）		10	9	10.92	9.77	9.92

2. 预测企业可持续增长率

从表7-10可以看出，公司可持续增长率不断下降。从影响可持续增长率的四个因素分析，销售净利率和总资产周转率变动不大，主要是企业降低了负债程度，权益乘数逐年下降，以降低财务风险；同时，利润留存率逐年下降，也是影响可持续增长率降低的一个原因。但是，该企业可持续增长率大于实际增长率，有一定差距，说明销售收入还有一定的增长空间。

表 7-10　　　　　　　　　JYN 公司可持续增长率　　　　　　　　　单位：万元

项目	1	2	3	4	5	平均
销售收入	1 000	1 100	1 199	1 330	1 460	1 217.8
净利润	195	213	216	239	255	223.6
总资产	1 950	2 242	2 400	2 438	2 550	2 316
股东权益	490	673	840	976	1 131	822
留存收益	136	148	140	136	155	143
销售净利率（%）	19.50	19.36	18.02	17.97	17.47	18.46
总资产周转率	0.5128	0.4906	0.4996	0.5455	0.5725	0.5242
权益乘数	3.98	3.33	2.85	2.5	2.25	2.98
利润留存率（%）	69.74	69.48	64.81	56.90	53.33	62.85
可持续增长率（%）	38.43	27.36	19.94	16.20	13.64	23.11

3. 预测企业未来销售收入增长率

根据已掌握的资料，宏观经济正处于稳定增长阶段，为企业发展带来了很好的契机。企业所处行业具有明显的周期性特征，增长速度与行业平均增长速度基本持平。企业产品有较强的市场竞争力，企业制定的未来战略是继续保持当前产品优势。

根据已掌握的资料，销售收入历史平均增长率为 9.92%，将未来销售收入的增长率确定为 10%；销售成本率历史平均值为 51.37%，由于产品结构没有发生较大变化，预测值取 51%；营业费用与管理费用率历史平均值为 15.3%，预测值取 15%；折旧与长期资产摊销额占销售收入比重的历史平均值为 4.24%，预测值分解为折旧占销售收入比重为 3%，长期资产摊销额占销售收入比重为 1%；假设公司将逐步降低负债程度，改善负债结构，财务费用将逐年递减 8%；投资收益、营业外收支不具有可预测性，忽略不计；平均所得税税率为 30%；利润留存率为 70%。假设资产与销售收入同步增长，企业资产的周转速度不变，流动负债与无息长期负债同步增长，股本规模不变。

4. 估计预测期

假设未来 5 年为明确的预测期，5 年后为后续期。

5. 编制预计利润表（见表 7-11）

表 7-11　　　　　　　　　　　预计利润表　　　　　　　　　　　单位：万元

项目	5	6	7	8	9	10	11
一、销售收入（增长率10%）	1 460	1 606	1 766.6	1 943.26	2 137.59	2 351.35	2 421.89
减：销售成本（收入的51%）	760	819.06	900.97	991.06	1 090.17	1 199.19	1 235.16
二、销售利润	690	786.94	865.63	952.2	1 047.42	1 152.16	1 186.73

续表

项目	5	6	7	8	9	10	11
减：营业费用与管理费用（收入的15%）	226	240.9	264.99	291.49	320.64	352.7	363.28
折旧费用（收入的3%）	44	48.18	53	58.3	64.13	70.54	72.66
长期资产摊销（收入的1%）	15	16.06	17.67	19.43	21.38	23.51	24.22
财务费用（递减8%）	42	38.64	35.55	32.71	30.09	27.68	25.47
三、营业利润	363	443.16	494.42	550.27	611.18	677.73	701.1
加：营业外收入	7	0	0	0	0	0	0
减：营业外支出	6	0	0	0	0	0	0
（非销售活动损益合计）	1	0	0	0	0	0	0
四、利润总额	364	443.16	494.42	550.27	611.18	677.73	701.1
减：所得税（30%）	109	132.95	148.33	165.08	183.35	203.32	210.33
五、净利润	255	310.21	346.09	385.19	427.83	474.41	490.77
加：年初未分配利润	560	715	932.15	1 174.41	1 444.04	1 743.52	2 075.61
六、可供分配利润	815	1 025.21	1 278.24	1 559.6	1 871.87	2 217.93	2 566.38
减：应付股利（净利润的30%）	100	93.06	103.83	115.56	128.35	142.32	147.23
七、未分配利润	715	932.15	1 174.41	1 444.04	1 743.52	2 075.61	2 419.15

6. 编制预计资产负债表（见表7-12）

表7-12　　　　　　　　　预计资产负债表　　　　　　　　单位：万元

项目	5	6	7	8	9	10	11
货币资金	130	143	157.3	173.03	190.33	209.37	215.65
交易性金融资产	0	0	0	0	0	0	0
应收账款	244	268.4	295.24	324.76	357.24	392.96	404.75
存货	484	532.4	585.64	644.2	708.62	779.48	802.86
其他流动资产	111	122.1	134.31	147.74	162.52	178.77	184.13
流动资产合计	969	1 065.9	1 172.49	1 289.73	1 418.71	1 560.58	1 607.39
长期投资	0	0	0	0	0	0	0
固定资产原价	1 731	1 904.1	2 094.51	2 303.96	2 534.36	2 787.8	2 871.43

续表

项目	5	6	7	8	9	10	11
减：累计折旧	207	227.7	250.47	275.52	303.07	333.38	343.38
固定资产净值	1 524	1 676.4	1 844.04	2 028.44	2 231.29	2 454.42	2 528.05
其他长期资产	57	62.7	68.97	75.87	83.46	91.81	94.56
长期资产合计	1 581	1 739.1	1 913.01	2 104.31	2 314.75	2 546.23	2 622.61
资产总计	2 550	2 805	3 085.5	3 394.04	3 733.46	4 106.81	4 230
短期借款	260	286	314.6	346.06	380.67	418.74	431.3
应付款项	140	154	169.4	186.34	204.97	225.47	232.23
其他流动负债	100	110	121	133.1	146.41	161.05	165.88
（无息流动负债）	240	264	290.4	319.44	351.38	386.52	398.11
流动负债合计	500	550	605	665.5	732.05	805.26	829.41
长期借款	881	865.05	844.11	817.92	786.25	748.74	502.4
其他长期应付款（无息）	38	41.8	45.98	50.58	55.64	61.2	63.04
长期负债合计	919	906.85	890.09	868.5	841.89	809.94	565.44
负债合计	1 419	1 456.85	1 495.09	1 534	1 573.94	1 615.2	1 394.85
股本	416	416	416	416	416	416	416
留存收益	715	932.15	1 174.41	1 444.04	1 743.52	2 075.61	2 419.15
股东权益合计	1 131	1 348.15	1 590.41	1 860.04	2 159.52	2 491.61	2 835.15
负债及股东权益合计	2 550	2 805	3 085.5	3 394.04	3 733.46	4 106.81	4 230

预计现金流量表可以采用间接法编制，具体编制方法见本章第三节。

小组讨论 为什么预计财务报表要从预测销售开始？
编制预计财务报表的主要用途有哪些？

第三节 企业价值判断

企业价值判断是现代财务报表分析的重要组成部分之一，也是财务管理的重要工具之一。企业价值判断是以财务报表数据为依据，综合分析企业历史财务状况以及未来影响财务状况变动的各项因素，利用专门方法估计企业价值的过程，也被称为企业价值评估，或企业价值分析。企业价值判断的主要目的是向投资人和管理者等各方决策者提供企业价值方面的信息，以帮助决策者改善决策。通常情况下，主要用于以下几个方面：（1）投资分析。人们认为所谓"正确的投资"是指投资者支付的资产价格不超过资产的价值。理论认为，资产价值是由资产预期的现金流量决定的。依据投资分析中的基本分析理论,某项资产未来现金流量与财务数据之间的关系是可以量化的,在一定时间内,这种关系是稳定的,未来现金流量是可以预测的。通过价值判断,可以寻找被市场低估的资产,如企业、证券等,以获得高于市场平均收益率的收益。(2) 企业战略分析。企业战略管理包括战略分析、战略选择、战略实施和战略评估与控制。战略分析通常包括环境分析、产业分析和公司内部分析,其核心内容是运用定价模型,制订和说明战略方案,战略分析的过程实际上是评价当前与今后为股东创造财富的关键因素,分析时常常使用价值判断方法。比如,在处理是否购买目标企业这类战略问题时,需要估算目标企业的合理价格。通过价值分析,可以为企业的战略决策提供依据。(3) 企业价值管理。依据现代财务理论,企业财务管理的目标是股东财富最大化或企业价值最大化,那么,企业制定一切决策都必须紧紧围绕这一目标。企业价值分析将企业战略、财务决策和公司价值紧密结合,成为改善决策的重要手段。通过价值分析,并实施以价值为基础的日常管理,实现企业价值最大化目标。下面分别介绍几种主要的分析方法。

一、现金流量折现法

(一) 以现金流量为基础的价值评估意义

一般财务理论认为,企业价值应该与企业未来资本收益的现值相等。企业未来资本收益可用股利、净利润和净现金流量等表示。不同的表示方法,反映的企业价值内涵是不同的。利用净现金流量作为资本收益进行折现,被认为是较理想的价值评估方法。因为净现金流量与以会计为基础计算的股利及利润指标相比,更能全面、精确反映所有价值因素。下面以表7-13和表7-14为例加以说明。

表7-13　　　　　　　　长寿公司与短寿公司预计净收益

长寿公司	年度1	年度2	年度3	年度4	年度5	年度6
销售额	1 000	1 050	1 100	1 200	1 300	1 450
现金支出	(700)	(745)	(790)	(880)	(970)	(1 105)
折旧	(200)	(200)	(200)	(200)	(200)	(200)
净收益	100	105	110	120	130	145
短寿公司	年度1	年度2	年度3	年度4	年度5	年度6
销售额	1 000	1 050	1 100	1 200	1 300	1 450
现金支出	(700)	(745)	(790)	(880)	(970)	(1 105)
折旧	(200)	(200)	(200)	(200)	(200)	(200)
净收益	100	105	110	120	130	145

注:括号内数字表示抵扣项,下同。
资料来源:T. Copeland, T. Coller, J. Murrin (1995), VALUATION, USA: John Wiley & Sons, Inc. P. 71.

表7-14　　　　　长寿公司与短寿公司预计净现金流量

长寿公司	年度1	年度2	年度3	年度4	年度5	年度6	累计
净利润	100	105	110	120	130	145	710
折旧	200	200	200	200	200	200	1 200
资本支出	(600)	0	0	(600)	0	0	(1 200)
应收款增加	(250)	(13)	(13)	35	45	(23)	(219)
净现金流量	(550)	292	297	(245)	375	322	491
短寿公司	年度1	年度2	年度3	年度4	年度5	年度6	累计
净利润	100	105	110	120	130	145	710
折旧	200	200	200	200	200	200	1 200
资本支出	(200)	(200)	(200)	(200)	(200)	(200)	(1 200)
应收款增加	(150)	(8)	(8)	(15)	(15)	(23)	(219)
净现金流量	(50)	97	102	105	115	122	491

资料来源：T. Copeland, T. Coller, J. Murrin (1995), VALUATION, USA: John Wiley & Sons, Inc. P. 71.

从表7-13可看出，两个公司各年度无论是销售额还是净利润都完全相等。如果以此资料为基础评估企业股东价值，可得出两个公司股东价值完全相同的结论。但从表7-14可看出，虽然两个公司各年度利润和销售额完全相等，累计资本支出和应收款增加额也相同，但其各年现金净流量及变动趋势却不同。因此，以现金净流量折现法评估的两个公司股东价值就可能不同。显然，以现金净流量为基础的评估方法更科学，它考虑了资本支出时间不同对资本收益的影响。

（二）以现金流量为基础的价值评估方式

以现金流量为基础的价值评估的基本思路是"现值"规律，任何资产的价值等于其预期未来全部现金流量的现值总和。现金流量折现法具体又分为两种：(1) 仅对公司股权价值进行估价；(2) 对公司整体价值进行估价。

如果将企业未来现金流量定义为企业所有者的现金流量，则现金流量的现值实际上反映的是企业股权价值。将企业股权价值加上企业债务价值，可得到企业价值。如果将企业未来现金流量定义为企业所有资本提供者（包括所有者和债权者）的现金流量，则现金流量现值反映的是企业价值，从企业价值中减去债务价值才能得到企业股权价值。其中债务价值是指债务的公平市场价值，也就是债权人现金流量的现值。

企业价值、债务价值及股权价值的关系可通过图7-2体现。

（三）以现金流量为基础的价值评估模型

以现金流量为基础的价值评估模型有两类，即股权现金流量折现模型和企业整体现金流量折现模型。

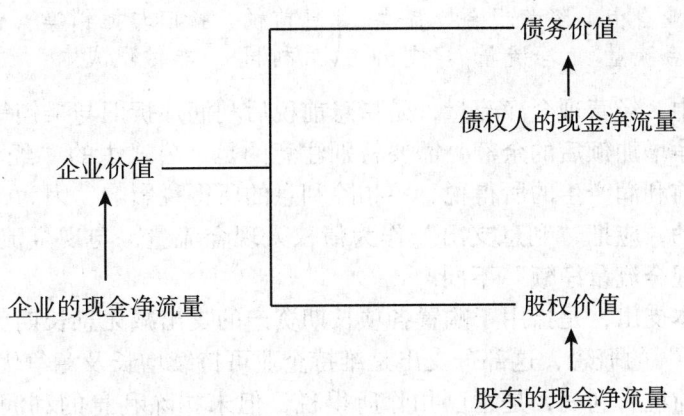

图 7-2 企业价值、债务价值及股权价值的关系

1. 股权现金流量模型

股权现金流量模型如下：

$$股权价值 = \sum_{t=1}^{\infty} \frac{股权现金流量_t}{(1 + 权益资本成本)^t}$$

该模型中的股权现金流量是指企业在一定期间能够提供给投资人的现金流量。权益资本成本是指投资人由于冒风险投资所要求的必要报酬率，也可以称之为与股权现金流量等风险投资的机会成本。t 指股权带来现金流量的年限。

2. 企业整体现金流量折现模型

整体现金流量折现模型如下：

$$企业价值 = \sum_{t=1}^{\infty} \frac{企业现金流量_t}{(1 + 加权平均资本成本)^t}$$

该模型中的企业现金流量是指企业在一定期间全部现金流入减去付现成本，以及必要资本支出后的剩余部分，是企业可以提供给所有投资人，即股权投资人与债权投资人的现金流量。加权平均资本成本是指按企业资本结构与个别资本成本加权平均得出的资本成本，代表了与企业现金流量匹配的等风险投资的必要报酬率。t 指带来现金流量的年限。

（四）自由现金流量的估计

运用现金流量折现法估计企业价值时，要使用企业自由现金流量与股权自由现金流量的概念。企业自由现金流量是指归属于企业全部股东和债权人的可自由支配的现金流量总和。股权自由现金流量是指归属于全部股东的可自由支配的现金流量。无论是企业自由现金流量，还是股权自由现金流量，都是扣除一切必需的支出后剩余的现金流量，因此称之为"可自由支配的现金流量"。

1. 企业自由现金流量的计算

企业自由现金流量可以根据以下公式计算：

$$\begin{aligned}\text{企业自由}\\\text{现金流量}\end{aligned} = \begin{aligned}\text{经营现金}\\\text{净流量}\end{aligned} - \begin{aligned}\text{资本}\\\text{支出}\end{aligned} = \left(\begin{aligned}\text{息前税}\\\text{后利润}\end{aligned} + \begin{aligned}\text{折旧与摊销等}\\\text{非付现成本}\end{aligned} - \begin{aligned}\text{营运资本}\\\text{净增加额}\end{aligned}\right) - \begin{aligned}\text{资本}\\\text{支出}\end{aligned}$$

其中：经营现金净流量，是指息前税后利润加折旧与摊销等非付现成本，再减营运资本净增加额后的余额。需要特别注意的是，公式中的"经营现金净流量"，只扣除息税前利润产生的所得税，不扣除利息的所得税影响，因为，负债筹资利息不属于经营活动，应把"利息支出"作为债权人现金流量，与现金流量表中的"经营活动产生的现金流量净额"不同。

资本支出，是指用于购置各项长期资产的支出减无息长期负债的差额，实际上是"净投资"的概念，这部分支出是维持企业可持续增长及竞争优势所必需的。

息前税后利润，是指已扣除所得税，但未扣除利息的利润。使用"息前税后利润"是因为在企业价值分析的现金流量现值模型中，使用的折现率是税后资本成本，为了使现金流量与折现率一致，也要使用税后现金流量。有两种计算"息前税后利润"的方法，一是平均税率法，二是所得税调整法。

（1）平均税率法。计算公式如下：

$$\text{息前税后利润} = \text{息税前利润} \times (1 - \text{所得税税率})$$

这种方法适合于各种应税所得的税率相差不大时使用。

（2）所得税调整法。公式如下：

$$\text{息前税后利润} = \text{息税前利润} - \text{按息税前利润计算的所得税}$$
$$\text{按息税前利润计算的所得税} = \text{全部所得税} + \text{利息费用所得税}$$
$$\text{利息费用所得税} = \text{利息费用} \times \text{适用税率}$$

以表7-7中JYN公司利润表中第5年的数据为例：

利息费用所得税 = 42 × 30% = 12.6（万元）

按息税前利润计算的所得税 = 109 + 12.6 = 121.6（万元）

息前税后利润 = (1 460 - 770 - 226 - 44 - 15 + 7 - 6) - 121.6 = 284.4（万元）

其中，"营运资本净增加额"中的营运资本净额，是指资产负债表上"流动资产"项目减"无息流动负债"后的余额，这与财务学中营运资本的概念不同。原因在于价值分析中把有息负债看作筹资活动产生的现金流量。下面以JYN公司资产负债表数据为例说明营运资本净增加额的计算（见表7-15）。

表7-15　　　　　营运资本增加额计算表

年度 项目	0	1	2	3	4	5
流动资产合计	691	741	875	924	945	969
减：无息流动负债	346	190	220	240	240	240
营运资本净额	345	551	655	684	705	729
营运资本增加额		206	104	29	21	24

2. 股权自由现金流量的计算

股权自由现金流量与企业现金流量的区别在于需要扣除属于债权人的现金流量，公式如下：

$$股权自由现金流量 = 企业自由现金流量 - 债权人现金流量$$

其中：债权人现金流量 = 利息支出 - 利息所得税 + 偿还债务本金 - 新借债务本金
  = 税后利息支出 - 有息债务净增额

因此：

$$股权自由现金流量 = 企业自由现金流量 - 税后利息支出 - 有息债务净增额$$

3. 自由现金流量预测分析

自由现金流量预测的方法有很多，最基础的方法是编制预计财务报表，包括预计利润表、预计资产负债表和预计现金流量表。在上节中已经列示了JYN公司的历史财务报表、预计利润表和预计资产负债表，下面根据计算自由现金流量的需要，编制预计现金流量表，该表与对外报告的现金流量表不同，是根据预计利润表与预计资产负债表编制的（见表7-16）。

表7-16　　　　　　　　　　预计现金流量表　　　　　　　　　　单位：万元

年度 项目	5	6	7	8	9	10	11
净利润	255	310.21	346.09	385.19	427.83	474.41	490.77
加：财务费用	42	38.64	35.55	32.71	30.09	27.68	25.47
加：所得税	109	132.95	148.33	165.08	183.35	203.32	210.33
息税前利润	406	481.8	529.97	582.98	641.27	705.41	726.57
减：息税前利润所得税	121.6	144.54	159	174.89	192.38	211.62	217.97
息前税后利润	284.4	337.26	370.97	408.09	448.89	493.79	508.6
加：固定资产折旧	44	48.18	53	58.3	64.13	70.54	72.66
长期资产摊销	15	16.06	17.67	19.43	21.38	23.51	24.22
营业现金流量	343.4	401.5	441.64	485.82	534.4	587.84	605.48
减：营运资本增加	24	72.9	80.19	88.2	97.04	106.73	35.22
经营现金净流量	319.4	328.6	361.45	397.62	437.36	481.11	570.26
减：长期投资增加	0	0	0	0	0	0	0
固定资产支出	147	200.58	220.64	242.7	266.98	293.67	146.29
其他长期资产增加	0	21.76	23.94	26.33	28.97	31.86	26.97
加：长期无息负债增加	-2	3.8	4.18	4.6	5.06	5.56	1.84
企业自由现金流量	170.4	110.06	121.05	133.19	146.47	161.14	398.84

续表

年度 项目	5	6	7	8	9	10	11
筹资现金流量：							
利息支出	42	38.64	35.55	32.71	30.09	27.68	25.47
减：利息费用减税	12.6	11.59	10.67	9.81	9.03	8.3	7.64
有息债务净增加	-41	10.05	7.66	5.27	2.94	0.56	-233.78
债权人现金流量	70.4	17	17.22	17.63	18.12	18.82	251.61
股利分配额	100	93.06	103.83	115.56	128.35	142.32	147.23
减：发行股票	0	0	0	0	0	0	0
股权现金流量合计	100	93.06	103.83	115.56	128.35	142.32	147.23
筹资活动净现金流量	170.4	110.06	121.05	133.19	146.47	161.14	398.84

表7-16中计算了6年的现金流量，其中第5年属历史数据，第6年至第10年为预测期，第11年以后为后续期，企业进入稳定状态，各年现金流量不变。

（五）折现率的确定

折现率的高低，主要取决于企业资本成本的水平。为了与现金流量定义相一致，计算股权价值的折现率应使用权益资本成本，计算企业整体价值应使用加权平均资本成本。由于个别资本成本的高低取决于投资者从其他同等风险投资中可望得到的报酬率，因此，折现率的高低必须能准确反映现金流量的风险程度。只有折现率准确反映现金净流量的风险，价值评估结果才能准确。否则，不正确的折现率将使价值评估结果偏高或偏低。

（六）现金流量折现法的应用

根据现金流量的期限长短与变化特征，现金流量折现法包括永续增长模型、两阶段模型与三阶段模型。使用哪个模型，取决于分析人员对未来现金流量的估计。

1. 应用现金流量折现法计算股权价值

（1）永续增长模型。永续增长模型假设企业未来永久保持一个固定的自由现金流量增长率，永续增长模型如下：

$$股权价值 = \frac{下期股权现金流量}{股权（权益）资本成本 - 现金流量永续增长率}$$

如果自由现金流量的永续增长率等于零，股权价值的计算公式可以下式表示：

$$股权价值 = \frac{下期股权现金流量}{股权（权益）资本成本}$$

永续增长模型的使用条件是影响现金流量的各种财务比率保持不变,即销售净利率、总资金周转率、权益乘数和股利支付率不变。当增长率接近折现率时,股票价值趋于无限大。因此,对于增长率和股权成本的预测质量要求很高。

例 7-5 某公司 2013 年每股息前税后利润为 10 元,每股折旧与长期资产摊销为 30 元,每股资本支出 35 元,该年比上年营运资本每股增加 2 元,每股债权人现金流量 2 元。预计公司在未来将持续保持 5% 的自由现金流量增长率。该公司的股权成本为 10%。若当前股票市价为每股 18 元,是否值得购买该股票?

$$\text{每股股权自由现金流量} = \text{每股息前税后利润} + \text{折旧摊销} - \text{营运资本增加} - \text{资本支出} - \text{每股债权人现金流量}$$

$$= 10 + 30 - 2 - 35 - 2 = 1 \text{(元/股)}$$

每股价值 = $1 \times (1 + 5\%)/(10\% - 5\%) = 21$(元/股)

显然,该股票被市场低估,应该买入。

(2) 两阶段增长模型。两阶段增长模型假设自由现金流量的增长分两个阶段,第一个阶段增长较快,称之为预测期;第二阶段增长较慢,且增长率不变,称之为后续期。两阶段增长模型如下:

$$\text{股权价值} = \text{预测期股权现金流量现值} + \text{后续期的现值}$$

假设预测期为 n,则:

$$\text{股权价值} = \sum_{t=1}^{t=n} \frac{\text{股权现金流量}_t}{(1 + \text{股权资本成本})^t} + \frac{\dfrac{\text{股权现金流量}_{n+1}}{(\text{股权资本成本} - \text{永续增长率})}}{(1 + \text{股权资本成本})^n}$$

例 7-6 JYN 公司的现金流量呈现出典型的二阶段特征,假设该公司从第 11 年开始进入稳定增长期,增长率为 3%。该公司预测期的 β 值为 1.2,后续期的 β 值为 1.1。无风险收益率为 3%,市场平均收益率为 8.8333%。

计算过程如表 7-17 所示。

表 7-17　　　　　JYN 公司的股权价值计算　　　　　单位:万元

年度 项目	5(现在)	6	7	8	9	10	11
股权自由现金流量	100	93.06	103.83	115.56	128.35	142.32	147.23
折现系数(10%)		0.9091	0.8264	0.7513	0.683	0.6209	
每期股权现金流量现值		84.6	85.81	86.82	87.66	88.37	
预测期股权价值	433.26						
后续期股权价值	1 424.67						
股权价值合计	1 857.93						

表中数据计算说明如下:

① 折现率采用资本资产定价模型计算。

预测期使用的折现率（股权资本成本）= 3% + 1.2 × (8.8333% − 3%) = 10%
后续期使用的折现率（股权资本成本）= 3% + 1.1 × (8.8333% − 3%) = 9.4166%
现值系数 = $1/(1+i)^n$

② 预测期现金流量现值 = $\sum$（股权自由现金流量 × 折现率为10%的复利现值系数）

③ 后续期价值的现值 = $\left[\dfrac{\text{后续期第一年自由现金流量}}{\text{（股权资本成本 − 永续增长率）}}\right]$ × 折现率为10%的复利现值系数

$= \left[\dfrac{147.23}{(9.4166\% - 3\%)}\right] × 0.6209 = 1\ 424.67$（万元）

④ 股权价值 = 433.26 + 1 424.67 = 1 857.93（万元）

(3) 三阶段增长模型。三阶段增长模型假设自由现金流量的增长分三个阶段，分别为高速增长阶段、增长率递减阶段和永续增长阶段。三阶段增长模型如下：

假设预测期为 n，增长递减期为 m，则：

股权价值 = 高速增长期现金流量现值 + 增长递减期现金流量现值 + 后续期现金流量现值

$$= \sum_{t=1}^{t=n}\dfrac{\text{增长期现金流量}_t}{(1+\text{股权资本成本})^t} + \sum_{t=n+1}^{t=n+m}\dfrac{\text{增长期递减期现金流量}_t}{(1+\text{股权资本成本})^t}$$

$$+ \dfrac{\text{后续期现金流量}_{n+m+1}/(\text{股权资本成本} - \text{永续增长率})}{(1+\text{股权资本成本})^{n+m}}$$

2. 应用现金流量折现法计算企业价值

现金流量折现模型在计算企业价值时，也可以分为三种类型：

（1）永续增长模型。

$$\text{企业价值} = \dfrac{\text{下期企业现金流量}}{\text{加权平均资本成本} - \text{永续增长率}}$$

（2）两阶段模型。

企业价值 = 预测期企业现金流量现值 + 后续期价值的现值

假设预测期为 n，则：

$$\text{企业价值} = \sum_{t=1}^{t=n}\dfrac{\text{企业现金流量}_t}{(1+\text{加权平均资本成本})^t} + \dfrac{\dfrac{\text{企业现金流量}_{n+1}}{(\text{加权平均资本成本} - \text{永续增长率})}}{(1+\text{加权平均资本成本})^n}$$

（3）三阶段模型。

企业价值 = 增长期现值 + 增长递减现值 + 后续期现值

假设预测期为 n，增长递减期为 m，则：

$$\text{企业价值} = \sum_{t=1}^{t=n}\dfrac{\text{增长期企业现金流量}_t}{(1+\text{加权平均资本成本})^t}$$

$$+ \sum_{t=n+1}^{t=n+m}\dfrac{\text{增长递减期企业现金流量}_t}{(1+\text{加权平均资本成本})^t}$$

$$+\frac{后续期企业现金流量_{n+m+1}/(加权平均资本成本-永续增长率)}{(1+加权平均资本成本)^{n+m}}$$

计算企业价值使用的现金流量折现模型与计算股权价值使用的现金流量折现模型一样,只是选取的参数不同。计算企业价值时,分别使用企业现金流量和加权平均资本成本。由于企业自由现金流量包括股权自由现金流量和债权人现金流量,为此,折现率也应选择与现金流量对应的加权平均资本成本。另外,企业自由现金流量的增长率与股权现金流量的增长率也不同,前者不受财务杠杆等因素的影响。

例 7-7 下面仍以 JYN 公司为例,说明企业价值的计算。

已知该公司预测期权益资本成本为 10%,债务资本成本为 5.5%,预测期平均资本结构为权益资本 55%,债务资本为 45%,后续期权益资本成本为 9.4166%,债务资本成本不变,后续期平均资本结构为权益资本 68%,债务资本为 32%。该公司从第 11 年开始进入稳定增长期,增长率为 3%,计算过程如表 7-18 所示。

表 7-18 　　　　　　　　　JYN 公司的企业价值计算表　　　　　　　　单位:万元

年度 项目	5（现在）	6	7	8	9	10	11
企业自由现金流量	170.1	110.06	121.05	133.19	146.47	161.14	398.84
折现系数（8%）		0.9259	0.8573	0.7938	0.735	0.6806	
每期现金流量现值		101.9	103.78	105.73	107.66	109.67	
预测期企业价值	528.74						
后续期企业价值	5 260.67						
企业价值合计	5 789.41						

表 7-18 中数据计算说明如下:

① 折现率

预测期使用的折现率(加权平均资本成本) = 10% × 55% + 5.5% × 45% = 8%

后续期使用的折现率(加权平均资本成本) = 9.4166% × 68% + 5.5% × 32% = 8.16%

现值系数 = $1/(1+i)^n$

② 预测期现金流量现值 = $\sum$(企业自由现金流量 × 折现率为 8% 的复利现值系数)

③ 后续期价值的现值 = $\left[\dfrac{后续期第一年自由现金流量}{加权平均资本成本-永续增长率}\right]$ × 折现率为 8% 的复利现值系数

= [398.84 ÷ (8.16% - 3%)] × 0.6806 = 5 260.67(万元)

④ 企业价值 = 528.74 + 5 260.67 = 5 789.41(万元)

二、经济利润法

（一）经济利润法原理

1. 经济利润的概念

基于价值为基础的管理理论认为，只有当公司投入资本的回报超过公司资本成本时，才会创造价值，因此，公司价值应等于投资资本额加上相当于未来每年创造价值的现值。这里的未来每年创造价值的现值就是经济利润的现值。经济利润与企业价值的计算公式如下：

$$经济利润 = 息前税后利润 - 资本费用（债务成本与股权成本）$$
$$= 息前税后利润 - 投资资本 \times 加权平均资本成本率$$
$$= 投资资本 \times （投资资本报酬率 - 加权平均资本成本率）$$

其中，投资资本是指企业在经营中投入的资本额，计算公式如下：

$$投资资本 = 权益资本投入额 + 债务资本投入额$$
$$= 股东权益 + 全部付息债务$$
$$= 营运资本 + 长期资产净值 - 无息长期负债$$
$$企业价值 = 投资资本 + 预计经济利润的现值$$

与现金流量折现法相比，经济利润法的优势在于：能够计量企业在任何单一年份的价值增值额，因此，是一个有效的衡量指标；能够避免管理当局为改善某一年的自由现金流量而推迟投资，致使企业降低价值增值能力；把企业目标定位在增加经济利润，能够使投资决策、业绩评价和激励的标准有机地结合起来。过去投资决策使用收付实现制下的现金流量折现法，业绩评价使用权责发生制下的会计收益，决策标准与业绩评价是矛盾的，使业绩评价失效。采用经济利润衡量企业价值也有一定的局限性，由于各企业的风险程度不同，资本成本也不同，运用该指标在不同企业间比较就失去了可比性；处于成长阶段的企业经济增加值可能较小，但处于衰退期的企业经济增加值可能很大，使用该指标就会产生误导。

2. 经济利润模型

使用经济利润法进行价值分析有两个模型：

（1）按全部投资资本计算的经济利润模型。其计算公式为：

$$企业价值 = 投资资本 + \sum_{t=1}^{n} \frac{经济利润_t}{(1 + 加权平均资本成本)^t}$$

$$企业股权价值 = 企业价值 - 债务价值$$

（2）按企业股东投资资本计算的经济利润。其计算公式为：

$$股权价值 = 股权资本 + \sum_{t=1}^{n} \frac{经济利润_t}{(1 + 权益资本成本)^t}$$

从经济利润模型可以看出，企业价值的直接驱动因素包括投资资本规模、息前税后利润和资本成本水平,价值分析时应重点关注这些因素的变动及原因。

(二)经济利润法的分析程序

经济利润法的分析程序与现金流量折现法基本相同,但需要注意以下几个问题:

1. 确定预测期

经济利润的折现期也必须是有具体时限的,因此,这种评估方法通常也要将整个时期分为预测期和后续期两个阶段。公式如下:

假设预测期为 n,则:

$$后续期经济利润现值 = \frac{经济利润_{n+1} \div (资本成本 - 增长率)}{(1 + 资本成本)^n}$$

此时:

企业价值 = 投资资本 + 预测期经济利润现值 + 后续期经济利润现值

2. 确定预测期内经济利润

不同资本角度有着不同的经济利润计算方法,要明确是计算股权价值,还是计算企业整体价值。

3. 确定折现率

不同的投资资本有不同的资本收益要求,因此,折现率的选择要与经济利润的内涵保持一致性。

4. 确定投资资本

这里的投资资本是指预测期初的投资资本。由于投资资本于预测期初发生,因而投资资本本身价值或账面价值与其现值相同,通常可用投资资本的账面价值直接作为企业价值的组成部分。

5. 计算企业价值

例 7-8 下面仍以 JYN 公司为例说明经济利润法的应用。

表 7-19 JYN 公司使用经济利润法计算的企业价值 单位:万元

年度 项目	5(现在)	6	7	8	9	10	11
息前税后利润	284.4	337.26	370.97	408.09	448.89	493.79	508.6
加权平均资本成本(%)		8	8	8	8	8	8.16
投资资本	2 272	2 499.2	2 749.12	3 024.02	3 326.44	3 659.09	3 768.85
资本费用		199.94	219.93	241.92	266.12	292.72	307.54
经济利润		137.32	151.04	166.17	182.77	201.07	201.06
折现系数		0.9259	0.8573	0.7938	0.735	0.6806	
预测期经济利润现值	659.73	127.14	129.49	131.91	134.34	136.85	
后续期经济利润现值	2 651.97					3 896.51	
企业价值	5 583.7						

表 7-19 中有关项目的计算：

以第 6 年为例，投资资本 = 股东权益 + 短期借款 + 长期有息负债
$$= 1\,348.15 + 286 + 865.05 = 2\,499.2\text{（万元）}$$
资本费用 = 2 499.2 × 8% = 199.94（万元）
经济利润 = 337.26 – 199.94 = 137.32（万元）
后续期经济利润现值 = [201.06/(8.16% – 3%)] × 0.6806 = 2 651.97（万元）
企业价值 = 期初投资资本 + 预测期经济利润现值 + 后续期经济利润现值
$$= 2\,272 + 659.73 + 2\,651.97 = 5\,583.7\text{（万元）}$$

三、相对价值法

（一）相对价值法的基本原理

相对价值法认为，可以通过与可比企业价值对比的方法，确定企业价值。应用该方法有两个条件，一是存在一个决定市场价值的变量，比如每股收益、每股净资产、每股收入等；二是同行业中的其他企业可以作为目标企业的"参照物"，市场对这些"参照物"的定价是公平的。常用的价值比有市盈率（每股市价/每股收益）、市净率（每股市价/每股净资产）和市价收入比（每股市价/每股收入）。基本公式如下：

$$\text{企业价值} = \text{可比企业价格比} \times \text{目标企业基数}$$

使用相对价值法分析企业价值的基本步骤如下：

1. 选择适宜的价格比

对同一目标企业，选择不同的价格比所得出的结果可能是不同的，甚至相差很大，因此，必须结合目标企业的基数选择适宜的价格比。这些基数应该是决定市场价值的变量，如收益、收入等。选择的标准主要有两个：一是相关性。通常选择与企业股票价格相关程度最高的价格比；二是可靠性，即所选择的数据比较可靠。

2. 选择可比企业

选择可比企业的目的是用可比企业价格比计算目标公司的价值。通常情况下，可比企业与目标企业处于同一行业，同时，还要考虑诸如资本结构、竞争性质、管理水平等其他重要因素。有两种选择方法：一是对该行业中所有企业的选定价格比进行平均；二是选择本行业中最具相似性的企业。

3. 根据可比企业的实际数据计算价值比

选定可比公司后，可以使用可比公司历史价格比，并根据预测增长率进行修正。

4. 预测目标企业价值比基数

价格比基数是指与选定价格比的分母含义完全一致的目标企业的基础数据，如每股收益、每股净资产、每股收入等。

5. 计算目标企业的价值

将选定的价格比数值与预测的价格比基数相乘，就可以得出目标企业价值。

（二）相对价值法的主要模型及价值驱动因素

相对价值法应用的模型有两大类，一类是以股票价格为基础的模型，包括市盈率模型、市净率模型和市价收入比模型；另一类是以企业价值为基础的模型，包括企业价值息前税后利润比模型、企业价值企业现金流量比模型。实际应用时以股票价格为基础的模型比较容易获取信息。

1. 市盈率模型

市盈率是以普通股每股市价除以每股收益得出的倍数，反映投资人愿意为每股收益支付的价格，代表了市场对企业的期望。模型如下：

$$目标企业每股价值 = 可比企业平均市盈率 \times 目标企业每股收益$$

使用市盈率模型的优点是市盈率指标容易取得，计算简单；同时，市盈率指标反映了市场对企业的预期，而市场对企业预期的依据是企业的风险程度、增长率、股利分配政策等，所以，该指标具有很强的综合性。采用市盈率模型的不足之处在于：如果是亏损企业，市盈率就失去了意义；其次，市盈率本身有时并不反映真实情况，股价高低除了受企业本身基本面的影响以外，还受到整个宏观经济状况的影响。经济繁荣时，市盈率上升；经济衰退时，市盈率下降。

价值分析的真正目的是找出价值的驱动因素，而不仅仅是计算企业价值。市盈率的驱动因素有哪些？依据股利增长模型（该模型假设股利支付率不变，股利增长率与每股收益增长率相同），权益资本成本的计算公式为：

$$权益资本成本 = \frac{预期年股利}{普通股市价} + 股利年增长率$$

将上式变形：

$$普通股市价 = \frac{预期年股利}{权益资本成本 - 增长率}$$

将等式两边同时除以每股收益，等式左边变为市盈率，右边可以推导为：

$$市盈率 = \frac{预期年股利 / 每股收益}{权益资本成本 - 增长率}$$

$$市盈率 = \frac{[基期每股收益(1+增长率) \times 股利支付率] / 每股收益}{权益资本成本 - 增长率}$$

$$市盈率 = \frac{普通股股利支付率 \times (1 + 股利增长率)}{权益资本成本 - 增长率}$$

从上面的公式可以看出驱动市盈率的关键因素是增长率、股利支付率和企业的风险程度。上述分析的意义在于：一是帮助分析人员将这些关键因素在可比企业与目标企业间对比，以便合理选择可比企业；二是帮助分析人员运用基本数据估计目标企业的市盈率，寻找影响企业价值的相关因素与深层原因。

例 7-9　某公司 2006 年的每股收益为 0.6 元，股利为 0.30 元，股票的 β 系数为 0.9，无风险收益率为 3%，市场平均收益率 10%，收益与股息的预期增长率为 5%。

公司股票市场价格为 8.5 元。则：

股利支付率 = 0.30/0.60 = 50%

收益与股息的预期增长率为 5%

股权资本成本 = 3% + 0.9(10% − 3%) = 9.3%

利用基本数据计算的公司市盈率 = 50%(1 + 5%)/(9.3% − 5%) = 12.21

实际市盈率为 8.5/0.6 = 14.17

说明公司股价被高估。

2. 市净率模型

市净率是以普通股每股市价除以每股净资产得出的倍数，反映投资人愿意为每股净资产支付的价格。模型如下：

$$目标企业每股价值 = 可比企业平均市净率 \times 目标企业每股净资产$$

使用市净率模型的优点是该模型有广泛的适用性，亏损企业不能使用市盈率模型，但可以使用市净率模型，除非净资产也为负值。市净率模型的不足之处在于账面价值容易受到会计政策选择与会计估计的影响，市净率会失去可比性。另外，资产规模很小的服务业和高科技企业，净资产与企业价值的相关程度不高，使用市净率的意义不大。因此，这种方法主要适用于需要拥有大量资产、净资产为正值的企业。

依据股利增长模型，推导的市净率驱动因素公式如下：

原式：

$$普通股市价 = \frac{预期年股利}{权益资本成本 - 增长率}$$

将原式两边同时除以每股净资产，等式左边变为市净率，右边可以推导为：

$$市净率 = \frac{[基期每股股利(1 + 增长率)] / 每股净资产}{权益资本成本 - 增长率}$$

$$市净率 = \frac{\dfrac{基期每股股利}{每股收益} \times \dfrac{每股收益}{每股净资产} \times (1 + 增长率)}{权益资本成本 - 增长率}$$

$$市净率 = \frac{净资产收益率 \times 股利支付率 \times (1 + 增长率)}{权益资本成本 - 增长率}$$

从上面的公式可以看出驱动市净率的关键因素是净资产收益率、增长率、股利支付率和企业的风险程度。

3. 收入乘数模型

收入乘数是指每股市价除以每股销售收入得出的倍数。

$$目标企业每股价值 = 可比企业平均收入乘数 \times 目标企业每股销售收入$$

采用收入乘数模型的最大优点是收入乘数不会出现负值，对于亏损企业和资不抵债的企业，也可以计算出一个有意义的价值乘数。但是收入乘数不能反映成本的变化，而成本是影响企业现金流量和价值的重要因素之一。因此，这种方法更适用于销售成本率较低的服务类企业，或者销售成本率相近的企业。

依据股利增长模型,推导的市净率驱动因素公式如下:
原式:

$$\text{普通股市价} = \frac{\text{预期年股利}}{\text{权益资本成本} - \text{增长率}}$$

将原式两边同时除以每股收入,等式左边变为收入乘数,右边可以推导为:

$$\text{收入乘数} = \frac{[\text{基期股利}(1+\text{增长率})]/\text{每股收入}}{\text{权益资本成本} - \text{增长率}}$$

$$= \frac{\dfrac{\text{基期股利}}{\text{每股收益}} \times \dfrac{\text{每股收益}}{\text{每股收入}} \times (1+\text{增长率})}{\text{权益资本成本} - \text{增长率}}$$

$$= \frac{\text{销售净利率} \times \text{股利支付率} \times (1+\text{在增长率})}{\text{权益资本成本} - \text{增长率}}$$

从上面的公式可以看出驱动收入乘数的关键因素是销售净利率、增长率、股利支付率和企业的风险程度。

(三) 相对价值法的应用

应用相对价值法应选择一组同行业的上市企业,计算出它们的平均市价比率,作为估计目标企业价值的乘数。选择同业企业时,应首先分析市价比率,寻找那些与目标企业有相同特征的企业,对关键驱动因素要给予格外重视,如增长率、净资产收益率、销售净利率、股利支付率和风险因素。

例7-10 JGX公司是一家上市公司,每股收益为0.56元,每股净资产5.6元,每股收入9.30元,股票市价为9.60元。可比公司的有关市价比资料见表7-20:

表7-20　　　　　　　　　可比公司价格比

价格比	JGX公司	A公司	B公司	C公司	平均值
市盈率	16.6	19.9	16.9	18	18.27
市净率	1.66	1.9	1.7	1.8	1.8
收入乘数	1.03	1.20	1.06	1.13	1.13

通过分析影响市盈率、市净率和收入乘数的关键因素,该公司市盈率被低估6%,市净率被低估8%,收入乘数居市场平均水平。要求使用相对价值法计算JGX公司的价值,并说明该股票是否被市场低估。

解:
经调整计算的市盈率、市净率和收入乘数分别为:
调整后的市盈率 = 18.27(1+6%) = 19.37
调整后的市净率 = 1.8(1+8%) = 1.944
按调整后的价格指数计算的企业价值分别为:
按调整后市盈率计算的企业价值 = 19.37×0.56 = 10.85 (元/股)

按调整后市净率计算的企业价值 = 1.944 × 5.6 = 10.88（元/股）
按收入乘数计算的企业价值 = 1.13 × 9.30 = 10.51（元/股）

计算结果表明，按价格比计算的股票价值均高于 JGX 公司股票市价，股票价值被市场低估。

> **小组讨论** 企业价值判断是投资决策的基础。我国股票二级市场中大额交易的情况非常普遍，基于对同一家公司的价值判断，为什么买卖双方会做出截然不同的决策？陈述你的观点并举例说明理由。

本章小结

本章主要介绍财务报表综合分析、预计财务报表编制与企业价值分析的各种方法。本章主要内容包括：

1. 财务报表综合分析的目的是要全方位地分析企业财务状况与经营成果，进而对企业的整体做出合理判断。杜邦分析法以净资产收益率为龙头，以资产报酬率和权益乘数为核心，重点揭示企业获利能力、资产投资收益能力及权益乘数对净资产收益率的影响，以及各相关指标间的相互影响作用关系。利用杜邦等式可以帮助管理层更加清晰地看到净资产收益率的决定因素，以及销售净利润率与总资产周转率、资本结构之间的相互关联，给管理层提供了一张考察企业资产管理效率是否最大化股东投资回报的路线图。沃尔比重分析法选定流动比率、产权比率、固定资产比率、存货周转率、应收账款周转率、固定资产周转率、主权（即所有者权益）资本周转率等 7 项财务比率，分别给定各自的分数比重，总和为 100 分，然后通过与标准比率进行比较，确定各项指标的得分及总体指标的累计分数，从而对企业的财务状况作出综合评价。

2. 企业效绩评价是一个深受各方利益关系人重视的问题。效绩评价的首要问题是确定评价指标；其次是对已纳入评价范围的指标，按照重要性程度分配权重；再次是确定标准比率，作为比较的基础；最后是评价指标的综合，主要是解决从差异到评分的换算问题。人们对效绩的综合评价进行了多方面的长期探讨，这种探讨今后还会继续，并且永远没有完结。没有一种方法是完美无缺的。

3. 预计财务报表编制的目的是预测企业未来的财务状况与经营成果，进而获得进行价值判断的现金流量信息。具体包括以下步骤：（1）根据历史信息，计算企业销售收入的历史增长率；（2）预测企业可持续增长率；（3）预测企业未来销售收入增长率；（4）估计预测期；（5）编制预计利润表、预计资产负债表和预计现金流量表。

4. 企业价值判断的主要目的是向投资人和管理者等各方决策者提供企业价值方面的信息，以帮助决策者改善决策。企业价值判断的方法包括现金流量折现法、经济利润法和相对价值法。

5. 现金流量折现法是以现金流量为基础的价值评估方法，其基本思路是任何资产的价值等于其预期未来全部现金流量的现值总和。现金流量折现法具体又分为两种：（1）仅对公司股权价值进行估价；（2）对公司整体价值进行估价。为此，形成股权现金流量折现模型和企业整体现金流量折现模型。运用现金流量折现法估计企业价值时，要预测自由现金流量与折现率。企业价值的直接驱动因素是自由现金流量和资本成本水平。

6. 经济利润法是以经济利润为基础的价值评估方法，其基本思路是公司价值应等于投资资本额加上相当于未来每年创造价值的现值。使用经济利润法进行价值评估有两个模型：即按全部投资资本计算的经济利润模型和按企业股东投资资本计算的经济利润。经济利润法下，企业价值的直接驱动因素包括投资资本规模、息前税后利润和资本成本水平，价值分析时应重点关注这些因素的变动及原因。

7. 相对价值法是以可比企业价值为基础的价值评估方法，该方法认为，可以通过与可比企业价值对比的方法，确定企业价值。应用该方法有两个条件，一是存在一个决定市场价值的变量，比如每股收益、每股净资产、每股收入等；二是同行业中的其他企业可以作为目标企业的"参照物"，市场对这些"参照物"的定价是公平的。相对价值法应用的模型有两大类：一类是以股票价格为基础的模型，包括市盈率模型、市净率模型和市价收入比模型，另一类是以企业价值为基础的模型，包括企业价值息前税后利润比模型、企业价值企业现金流量比模型。实际应用时以股票价格为基础的模型比较容易获取信息。

■关键词汇

杜邦分析法（Dupont analysis）
现金流量折现法（discounted cash flow method）
经济利润（economic profit）
自由现金流量（free cash flow）
股权自由现金流量（free cash flow to equity）
相对价值法（relative value method）

思考题

1. 简述杜邦分析法的基本原理。
2. 简述杜邦分析法有哪些缺陷？
3. 简述现金流量折现法的基本原理。
4. 与现金流量折现法相比，经济利润法在评估企业价值时的优缺点是什么？
5. 相对价值法的主要模型有哪些？它们各有什么优缺点？

案例分析与讨论

1. 资料：Y公司、S公司和G公司是处在同一行业的三家企业，主要生产和销售乳制品，均为我国乳业龙头企业，具有区域竞争优势。表1、表2、表3和表4列示了三家企业2011至2013年连续三年的主要财务数据。

表1　偿债能力指标

	流动比率			速动比率			资产负债率（%）		
	2011	2012	2013	2011	2012	2013	2011	2012	2013
Y	0.66	0.76	0.74	0.41	0.55	0.49	72.60%	71.79%	70.63%
S	1.16	1.28	1.08	0.73	0.95	0.83	37.88%	31.99%	36.26%
G	1.1	1.23	1.21	0.76	0.93	0.9	48.50%	46.69%	55.03%

表2　资产使用效率指标

	应收账款周转率（次）			存货周转率（次）			总资产周转率（次）		
	2011	2012	2013	2011	2012	2013	2011	2012	2013
Y公司	107.77	117.23	124.85	8.44	8.18	9.36	1.97	1.95	2.08
S公司	10.58	16.27	17.44	7.10	8.26	9.04	1.07	1.21	0.97
G公司	13.31	14.58	12.90	8.52	8.81	9.47	1.80	1.95	1.90

表3　利润表相关信息

	项目	营业收入	营业总成本	营业利润	净利润	每股收益
Y公司	2011	21 658 600	23 728 600	-2 050 010	-1 736 710	-2.30
	2012	24 323 500	23 673 300	665 414	665 268	0.81
	2013	29 665 000	29 071 100	605 688	795 763	0.97
S公司	2011	1 413 630	1 439 080	26 962	36 692	0.06
	2012	2 379 590	2 567 900	-110 386	-136 929	-0.20
	2013	2 572 270	2 838 130	65 819	43 041	0.06
G公司	2011	7 358 540	7 854 340	-487 684	-267 558	-0.27
	2012	7 943 170	7 793 670	152 019	128 456	0.12
	2013	9 572 110	9 368 760	208 622	227 695	0.19

表4　杜邦分析相关指标

	Y公司			S公司			G公司		
	2011	2012	2013	2011	2012	2013	2011	2012	2013
净资产收益率（%）	-60.5	18.81	18.42	4.9	-7.62	2.95	-14.4	5.81	8.34
权益乘数	3.83	3.52	3.30	1.76	1.10	1.82	2.20	1.84	1.84
总资产收益率（%）	-15.80	5.34	5.57	2.78	-6.96	1.62	-6.55	3.16	4.52
总资产周转率（次）	1.97	1.95	2.08	1.07	1.21	0.97	1.8	1.95	1.9
销售净利率（%）	-8.02	2.74	2.68	2.6	-5.75	1.67	-3.64	1.62	2.38

2. 要求:

(1) 利用相关资料,进行趋势分析和同业比较分析,分别评价三家企业的偿债能力、资产营运能力和获利能力;

(2) 利用相关资料,使用杜邦分析法分别对三家企业进行综合分析;

(3) 假如你是三家公司的财务顾问,以(1)和(2)的分析结论为依据,分析说明三家企业存在的问题、可能的原因及改进建议。

本章推荐阅读资料

1. [美] 汤姆·科普兰等:《价值评估——公司价值的衡量与管理》,电子工业出版社 2002 年版。
2. [美] 克里舍·G·佩普等:《运用财务报表进行企业分析与估价》,中信出版社 2004 年版。
3. [美] 克莱德·P·斯蒂克尼、保罗·R·布朗:《财务报告与报表分析》,中信出版社 2004 年版。
4. [美] 阿斯沃思·达蒙德理:《价值评估》,北京大学出版社 2003 年版。

附 录

ABC 公司资产负债表

单位：元

年度 项目	2010	2011	2012	2013
货币资金	8 263 130.26	24 901 564.45	31 278 712.24	332 557 700.71
交易性金融资产	8 728 885.11	2 130 107.74	2 147 849.67	1 718 000.00
应收票据	—	—	26 400 000.00	7 871 032.72
应收账款	17 862 545.82	27 040 167.05	20 778 686.95	72 001 711.93
预付账款	14 233 386.77	31 863 670.28	34 855 512.97	127 431 357.14
应收利息	—	—	—	184 000.00
应收股利				3 011 370.61
其他应收款	60 628 952.76	49 988 350.82	42 819 670.31	31 579 547.86
存货	29 328 471.18	32 881 764.17	32 890 052.34	61 994 458.87
其他流动资产	604 472.95	443 895.83	165 323.95	394 855.47
流动资产合计	139 649 844.85	169 249 520.34	191 335 808.43	638 744 035.31
非流动资产：				
可供出售金融资产	—	—	—	—
持有至到期投资	—	—	—	—
长期应收款				
长期股权投资	39 850 495.18	38 827 358.72	55 416 430.04	57 878 588.49
投资性房地产	—	—	—	—
固定资产	6 863 029.69	22 553 131.83	23 418 356.48	87 068 917.59
在建工程	—	10 000 000.00	13 120 000.00	26 002 915.97
工程物资	—	—	—	—
固定资产清理				
生产性生物资产				
油气资产				
无形资产	29 340.50	277 988.24	261 635.98	6 551 828.06
开发支出				
商誉				
长期待摊费用	2 421 526.19	6 480 281.49	5 690 575.43	4 726 976.22

续表

年度 项目	2010	2011	2012	2013
递延所得税资产	—	—	—	—
其他非流动资产	2 421 526.19	—	—	—
非流动资产合计	51 585 917.75	78 138 760.28	97 906 997.97	182 229 226.33
资产总计	191 235 762.60	247 388 280.62	289 242 806.36	820 973 261.64
短期借款	34 500 000.00	63 500 000.00	78 000 000.00	344 800 000.00
交易性金融负债	—	—	—	—
应付票据	—	—	—	6 000 000.00
应付账款	4 206 708.43	5 019 834.48	14 126 779.91	14 101 806.50
预收款项	1 497 377.57	4 733 672.23	3 933 387.86	84 495 972.66
应付职工薪酬	239 379.81	147 817.31	469 913.98	669 277.58
应交税费	2 003 018.65	2 246 793.84	4 769 065.03	6 069 705.51
应付利息				
应付股利	45 000.00			
其他应付款	2 292 260.48	2 752 002.99	11 558 593.59	24 549 857.68
一年内到期的非流动负债	—	—	—	—
其他流动负债	64 919.00	129 827.50	142 093.33	580 937.50
流动负债合计	44 848 663.94	78 529 948.35	112 999 833.70	481 267 557.43
长期借款	—	—	—	11 000 000.00
应付债券	—	—	—	—
长期应付款	—	—	—	30 447.72
专项应付款	—	—	—	—
预计负债	—	—	—	—
递延收益	—	—	—	—
递延所得税负债	—	—	—	—
其他非流动负债	—	—	—	—
非流动负债合计	—	—	—	11 030 447.72
负债合计	44 848 663.94	78 529 948.35	112 999 833.70	492 298 005.15
股本	81 120 000.00	105 456 000.00	147 638 400.00	147 638 400.00
资本公积	41 131 905.82	30 062 305.82	2 643 745.82	3 263 425.82
减：库存股	—	—	—	—

续表

年度 项目	2010	2011	2012	2013
其他综合收益	—	—	—	—
盈余公积	10 478 771.89	10 465 946.79	14 197 041.15	26 361 246.63
未分配利润	13 656 420.95	1 762 879.24	1 230 674.07	68 743 052.91
归属于母公司股东权益合计	146 387 098.66	147 747 131.85	165 709 861.04	246 006 125.36
少数股东权益		21 111 200.42	10 533 111.62	82 669 131.13
股东权益合计	146 387 098.66	168 858 322.27	176 242 972.66	328 675 256.49
负债及股东权益合计	191 235 762.60	247 388 280.62	289 242 806.36	820 973 261.64

ABC 公司利润表　　　　　　　　　　　　　　　　　　　　单位：元

年度 项目	2011	2012	2013
一、营业收入	135 702 765.30	210 535 090.05	275 715 715.19
减：营业成本	112 671 268.55	174 896 186.64	173 985 746.70
营业税金及附加	244 915.84	997 957.56	4 304 336.49
销售费用	773 283.85	3 388 571.62	11 560 473.79
管理费用	2 436 375.45	9 706 650.33	10 824 951.29
财务费用	2 378 281.15	4 677 019.27	8 764 420.53
资产减值损失	16 053 638.03	432 188.54	811 040.54
加：公允价值变动收益	—	—	—
投资收益	13 460 355.24	5 033 463.73	24 908 663.00
其中：对联营企业和合营企业的投资收益			
二、营业利润	14 605 357.67	21 469 979.82	90 373 408.85
加：营业外收入	5 647 344.70	772 514.26	5 013 476.88
其中：非流动资产处置利得	—	—	—
减：营业外支出	1 193 934.71	34 890.46	224 452.36
其中：非流动资产处置损失	1 166 438.37	—	3 244.08
三、利润总额	19 058 767.66	22 245 935.40	95 162 433.37
减：所得税费用	2 339 696.82	3 613 316.32	14 455 470.24
四、净利润	16 719 070.84	18 632 619.08	80 706 963.13

续表

年度 项目	2011	2012	2013
归属于母公司股东的净利润	16 719 070.84	18 166 369.92	79 802 937.27
少数股东损益	0.00	466 249.16	904 025.86
五、其他综合收益的税后净额	—	—	—
六、综合收益总额	16 719 070.84	18 632 619.08	80 706 963.13
（一）归属于母公司股东的综合收益总额	16 719 070.84	18 166 369.92	79 802 937.27
（二）归属于少数股东的综合收益总额	0.00	466 249.16	904 025.86
七、每股收益			
（一）基本每股收益	0.18	0.14	0.54
（二）稀释每股收益	0.18	0.14	0.54
加权平均普通股股份总数（股）	93 288 000	126 547 200	147 648 400
期末普通股股数（股）	105 456 000	147 638 400	147 638 400

ABC 公司现金流量表

单位：元

年度 项目	2011	2012	2013
一、经营活动产生的现金流量			
销售商品、提供劳务收到的现金	133 480 401.63	234 407 717.18	381 739 623.68
收到的租金	2 493 934.95	40 199.00	25 400.00
收到的税费返还	425 382.16	711 928.46	2 008 488.25
收到的与其他经营活动有关的现金	4 009 069.53	268 017.38	37 105 147.19
经营活动现金流入小计	140 408 788.27	235 427 862.02	420 878 659.12
购买商品、接受劳务支付的现金	110 897 448.73	210 697 171.20	278 253 345.49
经营租赁所支付的现金			1 220 320.72
支付给职工以及为职工支付的现金	2 011 967.81	4 797 916.35	8 570 651.71
支付的各项税费	9 087 802.91	16 783 925.79	25 957 074.53
支付的其他与经营活动有关的现金	9 150 880.96	3 198 294.33	16 185 540.62
经营活动现金流出小计	131 148 100.41	225 478 117.67	330 186 933.07
经营活动产生的现金流量净额	9 260 687.86	9 949 744.35	90 691 726.05
二、投资活动产生的现金流量：			
收回投资所收到的现金	5 993 333.11	7 340 388.09	20 118 805.54

续表

年度\项目	2011	2012	2013
取得投资收益收到的现金	4 135 768.41	3 694 291.91	34 878.40
处置固定资产、无形资产和其他长期资产而收到的现金净额	3 000.00	—	1 350.00
处置子公司及其他营业单位收到的现金净额			
收到的其他与投资活动有关的现金	120 000.00	—	11 650 000.00
现金流入小计	10 252 101.52	11 034 680.00	31 805 033.94
购建固定资产、无形资产和其他长期资产所支付的现金	10 978 790.02	4 812 573.37	23 361 143.92
投资支付的现金	32 065 429.99	18 831 212.00	10 412 310.52
取得子公司及其他营业单位支付的现金净额			
支付的其他与投资活动有关的现金	—	—	15 000 000.00
现金流出小计	43 044 220.01	23 643 785.37	48 773 454.44
投资活动所产生的现金流量净额	-32 792 118.49	-12 609 105.37	-16 968 420.50
三、筹资活动产生的现金流量：			
吸收投资收到的现金	14 108 322.28	—	6 243 353.45
借款所收到的现金	29 000 000.00	131 500 000.00	391 800 000.00
收到的其他与筹资活动有关的现金	512 984.99		
筹资活动现金流入小计	43 621 307.27	131 500 000.00	398 043 353.45
偿还债务所支付的现金		117 000 000.00	159 750 000.00
分配股利或利润支付的现金	—	488 737.75	—
偿付利息所支付的现金	3 458 151.57	4 979 867.01	10 732 279.26
支付的其他与筹资活动有关的现金	—		—
筹资活动现金流出小计	3 458 151.57	122 468 604.76	170 482 279.26
筹资活动产生的现金流量净额	40 163 155.70	9 031 395.24	227 561 074.19
四、汇率变动对现金的影响额	6 709.12	5 113.57	-5 391.27
五、现金及现金等价物净增加额	16 638 434.19	6 377 147.79	301 278 988.47
加：期初现金及现金等价物余额	8 263 130.26	24 901 564.45	31 278 712.24
六、期末现金及现金等价物余额	24 901 564.45	31 278 712.24	332 557 700.71

ABC公司现金流量表附注

单位：元

补充资料	2011年	2012年	2013年
1. 将净利润调节为经营活动现金流量			
净利润	16 719 070.84	18 632 619.08	80 706 963.13
加：资产减值准备	16 053 638.03	432 188.54	811 040.54
固定资产折旧	805 978.88	1 074 153.32	4 857 258.04
无形资产、长期待摊费用摊销	476 370.07	961 896.03	1 297 029.42
处置固定资产、无形资产和其他长期资产的损失（减：收益）	900.00	—	3 244.08
固定资产报废损失	1 165 538.37	—	—
公允价值变动损失	—	—	—
财务费用	2 378 281.15	4 677 019.27	8 764 420.53
投资损失（减：收益）	−13 460 355.24	−5 033 463.73	−24 908 663.00
递延所得税资产减少（减：增加）	—		
递延所得税负债增加（减：减少）			
存货的减少（减：增加）	−3 553 292.99	−8 288.17	−29 104 406.53
经营性应收项目的减少（减：增加）	−16 167 302.80	−23 444 564.59	−66 310 246.00
经营性应付项目的增加（减：减少）	4 616 375.91	12 658 184.60	114 365 773.19
其他流动资产项目的减少（减：增加）	225 485.62	—	−229 531.52
其他流动负债项目的增加（减：减少）			438 844.17
经营活动产生的现金流量净额	9 260 687.86	9 949 744.35	90 691 726.05
2. 不涉及现金收支的重大投资和筹资活动			
债务转为资本			
一年内到期的可转换公司债券			
融资租入固定资产			
3. 现金及现金等价物净变动情况			
现金的期末余额	24 901 564.45	31 278 712.24	332 557 700.71
减：现金的期初余额	8 263 130.26	24 901 564.45	31 278 712.24
加：现金等价物的期末余额	—	—	—
减：现金等价物的期初余额	—	—	—
现金及现金等价物净增加额	16 638 434.19	6 377 147.79	301 278 988.47

主要参考文献

1. 潘爱香：《财务报表分析》，经济科学出版社 1999 年版。
2. 曹冈：《财务报表分析》，经济科学出版社 2002 年版。
3. 程隆云：《财务报表分析》，经济科学出版社 2007 年版。
4. 中华人民共和国财政部：《企业会计准则》，中国财政经济出版社 2006 年版。
5. 中华人民共和国财政部：《企业会计准则——应用指南》，中国财政经济出版社 2006 年版。
6. 中华人民共和国财政部：《企业会计准则第 1 号——存货》，中国财政经济出版社 2014 年版。
7. 中华人民共和国财政部：《企业会计准则第 2 号——长期股权投资》，中国财政经济出版社 2014 年版。
8. 中华人民共和国财政部：《企业会计准则第 30 号——财务报表列报》，中国财政经济出版社 2014 年版。
9. 中华人民共和国财政部：《企业会计准则第 33 号——合并财务报表》，中国财政经济出版社 2014 年版。
10. 中华人民共和国财政部：《企业会计准则第 39 号——公允价值计量》，中国财政经济出版社 2014 年版。
11. 张新民：《企业财务报表分析案例精选》，东北财经大学出版社 2006 年版。
12. 王化成等：《财务报表分析》，中国人民大学出版社 2014 年版
13. 谢志华：《财务分析》，高等教育出版社 2009 年版。
14. 张先治：《财务分析教学案例》，东北财经大学出版社 2006 年版。
15. [美] Leonard Soffer，Robin Soffer：《财务报表分析：估值方法》，清华大学出版社 2005 年版。
16. [美] 斯蒂芬·H·佩因曼著：《财务报表分析与证券定价》，中国财政经济出版社 2005 年版。
17. [美] 利奥波德·波恩斯坦、约翰·维欧德：《财务报表分析》，北京大学出版社 2004 年版。
18. [美] 克里舍·G·佩普等：《运用财务报表进行企业分析与估价》，中信出版社 2004 年版。
19. [美] 克莱德·P·斯蒂克尼、保罗·R·布朗：《战略的观点——财务报告与报表分析》，中信出版社 2004 年版。
20. [美] 汤姆·科普兰等：《价值评估——公司价值的衡量与管理》，电子工业出版社 2007 年版。

21. ［美］阿斯沃思·达蒙德理:《价值评估》,张志强等译,北京大学出版社 2003 年版。

22. ［英］西伦·沃尔什:《核心管理比率》,大连理工大学出版社 1999 年版。

23. ［美］查尔斯·吉布森:《财务报表分析——利用财务会计信息》,中国财政经济出版社 2002 年版。